Bibelwissen kompakt

Mike Beaumont

Bibelwissen kompakt

Geschichte – Personen – Lebenswelt

Bearbeitet von Bettina Wellmann

Originalausgabe:
»One Stop Bible Guide«

Deutsche Übersetzung: Martina Oepping und Michael Bayer
Bearbeitung: Dr. Bettina Wellmann

Satz: Satz und mehr, Besigheim
Druck: Printplus Ltd, Hong Kong

ISBN 978-3-460-30218-1
(Verlag Katholisches Bibelwerk GmbH, Stuttgart)
ISBN 978-3-438-06221-5
(Deutsche Bibelgesellschaft, Stuttgart)

WIE MAN DIE BIBEL LIEST

Die Bibel ist eine Sammlung von Büchern. Jedes Buch ist in Kapitel und diese sind ihrerseits in Verse unterteilt. Keine dieser Unterteilungen war in Gebrauch, als die Bücher der Bibel verfasst wurden. Sie wurden später hinzugefügt, um uns bei der Suche nach einer ganz bestimmten Bibelstelle zu helfen.
Ein Beispiel:

1 Korinther 10,13:

Erster Brief an
die Gemeinde von Korinth
Kapitel
Vers

1 Korinther 10, 13

Es folgt eine vollständige Liste der Bücher des Alten und des Neuen Testaments (nach katholischen Bibelausgaben). Die Hebräische Bibel bzw. evangelische Bibelausgaben zählen einzelne Bücher nicht zum Bibelkanon und ordnen die Schriften leicht anders.

ALTES TESTAMENT

Genesis (1. Buch Mose)
Exodus (2. Buch Mose)
Levitikus (3. Buch Mose)
Numeri (4. Buch Mose)
Deuteronomium (5. Buch Mose)
Josua
Richter
Rut
Erstes Buch Samuel
Zweites Buch Samuel
Erstes Buch der Könige
Zweites Buch der Könige
Erstes Buch der Chronik
Zweites Buch der Chronik
Esra
Nehemia
Tobit
Judit
Ester
Erstes Buch der Makkabäer
Zweites Buch der Makkabäer
Ijob
Psalmen
Sprichwörter
Das Buch Kohelet
Das Hohelied
Das Buch der Weisheit
Jesus Sirach
Jesaja
Jeremia
Die Klagelieder
Baruch
Ezechiel
Daniel
Hosea
Joël
Amos
Obadja
Jona
Micha
Nahum
Habakuk
Zefanja
Haggai
Sacharja
Maleachi

NEUES TESTAMENT

Matthäus
Markus
Lukas
Johannes
Apostelgeschichte
Brief an die Römer
1. Brief an die Korinther
2. Brief an die Korinther
Brief an die Galater
Brief an die Epheser
Brief an die Philipper
Brief an die Kolosser
1. Brief an die Thessalonicher
2. Brief an die Thessalonicher
1. Brief an Timotheus
2. Brief an Timotheus
Brief an Titus
Brief an Philemon
Brief an die Hebräer
Brief des Jakobus
1. Brief des Petrus
2. Brief des Petrus
1. Brief des Johannes
2. Brief des Johannes
3. Brief des Johannes
Brief des Judas
Offenbarung des Johannes

Inhaltsverzeichnis

Einleitung

Als ich mich vor vielen Jahren zu meiner ersten Unterrichtsstunde ans Klavier setzte, sah ich mich einem Blatt Papier gegenüber, auf dem ich nur Linien und seltsame Zeichen und Schnörkel erkennen konnte. Es wollte mir einfach nicht in den Kopf, dass jemand darauf schauen und dann solch wunderbare Musik spielen konnte. Das war mir völlig unverständlich. Natürlich ergaben diese Linien und Schnörkel mit der Zeit auch für mich einen Sinn und ganz allmählich begann ich, an der von mir gespielten Musik Gefallen zu finden. So geht es auch vielen Menschen mit der Bibel, vor allem wenn sie ihr ganz neu begegnen. Sie scheint dann auch aus unverständlichen »Linien und Schnörkeln« zu bestehen. Ihre Geschichten, Personen und Ideen scheinen Millionen Meilen von der eigenen Wirklichkeit entfernt zu sein. Aber wenn wir allmählich verstehen, die biblischen Texte zu lesen, Zusammenhänge und Hintergründe zu erkennen beginnen, ergeben sie plötzlich einen Sinn.

Das ist das Ziel dieses Bibelsachbuchs. Es soll dem Leser und der Leserin helfen, die Bibel und ihre großen Themen zu verstehen, die Menschen seit Jahrhunderten an ihr faszinieren, nicht zuletzt, dass es einen Gott gibt und dass dieser Gott uns liebt. Dieses Sachbuch bedient sich ganz bewusst keiner Spezialistensprache. Es ist deshalb besonders für Menschen geeignet, die keine Christen sind und mehr über das Christentum erfahren wollen. Aber es eignet sich auch ideal für Christinnen und Christen, die ihren Glauben besser verstehen wollen und die eine solche kompakte Zusammenschau der biblischen Geschichten schätzen werden.

Das Bibelsachbuch soll eine Einführung in die Bibel sein und kann somit nicht alles behandeln oder gar all die verschiedenen Positionen zu bestimmten Ereignissen oder Themen aufführen. Stattdessen soll dieses Sachbuch dem Leser die Gesamtgeschichte der Bibel und die dieser zugrunde liegenden Kernthemen nahe bringen.

Wenn man einen Überblick über die gesamte Bibel haben möchte, sollte man dieses Sachbuch von Anfang bis Ende durcharbeiten. Man lernt dann die biblischen Erzählungen und Motive in ihrer Abfolge kennen, wie sie in der Bibel dargeboten werden, und sieht, wie die Beziehung Gottes zum Menschen immer neue Facetten zeigt. Da aber jede Doppelseite dieses Buches auch eine abgeschlossene Einheit darstellt, kann man ebenso gut in das Sachbuch eintauchen und sich über ganz bestimmte Ereignisse, Menschen oder Ideen informieren, ohne alles, was davor steht, durchlesen zu müssen. Die »Siehe-auch«-Verweise führen einen dann zu ähnlichen Themen, die an anderer Stelle behandelt werden.

Die Bibel muss also nicht eine unverständliche Ansammlung von »Linien und Schnörkeln« bleiben. Wir brauchen dazu nur eine kleine Hilfe, die uns zeigt, wonach wir suchen sollen und wie wir das dann auch finden können. Ich hoffe sehr, dass dieses Bibelsachbuch genau diese Aufgabe zu erfüllen vermag.

Mike Beaumont
Oxford

Die Bibel

GOTTES LIEBESBRIEF

2000 v.Chr. 1900 v.Chr. 1800 v.Chr. 1700 v.Chr. 1600 v.Chr. 1500 v.Chr. 1400 v.Chr. 1300 v.Chr. 1200 v.Chr. 1100 v.Chr. 1000 v.Chr. 900 v.Chr. 800 v.Chr. 700 v.Chr. 600 v.Chr. 500 v.Chr. 400 v.Chr. 300 v.Chr. 200 v.Chr. 100 v.Chr. 1 n.Chr. 100 n.Chr.

Ein Liebesbrief vom lieben Gott ist wahrscheinlich nicht das Erste, was den meisten einfällt, wenn sie an die Bibel denken. Sie halten sie vielmehr für ein Buch voller Regeln, eine Ansammlung moralischer Richtlinien oder eine Geschichte aus ganz alten Zeiten, also nichts, was nur entfernt einem Liebesbrief ähneln würde. Und doch ist Liebesbrief möglicherweise die beste Bezeichnung für ein Buch, das uns erzählt, welche Ideen hinter dem Leben und der Schöpfung stecken, was Gott unternahm, um diese Welt lebenswert zu machen, und wie Gott den Menschen nahe sein will. Für Christen besteht nun das Erstaunliche der Bibel darin, dass sie ihnen nicht nur eine Geschichte erzählt, sondern sie auch einlädt, an eben dieser Geschichte aktiv teilzunehmen.

DER AUFBAU DER BIBEL

Die Bibel ist eine Sammlung von einzelnen Büchern. Der genaue Umfang der Bibel sowie die Reihenfolge der einzelnen Bücher ist zwischen den Kirchen umstritten. Die katholische Kirche zählt 73 Bücher zur Bibel, die meisten evangelischen Kirchen nur 66.

Das Alte Testament

1. Die Tora (»Weisung«)
GENESIS–DEUTERONOMIUM / 1.-5. BUCH MOSE
Die Geschichte, wie alles auf dieser Welt anfing. Wie Gott das Volk Israel aufzubauen begann, dem er seine Weisung (Tora) am Sinai als Zuspruch und Anspruch übermittelte, durch die er die gesamte Menschheit retten wollte

2. Die Geschichte Israels, des Gottesvolkes
JOSUA–2 MAKKABÄER / JOSUA–ESTER
Der Bericht, wie die Israeliten in ihr »Gelobtes Land« gelangten. Das Vorbild Israel zeigt, wie es einer Gemeinschaft ergeht, die mit dieser Tora lebt, aber auch, welche Folgen eine Missachtung der Tora hat. Trotzdem blieb Gott seinen einmal gegebenen Versprechen treu und ermöglichte seinem Volk immer wieder einen Neubeginn.

3. Dichtung und Lebensweisheiten
IJOB–JESUS SIRACH / IJOB–HOHESLIED
Die Bücher sind eine Einladung, die wahre, Leben rettende Weisheit im betenden und meditierenden Hören auf die Tora zu suchen.

4. Die Propheten
JESAJA-MALEACHI
Die Bücher beinhalten Ermahnungen an das Volk Gottes, seinem Auftrag gerecht zu werden, aber auch Botschaften der Hoffnung, vor allem die Botschaft vom Kommen des Messias.

Das Neue Testament

1. Die Evangelien
MATTHÄUS-JOHANNES
Erzählung des Lebens, des Todes und der Auferstehung Jesu Christi, in dem Christen den Sohn Gottes erkannten. Verkündigung seiner Botschaft auf dem Hintergrund der Sprache und der Motive des Alten Testaments.

2. APOSTELGESCHICHTE
Die Geschichte, wie Jesu Jünger seine Botschaft über die ganze Welt zu verbreiten begannen.

3. Die Briefe
BRIEF AN DIE RÖMER-BRIEF DES JUDAS
Schreiben an junge christliche Gemeinden, in denen theologische Themen behandelt und praktische Fragen des Alltags geregelt werden.

4. OFFENBARUNG DES JOHANNES
Ein Blick auf Gottes endgültigen Plan, die Schöpfung an ihr Ziel zu führen, die Gewaltmächte zu besiegen und eine neue Welt zu schaffen.

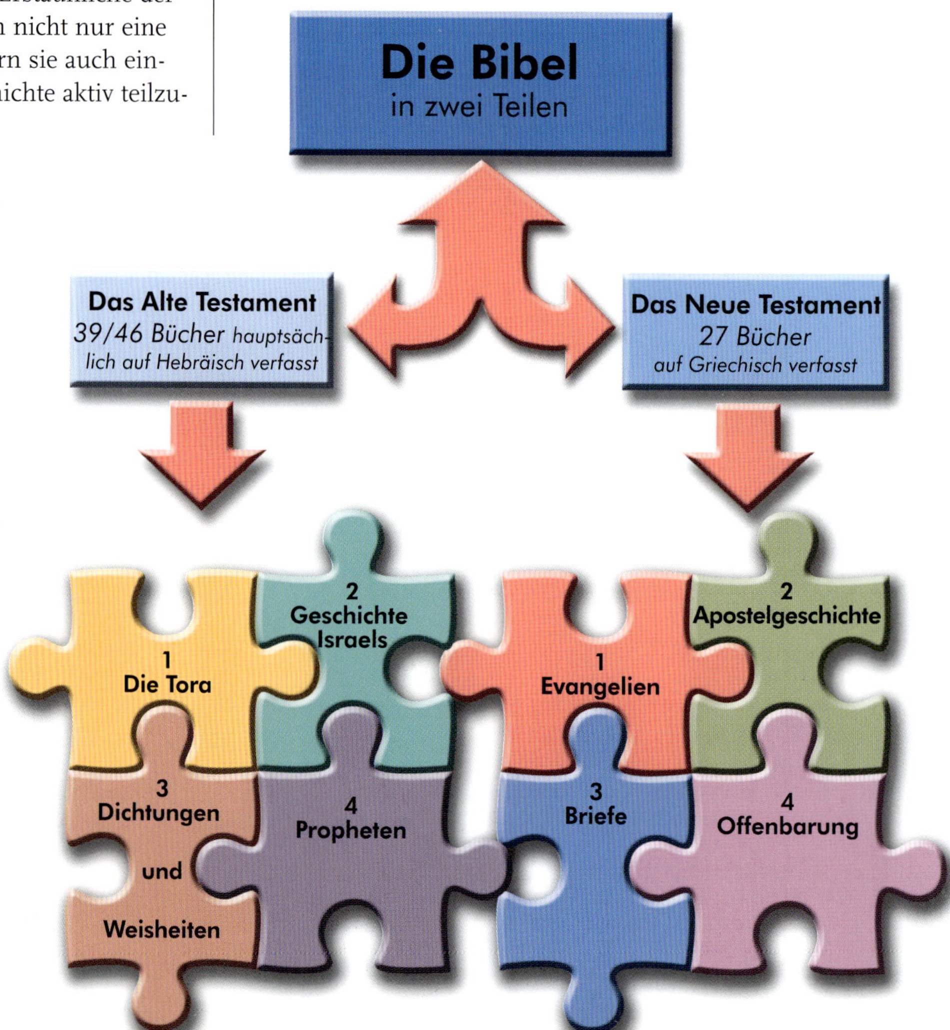

Wendet euch meiner Mahnung zu! Dann will ich auf euch meinen Geist ausgießen und meine Worte euch kundtun
(Sprichwörter 1,23).

SIEHE AUCH
APOKRYPHEN: S. 77
PROPHEZEIUNGEN: S. 39
SCHRIFTGELEHRTE: S. 68.

Die Bibel: Gotteswort im Menschenwort

Für die Christen unterscheidet sich die Bibel von jedem anderen Buch (einschließlich aller anderen religiösen Bücher), da sie glauben, dass es sich bei ihr um eine »von Gott eingegebene Schrift« handele (2 Timotheus 3,16). Dies bedeutet nun aber nicht, dass Gott den Verfassern den Text der Bibel Wort für Wort diktiert hätte. »Eingegeben« oder »inspiriert« ist die Übersetzung eines griechischen Begriffs, der wörtlich »gottgehaucht« bedeutet. Für Christen ist die Bibel also ein »Hauch Gottes«. Sie ist Gotteswort im Menschenwort. Die biblischen Texte sind Menschenwort, insofern sie von gläubigen Menschen formulierte Erfahrungen auf ihrem Weg mit Gott sind. Und sie sind Gotteswort, weil diese Erfahrungen unter der Führung des Geistes Gottes gemacht wurden. Aus diesem Grund ist die Bibel für Millionen Menschen mehr als eine bloße Geschichtsaufzeichnung oder eine Sammlung voller guter Ratschläge, sondern das Wort Gottes, das für die Menschen aller Zeiten wahr ist.

Die Bibel: Aussagen über Gott

Für Christen ist die Bibel einzigartig, weil sie viele Aussagen über Gottes Wesen macht und die Menschen im Prozess des Bibellesens mit diesem Gott in ein Gespräch bringen will. In diesem Gespräch offenbart sich Gott dem Menschen. In der Bibel werden vier Dinge über Gott gesagt:

- **Gottes Herz**: Wer er wirklich ist, im Gegensatz zu Vorstellung, die sich Menschen über ihn machen.
- **Gottes Wege:** Wie diese sich von den Wegen der Menschen unterscheiden und uns zu einem gelingenden Leben führen.
- **Gottes Plan:** Wie er darauf hinarbeitet, Chaos in der Schöpfung und Gewalttaten der Menschen einzuschränken und Lebensraum zu schaffen.
- **Gottes Mahnung:** Wie er die Menschen so annimmt, wie sie wirklich sind, und sie wissen lässt, dass eine Änderung möglich ist.

Bibelübersetzungen

Da die meisten von uns kein Hebräisch oder Griechisch können, müssen wir die Bibel in Übersetzung lesen. Heutzutage gibt es viele Übersetzungen, die in zwei große Kategorien fallen: Die einen, die sich sprachlich eng an den vorgegebenen Urtext zu halten versuchen, und die anderen, die die gemeinte Sache in moderner Sprache auszudrücken versuchen. Beide haben ihre Stärken und Schwächen; am wichtigsten ist es, eine Bibelausgabe zu benutzen, die man gut versteht.

Gutenbergs Erfindung des Buchdrucks mit beweglichen Lettern um 1450 war ein riesiger technischer Fortschritt. Als Erstes druckte er die Bibel (siehe obiges Bild), wobei der Text jeder Seite wegen der Begrenzungen seiner Druckerpresse in zwei Spalten geteilt war (was bis heute die übliche Art blieb, Bibeln zu drucken). Kapitel und Verse wurden in den ursprünglichen Texten noch nicht angezeigt, sondern erst später hinzugefügt, die Kapitel im 13. Jahrhundert und die Verse nach der Erfindung des Buchdrucks. Allerdings sind diese Einteilungen nicht immer hilfreich und unterbrechen manchmal sogar den Gedankenfluss.

Die Bibeltexte wurden ursprünglich von Schreibern mit der Hand auf Pergamentrollen geschrieben. Aber diese Schriftrollen waren schwer zu handhaben und wurden deshalb in der Spätantike durch den »Kodex« ersetzt, eine frühe Form des Buches, dessen mit einem Faden zusammengeheftete Lagen von Papier- oder Pergamentblättern von einem festen Einband geschützt werden.

Die Bibel lesen

Um die Bibel zu verstehen, hilft es, bei der Lektüre drei Bezugspunkte im Auge zu behalten:
Sie: Denken Sie über die Personen in einer Geschichte nach und fragen Sie sich, was sie gedacht und wie sie sich gefühlt haben mögen.
Wir: Werten Sie Teile der biblischen Geschichten nicht als etwas Antiquiertes ab, das uns Heutigen nichts mehr zu sagen hat, sondern suchen Sie nach Entsprechungen in unserer eigenen Zeit.
Ich: Denken Sie darüber nach, was Gott Ihnen ganz persönlich zu sagen hat und was das für Ihr Leben bedeutet.

Schlüsselbegriff: Offenbarung

Für die Christen ereignet sich in der Bibel Gottes Offenbarung. Die Bibel-Bibliothek enthält viele Bücher und Stimmen, die nacheinander und bisweilen auch durcheinander von Gott erzählen. Vielstimmig wird in vielen literarischen Formen beschrieben, wer Gott ist und was er für unser Leben bedeutet. Christen glauben, dass Gott sich ihnen bis in die Gegenwart hinein offenbart. Die Bibel lädt ein, im Prozess des Lesens in ein Gespräch mit Gott zu treten und ihn ganz persönlich kennen zu lernen.

Der Anfang aller Dinge

DIE GUTE SCHÖPFUNG

Die Menschen fragten sich zu allen Zeiten: Warum gibt es eine Welt? Warum gibt es uns? Wieso ist die Welt so, wie wir sie kennen? Ist die Welt nur Zufall oder so gewollt? Die biblischen Schriftsteller haben aus ihrem Glauben an Gott heraus geantwortet. Die beiden Schöpfungsgeschichten am Anfang der Bibel wollen uns nicht berichten, wie die Welt genau entstanden ist. Das versuchen die Naturwissenschaftler zu erklären. Vielmehr verleihen sie der Erfahrung Ausdruck, dass die Welt von Gott gewollt und getragen ist. Dieses Bekenntnis wird auf zweifache Weise ausgedrückt: Genesis 1,1–2,3 enthält ein wunderbares Gedicht über den Anfang aller Dinge. Genesis 2,4-25 erzählt ganz anders die Erschaffung des Menschen als Mann und Frau.

Am Anfang ...

Genesis 1,1–2,3 ist ein Lied, das uns zum Staunen und Mitsingen einlädt. Das Thema des Liedes ist unsere Lebenswelt auf dieser Erde, dargestellt in sieben Tagen und acht Werken. Tag 1, 4 und 7 entfalten die Zeit in Rhythmen: Tag und Nacht als Grundrhythmus, dann die Jahreszeiten, die Monate und Festtage, die durch die Gestirne Sonne und Mond bestimmt werden, schließlich die freie Zeit vom Alltag mit seinen Verpflichtungen. Tag 2 und 3 beschreiben den Lebensraum Erde, wobei die Pflanzen nicht als Lebewesen, sondern zur Erde gehörig angesehen werden. Tag 5 und 6 besingen die Besiedlung dieses Lebensraumes durch Tiere und Menschen.

DAS SCHÖPFUNGSLIED GENESIS 1,1-2,3

GOTT ORDNET ZEIT UND RAUM

Tag 1:
Ordnung der *Zeit*: Licht und Finsternis werden getrennt. Tag-Nacht-Rhythmus (Verse 3-5).

Tag 2:
Ordnung des *Raumes*: Eine Trennwand wird errichtet, um das lebensfeindliche Chaoswasser zu bändigen (Verse 6-8).

Tag 3:
Ordnung des *Raumes*: Das nun trockene Land erscheint und wird fruchtbar gemacht. Es wachsen Pflanzen und Bäume (Verse 9-13).

GOTT FÜLLT DIE WELT MIT SEINEN GESCHÖPFEN

Tag 4:
Ordnung der *Zeit*: Sonne, Mond und Sterne teilen die Zeit ein (Tag, Monat, Jahr, Festtage) (Verse 14-19).

Tag 5:
Besiedlung des *Raumes*: Gott erschafft die »Wesen« des Wassers und der Luft (Verse 20-23).

Tag 6:
Besiedlung des *Raumes*: Die Landtiere und die Menschen werden geschaffen. Die Menschen bekommen den Auftrag, die Schöpfung zu behüten (Verse 24-30).

Tag 7:
Segnung und Heiligung einer besonderen *Zeit*: Nach den sechs Schöpfungstagen »ruhte« Gott, nicht weil er müde gewesen wäre, sondern weil sein Werk vollendet war. Das Wort »ruhte« (Genesis 2,2-3) kommt vom hebräischen Wort für »Sabbat«, dem jüdischen Ruhetag. Damit wird ein genereller Lebensrhythmus begründet: sechs Arbeitstagen folgt ein Ruhetag.

Dem Herrn gehört die Erde und was sie erfüllt, der Erdkreis und seine Bewohner (Psalm 24,1).

SIEHE AUCH
ADAM UND EVA S. 12-13
BABYLON S. 64
OFFENBARUNG S. 120-121
SABBAT S. 31

WAS UNS DIESE GESCHICHTEN ERZÄHLEN ÜBER ...

GOTT

Ewig – Er hat schon immer existiert, war schon immer »da«.

Einzigartig – Es gibt keine zwei Götter (»Dualismus«) oder viele Götter (»Polytheismus«), sondern nur einen einzigen Gott (»Monotheismus«).

Persönlich – Gott schuf die Welt ganz persönlich, nicht mit Hilfe eines unabhängigen oder außenstehenden Mechanismus.

Allmächtig – Gott setzt den lebensfeindlichen Kräften der Welt Grenzen.

Auf eine Beziehung zum Menschen aus – Gott möchte nicht unnahbar sein, sondern ansprechbar für die Menschen.

DEN MENSCHEN

Geschaffen nach dem Bilde Gottes – Dies gibt dem Menschen große Verantwortung.

Mann und Frau – Beide sind ein Abbild Gottes und gehören gleichwertig zusammen. Die Frau ist die angemessene Entsprechung des Mannes, aber nicht seine Untergebene.

Wie die Tiere und doch anders – Beide wurden am selben Tag, aber durch einen unterschiedlichen Schöpfungsakt geschaffen. Der Mensch ist Hüter der Tiere.

Zur Arbeit geschaffen – Die Arbeit ist nicht das Ergebnis eines Sündenfalls, sondern ein Gottesgeschenk. Arbeit verleiht uns Würde.

Hüter der Schöpfung – Gott hat den Menschen beauftragt und ihm die Fähigkeit verliehen, die Schöpfung zu gebrauchen, aber auch für sie zu sorgen.

Beziehungswesen – Gott hat den Menschen dazu bestimmt, mit seinen Mitmenschen, aber auch mit Gott selbst in einer lebendigen Beziehung zu stehen.

DIE SCHÖPFUNG

Gut, nicht böse – Gottes Schöpfung ist sehr gut und soll bewahrt werden.

Geordnet – Sie »geschah« nicht einfach zufällig, sondern ermöglicht Leben durch die Ordnung von Zeit und Raum.

Endlich – Die Schöpfung wartet noch auf ihre Vollendung. Das Buch der Offenbarung verheißt »einen neuen Himmel und eine neue Erde«.

Gottes Eigentum – Die Schöpfung gehört Gott, nicht uns Menschen. Sie muss deshalb geachtet und bewahrt werden.

Fruchtbar – Pflanzen und Tiere wurden geschaffen, um sich fortzupflanzen.

Abhängig – Die Schöpfung bezieht ihr Leben von Gott.

Sonderrolle Mensch

Der Mensch erhält in dem Lebenshaus der Schöpfung eine Sonderrolle: Als ein Bild Gottes ist er beauftragt, wie ein königlicher Hirte dafür zu sorgen, dass alle in diesem Lebenshaus leben können. Der so genannte »Herrschaftsauftrag« ist kein Freibrief zur Ausbeutung der Natur, sondern im Gegenteil ein »Hüteauftrag«. Jeder Mensch ist eine Stellvertreterin / ein Stellvertreter des sich um das Leben sorgenden Gottes in Gottes Schöpfung. Genesis 1 redet noch nicht von Mann und Frau, dieses Thema wird erst in Genesis 2 entwickelt, sondern vom männlichen und weiblichen Menschen, betont folglich das beiden Geschlechtern gemeinsame Menschsein und die gleiche Verantwortung beider als Sachwalter des guten Gottes.

Andere Schöpfungsgeschichten

Jede antike Kultur besaß ihre eigene Schöpfungsgeschichte. Diese babylonische Steintafel aus dem 7. Jahrhundert v.Chr. zeichnet eine Geschichte auf, deren Entstehung bis zum 3. Jahrtausend v. Chr. zurückreicht. Dieses so genannte *Enuma Elisch*-Epos berichtet auf sieben Steintafeln, wie der babylonische Gott Marduk das Seeungeheuer Tiamat tötete und aus dessen Körper die ganze Welt erschuf. Diese phantastische Geschichte unterscheidet sich allerdings sehr von der Schöpfungserzählung der Genesis, in der es keine Kämpfe zwischen Göttern, sondern nur einen einzigen höchsten Gott gibt, der in seiner Liebe alle Dinge erschafft. Auch der Mensch wird nach der Bibel nicht wie in anderen Schöpfungsgeschichten von Gott geschaffen, damit er ihm diene, sondern damit er eine enge Beziehung zu ihm eingehen könne.

Vor dem Horizont altorientalischer Schöpfungserzählungen ist das Besondere an der Bibel, dass sie über die *Geschlechterdifferenz* erzählt und über die Absicht, die Gott bei der Erschaffung von Mann und Frau leitete.

Schlüsselbegriff: Schöpfung

Am Anfang der Bibel steht mit Genesis 1,1–2,3 ein Text, der die grundlegende Beziehung zwischen Gott, seiner Schöpfung und den Menschen beschreibt. Gott hat Lebendiges geschaffen; er hat uns eine gute, sinnvolle Schöpfung gegeben; er trägt sie gegen das Chaos. Im Schöpfungslied klingt schon die neutestamentliche Osterbotschaft an von einem Gott, der das Leben will und sich den Todesmächten entgegenstellt.

Adam und Eva

DIE MENSCHEN WERDEN ERWACHSEN

In Genesis 2 wird die Geschichte vom Garten Gottes, vom Paradies erzählt. Die Menschen träumen auch heute noch von einer solchen Geborgenheit bei Gott. Was einmal im Anfang aller Zeiten war, soll wiederkommen am Ende der Zeiten. Die Paradiesmenschen sind noch wie Kinder. Aber es kommt, wie es kommen muss. Sie werden erwachsen. Sie entwickeln sich, überschreiten ihre Grenzen und lernen das Gute und das Böse kennen. Diese Entwicklung wird in Genesis 3 mit vielen Bildern erzählt: dem Baum des Lebens und dem Baum der Erkenntnis, der verbotenen Frucht, der sprechenden Schlange. Letztlich erklärt diese Erzählung das Leben, wie Menschen es bis heute wahrnehmen: Warum gibt es Gut und Böse? Warum ist Arbeit so mühsam? Warum leiden Menschen unter Schmerzen? Warum schämen wir uns voreinander? Warum ist das Leben oft so schwierig? Warum sterben wir? Warum ist Gott fern? Die Geschichte in Genesis 3 bietet Antworten auf diese Fragen.

Im Spannungsfeld von Heil und Unheil

Während es in Genesis 1,1–2,3 um die Gattung »Mensch« ging, geht es nun um die menschliche Individualität. Die Figuren haben Eigennamen (Adam und Eva) und werden in ihren unterschiedlichen Rollen als Mann und Frau geschildert. Gegenüber der in Genesis 1,1–2,3 dominierenden Sicht der guten Schöpfung wird nun die Ambivalenz der menschlichen Realität sichtbar: Die Menschen leben im Spannungsfeld von Heil und Unheil. Sie verfallen der Sünde – und bleiben gleichwohl unter dem Schutz Gottes. Die Erzählung Genesis 3 greift vieldeutige mythische Bilder auf, um mit ihnen die vielschichtigen Fragen des menschlichen Lebens zu beantworten. Zwei Aspekte sind wichtig:

1. Die Mängel und Widersprüche menschlichen Lebens sind nicht gottgewollter Bestandteil der Schöpfung. Die Gottesreden in Gen 3,14-19 sind keine göttlichen Gebote, sondern realistische Feststellungen des als schmerzlich empfundenen Ist-Zustandes der damaligen bäuerlichen Lebenswelt (und darin Beispiel auch für andere gesellschaftliche Lebensweisen heute).
2. Die Erzählung stellt einerseits klar heraus, dass die Widrigkeiten des nichtparadiesischen Lebens eine (Straf-)Folge der menschlichen Grenzüberschreitung, d.h. des Verstoßes gegen das göttliche Verbot von Genesis 2,17 sind. Obwohl die Menschen von ihrem Schöpfergott alles, was sie brauchen, überreich erhalten haben, greifen sie trotzdem nach der Frucht jenes Baums, der ihnen die Grenze zwischen Gott und Mensch bewusst machen soll. Sie essen davon, weil die Früchte dieses »verbotenen« Baums ihnen besonders begehrenswert vorkommen. Das ist die theologische Ursünde der Auflehnung gegen Gott. Andererseits fällt in der ganzen Erzählung nicht ein einziges Mal das Wort »Sünde«. Im Gegenteil: In Genesis 3,22 stellt Gott ausdrücklich fest: »Seht, der Mensch ist geworden wie wir, er erkennt Gut und Böse«. Die Übertretung des Gebotes hat auch also auch die positive Folge gottgleichen Wissens. Es geht um jene Doppeldeutigkeit unserer Erfahrung, dass nur der wissend gut sein kann, der auch böse sein kann. Erst nach dem Essen vom verbotenen Baum sind die Menschen Menschen im Vollsinn – mit der Konsequenz, dass sie die Widrigkeiten des nichtparadiesischen Lebens mitertragen müssen und dass es keinen Weg zurück in den Garten Eden gibt.

Michelangelos *Schöpfung Adams* zeigt eindrücklich die Spannung von Nähe und Distanz zwischen Adam und seinem Schöpfer. Der Mensch sehnt sich wie ein Kind nach der Nähe Gottes, hat aber seine Unbefangenheit verloren.

Dann sprach Gott der Herr: Seht, der Mensch ist geworden wie wir; er erkennt Gut und Böse
(Genesis 3,22).

SIEHE AUCH
EINE WELT OHNE GOTT S. 14-15
HOFFNUNG AUF EINE BESSERE ZUKUNFT S. 122-123
DAS KREUZ S. 114

Gemälde stellen die Frucht, die Adam und Eva verbotenerweise aßen, oft als Apfel dar, während die Bibel nicht genau angibt, um welche Sorte es sich handelte. In den meisten europäischen Sprachen bedeutete »Apfel« ursprünglich »Frucht«. Erst später nahm das Wort seine heutige Bedeutung an. Im Text handelt es sich wahrscheinlich um eine typische Frucht des Nahen Ostens, vielleicht um einen Pfirsich.

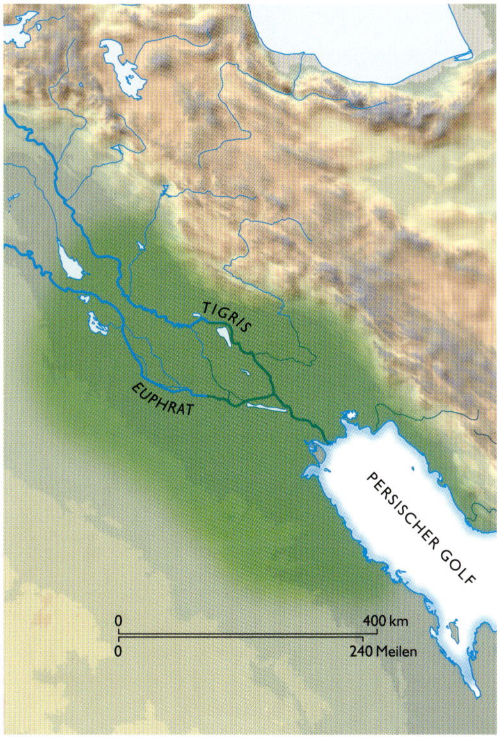

Der Garten Eden

Die Geschichte von Adam und Eva spielt in einem Gebiet namens »Eden« (was im Hebräischen »Anmut«, »Lieblichkeit« und »Wonne« bedeutet), das in der Nähe des Zusammenflusses von Tigris und Euphrat liegt (Genesis 2,10-14). Als das Alte Testament vom Hebräischen ins Griechische übersetzt wurde, wurde das Wort »Garten« als *paradeisos* übersetzt (was »Garten« oder »Park« bedeutet). Daher stammt die Vorstellung von Eden als dem »Paradies«.

Die Schlange

Die Schlange von Genesis 3 ist ein mythisches Motiv, dessen Vorgeschichte für uns im Dunkeln bleibt. Sie ist kein Gegengott und kein Teufel, sondern ein von Gott geschaffenes Wesen. Ihr Wesen bleibt rätselhaft. Nur ihre Rolle im erzählten Geschehen ist klar: Sie ist das personifizierte Wissen, das zur Auflehnung und Grenzüberschreitung gegenüber Gott verleitet und damit den Anstoß zur Widersprüchlichkeit der menschlichen Lebenswirklichkeit gibt.

Hinaus aus dem Paradies

Die Geschichte endet damit, dass die Menschen aus dem Paradies vebannt werden. Das wird in Genesis 3,22f doppelt begründet: Einmal damit, dass sie nicht auch noch nach dem Baum des Lebens greifen (dass in der Geschichte *zwei* Bäume eine besondere Rolle spielen, hängt mit der zweistufigen Entstehungsgeschichte von Genesis 2–3 zusammen), und zum anderen damit, dass sie den Ackerboden bearbeiten, was nach Genesis 2,5 ja zum Wesen des Menschen gehört. Hier wird besonders sichtbar: Wer die Erzählung Genesis 3 ganz verstehen will, muss die Kontrastgeschichte Genesis 2 mitbedenken. Dann bleibt es bei dieser Spannung: Das Leben *ist so*, wie Genesis 3 erzählt; das Leben *muss von Gott her* nicht so sein, wenn Genesis 2 zum Leitbild menschlicher Lebenssuche gemacht wird.
Wozu die Neigung der Menschen, die Autorität Gottes zu missachten (Übertretung des Essensverbotes Genesis 2,17) führt, zeigt sich in Genesis 4: Wer sich einfach nimmt, was ihm gefällt, will sein Leben nicht teilen wie Kain und Lamech – und wird so zum Brudermörder und zum rachsüchtigen Gewalttäter.

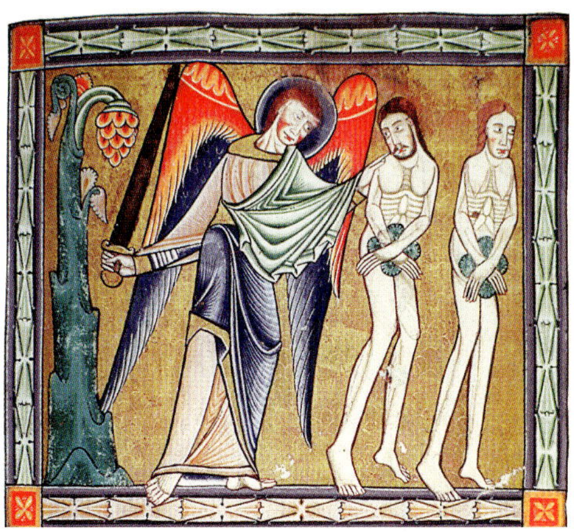

Das Essen vom verbotenen Baum lässt die Menschen ihre in Genesis 2 positiv verstandene Nacktheit nun negativ erleben. So gibt ihnen der gute Schöpfergott die Kleidung – als Schutz sowie als Zeichen des Unterschieds gegenüber den Tieren.

Schlüsselbegriff: Sünde

Sünde bezieht sich auf Verstöße gegen die Gebote Gottes, sie ist eine Auflehnung gegen Gott. Sie kann bewusst oder unbewusst geschehen, betrifft und stört aber in jedem Fall das Verhältnis zwischen Gott und dem Sünder sowie das soziale Miteinander der Menschen. Da Gottes Gebote auch die Verhältnisse der Menschen untereinander betreffen, ist jede Verfehlung gegenüber anderen Menschen (Gewalttat, Lüge, Unterdrückung und Ausbeutung) immer auch eine Sünde gegenüber Gott.

Noach

EIN NEUANFANG

Die Urgeschichte der Genesis geht schnell von der Welt, wie Gott sie schuf, über zu einer Welt, die eine fatale Entwicklung genommen hat. Es wird erzählt, wie die ursprünglich »gute« Schöpfung immer weniger diesem Ideal entspricht. Gewalt und Boshaftigkeit prägen das Zusammenleben. Damit ist zusammengefasst, was an Fehlverhalten vom ersten Menschenpaar (Genesis 3), von ihren Kindern Kain und Abel (Genesis 4,1-16) und von ihren Kindeskindern wie Lamech (Genesis 4,23f.) erzählt wurde. Kühn wird dargestellt, wie es den Schöpfergott schmerzt, solche Menschen gemacht zu haben. Er schickt eine große, zerstörerische Flut, aus der nur der gerechte Noach mit seiner Familie und den Tierpaaren gerettet wird. Die Katastrophe bildet nicht den Schlusspunkt. Im Gegenteil: Die zutiefst gefährdete Schöpfung erhält am Ende der Flut die Garantie, sicher bestehen zu können.

Der Zusammenhang von Schöpfung und Flut

Wer die Flutgeschichte verstehen will, muss die Schöpfungsgeschichte kennen. Beide sind durch viele Stichwortverbindungen eng verbunden. Die Darstellung der verheerenden Flut bildet ein Gegenstück zur Schilderung der Schöpfung (Genesis 1–2) und greift die gewalttätige Entwicklung seit Entstehung der Welt auf. Doch die Katastrophe bildet nicht den Schlusspunkt. Am Ende steht die Zusage Gottes, selbst für den Fortbestand der Schöpfung Sorge zu tragen.

Genesis 1,1–2,3
Die Welt, wie sie von Gott her sein sollte.

Genesis 2,4–4,26
So sind die Menschen (Adam und Eva, Kain und Abel) in der guten Schöpfung Gottes.

Genesis 5,1–9,29
Die Welt, wie sie wirklich (bis heute) ist:
bedroht durch Schwäche und Gewalt, aber unter dem beständigen Segen Gottes.

2000 v.Chr. · 1900 v.Chr. · 1800 v.Chr. · 1700 v.Chr. · 1600 v.Chr. · 1500 v.Chr. · 1400 v.Chr. · 1300 v.Chr. · 1200 v.Chr. · 1100 v.Chr. · 1000 v.Chr. · 900 v.Chr. · 800 v.Chr. · 700 v.Chr. · 600 v.Chr. · 500 v.Chr. · 400 v.Chr. · 300 v.Chr. · 200 v.Chr. · 100 v.Chr. · 1 n.Chr. · 100 n.Chr.

> *Aufgrund des Glaubens wurde Noach das offenbart, was noch nicht sichtbar war*
> (Hebräer 11,7).

SIEHE AUCH
BABYLON S. 64
GOTTESBUND S. 21

Noach und die Arche

In seinem Bemühen, die Boshaftigkeit zurückzudrängen, verkürzte Gott die »Lebenszeit« des Menschen (Genesis / 1 Mose 6,1-3). Als dies zu keinen Änderungen führte und die »Schlechtigkeit des Menschen weiter zunahm«, reute es ihn, »sie gemacht zu haben« (Genesis / 1 Mose 6,5-7). Er entschloss sich also, die gesamte Menschheit mit Ausnahme Noachs und seiner Familie »zu vertilgen«.
Gott forderte Noach auf, eine »Arche« – einen riesigen, drei Stockwerke hohen schwimmfähigen »Kasten« – zu bauen, in die er dann seine Familie und ein »Männchen und ein Weibchen von allem, was lebt« bringen sollte (Genesis / 1 Mose 6,11-7,24).
Danach ließ er es vierzig Tage regnen und die »Quellen der Urflut« aufbrechen, bis die ganze Erde überflutet war. Nach 150 Tagen begannen die Wasser abzulaufen. Manche versuchen – auf teilweise abenteuerliche Weise – die Sintflut naturwissenschaftlich zu erklären oder die Landung der Arche auf dem Berg Ararat in der heutigen Türkei zu verorten.
Noach baute einen Altar und brachte Gott Brandopfer dar. Gott schloss einen Bund mit Noach, dass er die Erde nie mehr verderben würde. Als Zeichen dieses Versprechens ließ er einen Bogen am Himmel erscheinen. Dieser Bogen sollte Gott an seinen Bund mit Noach erinnern. Darüber hinaus forderte Gott Noach und seine Nachkommen auf, die Erde wieder zu bevölkern, und gab ihnen Regelungen für das Zusammenleben, um die Gewalt einzuschränken und ein gedeihliches Zusammenleben der Geschöpfe zu ermöglichen.

Eine babylonische Fluterzählung

Fluterzählungen gibt es in den meisten alten Religionen. Sie spiegeln eine kollektive Erinnerung an eine historische Katastrophe wider. Diese Tontafel aus dem 7. Jahrhundert v. Chr. enthält einen Teil des *Gilgamesch-Epos*, einer babylonischen Dichtung, die auch einen Flutbericht enthält. In manchen Teilen (z. B. Anweisungen zum Archebau) ähnelt dieser der Erzählung in der Genesis, in anderen Teilen unterscheidet er sich. So ist die Ursache der Flut eine völlig andere (die Götter können wegen des Lärms nicht schlafen, die die Menschheit macht).

Lange Listen, lange Leben

Genesis / 1 Mose 5 ist ein Beispiel für die Familienstammbäume (Genealogien), die immer wieder in der Bibel auftauchen. Während diese Listen uns heute als langweilig und unwichtig erscheinen, waren sie in alten Zeiten sehr wichtig für die Herkunftsbestimmung und die Erbrechte. Sie sind Zeugnis einer Gesellschaft, in der die Menschen ihre Identität über ihren Familienzusammenhang definieren. Allerdings sollte der Leser nicht versuchen, all diese Jahresangaben zusammenzuzählen, um dadurch den genauen Zeitpunkt der Schöpfung festzustellen.
In diesen ersten Kapiteln der Genesis lebten die Menschen noch erstaunlich lange. Noach erreichte 950 Lebensjahre, sein Großvater Methusalem sogar 969 Jahre. Nach der Flut wird das Lebensalter des Menschen auf 120 Jahre begrenzt, damit seine Kraft nicht zu groß sei und er nochmals die Erde verderbe. Dieses Idealalter, das auch eine symbolische Zahl ist, erreicht nur Mose. Wer versucht, die Angaben der Bibel, die nicht als historische Daten gemeint sind, dennoch so zu verstehen, kommt zu absurden Ergebnissen – ähnlich dem Versuch, den Berg zu finden, auf dem die Arche Noachs strandete. Es kommt den biblischen Erzähler vermutlich darauf an, plastisch zu machen, dass »vor der Flut« alles anders war, sogar das Lebensalter.

Der Turm zu Babel

Als nach der Sintflut die Bevölkerungszahlen immer mehr zunahmen und sich immer weitere »Völkerschaften« entwickelten (Genesis / 1 Mose 10), entfernten sich die Menschen nicht nur immer weiter von Eden, sondern auch von Gott. Einige wollten sich »einen Namen machen«, und entschlossen sich, nicht nur eine Stadt, sondern auch einen »Turm mit einer Spitze bis zum Himmel« zu bauen (Genesis / 1 Mose 11,4). Damit war nicht nur dessen Größe gemeint. Vielmehr wollten sie dadurch wieder einen unmittelbaren Zugang zum Bereich des Göttlichen gewinnen. Solche stufenförmigen Tempeltürme oder »Zikkurate« hatten eine rechteckige Basis, auf der sich mehrere Plattformen übereinander erhoben. Eine Außentreppe führte wie eine Himmelsleiter hinauf zum Heiligtum an der Spitze.
Aber Gott »verwirrte« ihre Sprache, so dass keiner mehr den anderen verstand. Dies brachte das Bauprojekt zu einem plötzlichen Ende. Die Stadt hieß von nun an »Babel« (später Babylon), was »Wirrsal«, Verwirrung, bedeutete.

Während die klassische Malerei den Turm zu Babel oft als traditionellen Turm darstellte, gehen Bibelwissenschaftler von einem Stufentempel (Zikkurat) aus, der dem auf dem Bild dargestellten Tempel von Ur ähnelte.

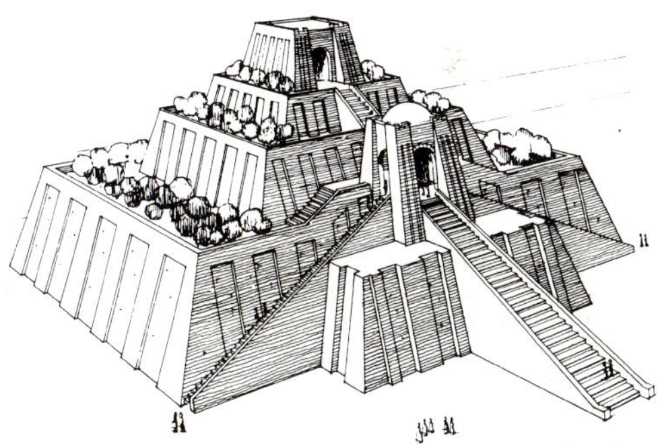

Schlüsselbegriff: Gottesgericht

Die Bibel versichert uns, dass Gott jeden von uns liebt und alles dafür tut, dass die Menschen zu ihm zurückfinden, nachdem sie gesündigt haben. In der Erzählung von der großen Flut steht am Ende das große Ja Gottes zur Schöpfung – trotz ihrer Unvollkommenheit. Lesen Sie einmal Genesis / 1 Mose 8,21: Es ist Gott, der sich hier verändert und nicht der Mensch! Dennoch sind Gott die Boshaftigkeit und ihre Auswirkungen nicht gleichgültig. Er fordert Rechenschaft, wenn Menschen andere Menschen töten. Bosheit und Gewalt des Menschen rufen Gottes gerechten Zorn hervor.

Eine Welt von Supermächten

DIE BÜHNE IST BEREITET

2000 v.Chr. – 1900 v.Chr. – 1800 v.Chr. – 1700 v.Chr. – 1600 v.Chr. – 1500 v.Chr. – 1400 v.Chr. – 1300 v.Chr. – 1200 v.Chr. – 1100 v.Chr. – 1000 v.Chr. – 900 v.Chr. – 800 v.Chr. – 700 v.Chr. – 600 v.Chr. – 500 v.Chr. – 400 v.Chr. – 300 v.Chr. – 200 v.Chr. – 100 v.Chr. – 1 n.Chr. – 100 n.Chr.

Ein Großteil der biblischen Geschichte spielte sich in einem kleinen Gebiet an der Ostküste des Mittelmeers ab, das im Alten Testament Kanaan und (später) Israel genannt wird. Dieses Land war auf allen Seiten von den Supermächten der damaligen Zeit umgeben. Es stand oft im Zentrum ihrer Expansionsbestrebungen, da sich dort die wichtigsten Handelsstraßen des frühen Altertums kreuzten. Während die Israeliten der Zusage Gotte vertrauten, dass sie als Abrahams Nachfahren das Land bevölkern sollten, mussten sie in Wirklichkeit oft hart um die Bewahrung ihrer Existenz kämpfen. Ein Widerstand, gar ein Sieg über diese großen Nachbarvölker war kaum möglich.

Häufig spiegeln sich Bedrohung, Fremdherrschaft und Unterdrückungserfahrungen auch in den biblischen Texten wider.

VÖLKER DES ALTEN ORIENTS

Das Reich der Hetiter hatte seinen Mittelpunkt in der heutigen Türkei und erstreckte sich bis nach Syrien und Nordmesopotamien. In der Frühgeschichte des Alten Testaments herrschte es oft auch über Kanaan. Die Hetiter waren ein Kriegervolk, das aber auch für sein hoch entwickeltes Rechtssystem und seine Kunst und Architektur bekannt war. Außerdem waren sie als Erste fähig, aus Erzen Eisen zu gewinnen. Abraham kaufte das Grundstück für das Grab seiner Familie von den Hetitern.

OBEN: Ein mit Schild und Lanze bewaffneter hetitischer Krieger, dargestellt auf einem Relief aus Sendschirli, ca. 9. Jahrhundert v. Chr.

UNTEN: Die Tempel von Abu Simbel, 280 km südlich von Assuan, die Pharao Ramses II. im 13. Jahrhundert v. Chr. erbauen ließ.

Die Ägypter. Als eine der ältesten Hochkulturen der Welt entstand Ägypten vor über 5000 Jahren an den Ufern des Nil. Es entwickelte sich bald zu einer Großmacht, in dessen Gebiet es wegen der reichlichen Wasserversorgung durch den Nil fast immer genug Nahrungsmittel gab. Aus diesem Grund wurde es in Krisenzeiten zu einem Zufluchtsort für die Israeliten. Öfter noch stand es ihnen jedoch als Feind gegenüber, da es, wie seine Konkurrenten im Norden und Osten, Kanaan wegen dessen wichtiger Handelsstraßen kontrollieren wollte.

> »*Diese Völker sind größer als ich – wie sollte ich sie vertreiben können?*«
> (Deuteronomium/5 Mose 7,17).

SIEHE AUCH
ASSYRIEN S. 59
BABYLON S. 64
DAS GELOBTE LAND S. 34-35

Die Sumerer bewohnten 3000 Jahre lang den südlichen Teil Mesopotamiens. Sie lebten in Stadtstaaten, die sich wegen des Zugangs zum Wasser oft gegenseitig bekriegten. Abrahams Geburtsort Ur war eine der stärksten und reichsten Städte. Die Sumerer vollbrachten große Leistungen auf den Gebieten Ackerbau, Handel, Mathematik, Astronomie, Kunst, Architektur und Schrift (in ihrer Keilschrift drückten Bildzeichen ganze Wörter aus). Die sumerische Religion ist eine der ältesten bekannten Religionen und kennt ein Götter-Pantheon. Neben den Haupt- und Urgöttern verehrten die Sumerer jeweils ihre Stadtgötter, die miteinander konkurrierten und in ihrer Hegemonie einander ablösten.

Die Sumerische Königsliste, ca. 1740 v. Chr., führt alle Könige auf, die vor und nach einer großen Flut regiert haben sollen.

Der Fruchtbare Halbmond war ein gut bewässerter Landgürtel, der sich von Ägypten mit seinem Nil die Mittelmeerküste entlang bis hinunter nach Mesopotamien (dem heutigen Irak) mit seinen beiden Hauptströmen Euphrat und Tigris erstreckte. Derartig fruchtbare Gebiete zogen vor allem die Bergvölker im Norden und die Wüstenvölker im Süden an, weshalb sie in biblischen Zeiten immer wieder umkämpft waren.

Mesopotamien (wörtlich »zwischen den Flüssen«) war in den Zeiten des Alten Testaments die Heimat ganz unterschiedlicher Kulturen. Zu den bedeutendsten zählen die der Sumerer und Chaldäer. In der späteren biblischen Geschichte gingen die Assyrer, Babylonier und Perser aus verschiedenen Teilen dieser Region hervor. Das Gebiet der Aramäer erstreckte sich von Nordmesopotamien hinunter bis nach Syrien, und ihre Sprache, das Aramäische, wurde zur internationalen Handels- und Diplomatensprache dieser Zeit.

Schwierige Nachbarn ...

Das Verhältnis Israels zu den Völkern ist problematisch und spannungsreich. Die Spannung wurzelt im Wesen des biblischen Israel selbst, das einerseits ein Volk ist wie alle anderen, sich aber andererseits von ihnen zu unterscheiden weiß: Israel als erwähltes Volk ist der Ort der Anwesenheit Gottes in der Welt, einer Anwesenheit, die letztlich nicht zu Lasten, sondern zu Gunsten der »Welt« gehen will. Als das Urchristentums zur Heidenmission überging, konnten nun alle Völker durch Abraham Segen erlangen (Genesis / 1 Mose 12,3; Galater 3,8), und die letzte Völkerliste der Bibel ist wohl anlässlich der Ausgießung des Heiligen Geistes verfasst worden (Apostelgeschichte 2,9-11).

Schlüsselbegriff: Die Völker

Die Bibel spricht oft von den »Völkern« als jenen Menschen, die sich Gott entgegenstellen, aber sie schaut auch voraus auf eine Zeit, in der die Menschen aller Völker zu Gott finden werden. Obwohl Gott sein Versprechen zunächst nur einem Mann aus nur einem Volk, dem Volk Israel, gab, betont die Bibel von Anfang an, dass es Gottes Wunsch war, dass ihn *alle* Völker der Welt kennen lernen sollten, so wie er es Abraham versprochen hatte.

Abraham: Das Abenteuer beginnt

DER FREUND GOTTES

2000 v.Chr.
1900 v.Chr.
1800 v.Chr.
1700 v.Chr.
1600 v.Chr.
1500 v.Chr.
1400 v.Chr.
1300 v.Chr.
1200 v.Chr.
1100 v.Chr.
1000 v.Chr.
900 v.Chr.
800 v.Chr.
700 v.Chr.
600 v.Chr.
500 v.Chr.
400 v.Chr.
300 v.Chr.
200 v.Chr.
100 v.Chr.
1 n.Chr.
100 n.Chr.

Die Geschichte des Gottesvolks beginnt mit Abraham. Mit seinen 75 Jahren und einer kinderlosen 65-jährigen Ehefrau war er kaum der ideale Kandidat, um eine Familie, geschweige denn ein Volk zu gründen. Und doch erzählt uns die Bibel, dass Abraham von Gott auserwählt wurde, um dessen Plan für die Welt in Gang zu setzen. Abraham folgte Gottes Aufforderung, sein »Vaterhaus« zu verlassen und »in das Land, das ich dir zeigen werde«, zu ziehen (Genesis / 1 Mose 12,1). Dies war der erste von vielen Glaubensschritten, die Abrahams Vertrauen in Gott bewiesen und um deren willen er auch als »der Gottesfreund« bezeichnet wurde. Heute wird er von den drei großen monotheistischen Weltreligionen – Judentum, Christentum und Islam – als wichtiges Glaubensvorbild betrachtet.

Kanaan

Das Land Kanaan wird schon um 1500 v. Chr. erwähnt. Ahnherr des Landes ist Kanaan, der Sohn des Ham und Enkel des Noach. Der Name entstammt jedoch vermutlich einer ähnlich lautenden Handelsware, einem Farbstoff, der in diesem Gebiet erzeugt wird. In Kanaan kreuzten sich wichtige Handelsrouten. Laut Genesis / 1 Mose 12,5-7 zieht Abraham mit seiner Familie nach Kanaan. Gott verheißt dieses Land Abrahams Nachkommen. Mose gegenüber nennt er es »ein schönes weites Land, in dem Milch und Honig fließen« (Exodus / 2 Mose 3,8).

Als Abrahams Geburtsort wird die Stadt Ur in Chaldäa genannt (Genesis 12). Er und seine Familie sind von dort weggezogen und hatten in Haran eine neue Heimat gefunden. Dort verspricht Gott ihm, dass er zu einem großen Volk werde. Unter Gottes Führung zieht Abraham in das Land Kanaan. Es geht den biblischen Erzählern nicht darum, einen Weg im geografischen Sinn nachzuzeichnen. Vielmehr verdeutlicht Abraham einen Weg des Glaubens.

Diese kleine Statue einer Ziege wurde in einem Königsgrab in Ur gefunden. Sie wurde aus Gold, Silber, Lapislazuli und Perlmutt gefertigt und zeigt die hohe Kultur der sumerischen Zivilisation.

Die Stadt Ur

Abraham stammte aus der Stadt Ur, einer der ältesten Städte des Zweistromlandes. Die biblische Erzählung spricht von Abrahams Geburtsort als »Ur der Chaldäer«. Sie verwendet den Namen »Chaldäer«, den sie sonst für die Babylonier verwendet. Diese fügen den Israeliten später mit dem Babylonischen Exil (6. Jh. v. Chr.) eine der größten Katastrophen zu. Die biblische Geschichtstheologie lässt die Geschichte Israels also mit dem Auszug aus jenem Volk beginnen, das den Israeliten später Zerstörung und Exil zufügt.

Gottes Versprechen an Abraham

In Kanaan versprach Gott Abraham drei wichtige Dinge:

- Dass er aus seinen Nachkommen ein »großes Volk« machen werde (Genesis / 1 Mose 12,1-3; 15,5)
- Dass »alle Völker der Erde« durch Abraham »den Segen erlangen« würden (Genesis / 1 Mose 12,3; 18,16-19).
- Dass das Land eines Tages für immer seinen Nachkommen gehören werde, auch wenn auf sie Zeiten des Exils zukommen werden (Genesis / 1 Mose 15,12-21).

Damit diese Versprechen in Erfüllung gehen konnten, brauchte Abraham allerdings einen Sohn. Und so kam es, dass Abrahams Frau Sara ihm im reifen Alter von neunzig Jahren Isaak gebar, wie es Gott vorausgesagt hatte. Die versprochene Familie konnte nun zu wachsen beginnen.

Abraham glaubte Gott, und das wurde ihm als Gerechtigkeit angerechnet, und er wurde Freund Gottes genannt
(Jakobus 2,24).

SIEHE AUCH
GOTTESBUND S. 21
ISAAK S. 22
DIE PATRIARCHEN S. 23

Nomadisches Leben

Wie diese Beduinen lebte Abraham in Zelten und zog von Ort zu Ort, während er nach Weidegründen für seine wachsenden Herden suchte. Die aus Ziegenhaar hergestellten Zelte wurden nahe beieinander aufgeschlagen, damit alle als erweiterte Großfamilie zusammenleben konnten.

Sin, der babylonische Mondgott, wurde oft mit dem Symbol eines Halbmonds dargestellt, das dem im heutigen Islam verwendeten ähnelte.

Der Versuch, Gott auf die Sprünge zu helfen

Die Geschichte von Hagar und Ismael zeigt, was passieren kann, wenn der Mensch »Gott auf die Sprünge zu helfen« versucht. Enttäuscht, weil sie nicht schwanger wurde, wie es ihr Gott versprochen hatte, vergaß Abrahams Frau Sara, dass zum Glauben oft ein geduldiges Warten gehört, und ermutigte ihren Gatten, einem damals herrschenden Brauch zu folgen und ein Kind mit ihrer Magd Hagar zu zeugen. Abraham befolgte ihren Rat, aber das Ganze verursachte große Unruhe in der Großfamilie und führte schließlich dazu, dass Hagar und ihr Sohn Ismael vertrieben wurden. Aber Gott, der immer auf der Seite der Unterdrückten und Ohnmächtigen steht, nahm sich ihrer an und versprach, dass auch Ismael Vorfahr eines großen Volkes sein werde. Tatsächlich wurde er zum Ahnherr vieler arabischer Nationen und Völker.

Ein Satz Werkzeuge, die im Judentum bei einer Beschneidungszeremonie benutzt werden.

Die Beschneidung

Im Gegensatz zu seinen Nachbarvölkern, bei denen die Beschneidung ein Zeichen der Mannbarkeit war, betrachteten die Israeliten sie als ein Geschenk Gottes, als Zeichen des Bundes, den er mit ihnen geschlossen hatte. Jeder israelitische Junge musste im Alter von acht Jahren beschnitten werden, sonst galt er nicht als Teil des Gottesvolks. Allerdings war es nicht die Beschneidung selbst, die diese Beziehung zu Gott herstellte; die Beschneidung war nicht die *Ursache*, sondern das *Zeichen* dieser Beziehung. Zu einem »Gerechten« wurde Abraham durch seinen Glauben (Genesis/1 Mose 15,6).

Schlüsselbegriff: Glaube

Glaube ist die Überzeugung, dass mehr zu einem Leben gehört, als das menschliche Auge sehen kann. Es ist die Hoffnung, dass es einen Gott gibt, der unser Leben trägt, einen Gott, dem wir immer vertrauen können. Aber die Geschichte Abrahams zeigt auch, dass das Hören auf Gottes Wort manchmal schwer fällt. Jedoch gilt für solche Krisenzeiten die Zusage, dass Gott seine Versprechen einhält. Für Christen bedeutet Glaube: »Feststehen, in dem, was man erhofft, Überzeugtsein von Dingen, die man nicht sieht« (Hebräer 11,1).

Abrahams Reise geht weiter

VERHEISSUNG UND GEFÄHRDUNG

2000 v.Chr.
1900 v.Chr.
1800 v.Chr.
1700 v.Chr.
1600 v.Chr.
1500 v.Chr.
1400 v.Chr.
1300 v.Chr.
1200 v.Chr.
1100 v.Chr.
1000 v.Chr.
900 v.Chr.
800 v.Chr.
700 v.Chr.
600 v.Chr.
500 v.Chr.
400 v.Chr.
300 v.Chr.
200 v.Chr.
100 v.Chr.
1 n.Chr.
100 n.Chr.

Abrahams Reise war noch nicht zu Ende, als er Kanaan erreichte. Dies war erst der Beginn seiner Abenteuer mit Gott. Den Rest seines sehr langen Lebens zog er von Ort zu Ort und suchte dabei nicht nur nach Weidegründen für seine Tiere, sondern wollte auch Gottes Führung folgen. Wohin auch immer er ging, stand Gott im Mittelpunkt seines Lebens. Aber Abraham entdeckte auch, dass der Glaube an Gott keine Garantie für ein geradliniges Leben ohne jede Mühen und Fehler war. Es war eine schwierige Reise, aber wir lesen auch, dass Gott seinem Gefolgsmann ebenfalls immer die Treue hielt.

Dieses Glasfenster aus dem 15. Jahrhundert (Prioratskirche von Great Malvern in England) stellt dar, wie Gott seinen Bund mit Abraham schließt.

REISEN UND BEGEBENHEITEN IN ABRAHAMS LEBEN NACH GENESIS / 1 MOSE 12–23

1. SICHEM

Nachdem Abraham das »Gelobte Land« erreicht hatte, baute er als Erstes dem »lebendigen Gott« einen Altar (Genesis / 1 Mose 12,6-7).

2. ÄGYPTEN

Während einer Hungersnot zog Abraham ohne göttliche Anweisung nach Ägypten, in dem es wegen des Nil eine sichere Nahrungsmittelversorgung gab. Aus Furcht um sein eigenes Leben übergibt Abraham seine Frau Sara dem Pharao. Er riskiert nicht nur die Verheißung des Landes, sondern auch die der Nachkommenschaft durch die Preisgabe der Verheißungsträgerin (Genesis / 1 Mose 12,10-20).

3. HEBRON

Nach der Rückkehr aus Ägypten führten die zu groß gewordenen Herden dazu, dass sich Abraham und Lot trennen mussten (Genesis / 1 Mose 13,1-9). Lot durfte wählen, wohin er gehen wollte, und Abraham zog danach nach Hebron, wo er einen Großteil seines restlichen Lebens verbrachte (Genesis / 1 Mose 13,14-18). Es war wahrscheinlich auch in Hebron, dass Gott einen Bund mit ihm schloss, ihm einen Sohn versprach, aus dem ein Volk erwachsen würde (Genesis / 1 Mose 15), und den

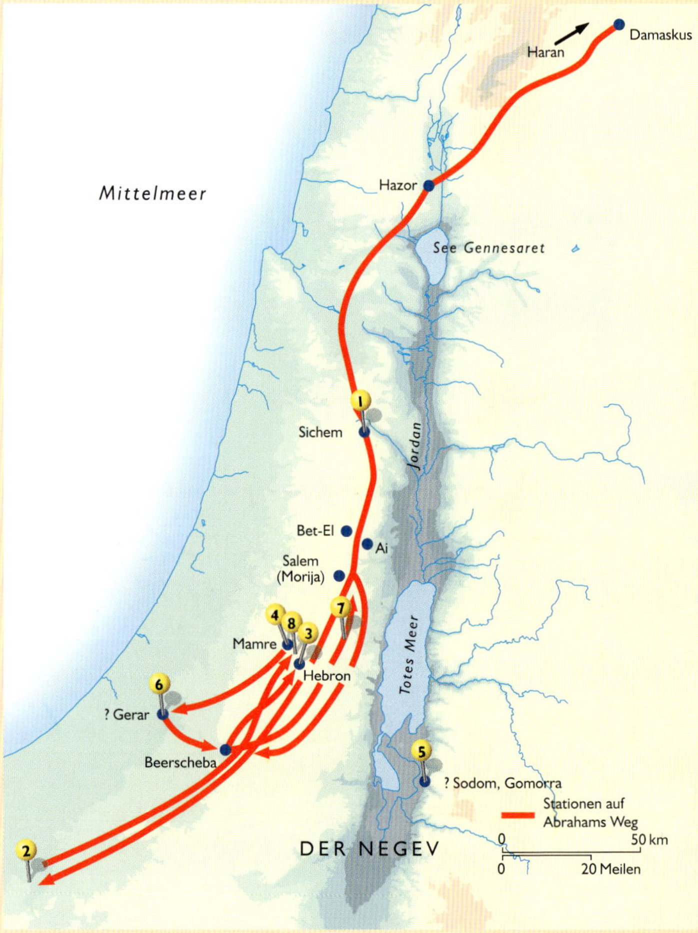

Aufgrund des Glaubens gehorchte Abraham dem Ruf, wegzuziehen in ein Land, das er zum Erbe erhalten sollte; und er zog weg, ohne zu wissen, wohin er kommen würde (Hebräer 11,8).

SIEHE AUCH
ENGEL S. 83
KANAAN S. 18
BESCHNEIDUNG S. 19
ISAAK S. 22

Beschneidungsritus als äußeres Zeichen dieses Bundes einführte (Genesis / 1 Mose 17,1-27).

4. MAMRE

Drei Engel besuchten Abraham und Sara und versprachen ihnen, dass sie innerhalb eines Jahres einen Sohn bekommen würden, eine Aussage, die Sara zum Lachen brachte (Genesis / 1 Mose 18,1-15).

5. SODOM

Lot entschloss sich, in das in einer fruchtbaren Gegend gelegene Sodom zu ziehen (Genesis / 1 Mose 13,10-13). Abraham musste ihn dann vor Gottes Strafgericht über diese sittenlose Stadt retten (Genesis / 1 Mose 18,16-19,29). Vielleicht in der Annahme, sie hätten als Einzige die nachfolgende totale Vernichtung des Ortes überlebt, schliefen Lots Töchter mit ihrem Vater, als dieser betrunken war, um von ihm Kinder zu bekommen (Genesis / 1 Mose 19,30-38). Aus diesen entstanden die Moabiter und Ammoniter, die späteren Gegner Israels.

6. GERAR

Aus Angst um sein Leben gab Abraham wieder einmal seine Frau Sara als seine Schwester aus und lieferte den König Abimelech dadurch fast dem tödlichen Zorn Gottes aus (Genesis / 1 Mose 20,1-18). Etwa zu dieser Zeit erfüllte Gott sein Versprechen und schenkte Abraham und Sara einen Sohn, Isaak (Genesis / 1 Mose 21,1-7). Abraham hatte 25 Jahre darauf warten müssen und war jetzt 100 Jahre alt.

7. MORIJA

Gott prüfte Abrahams Glauben, indem er ihm befahl, Isaak zu opfern. Abrahams unerschütterlicher Glaube wurde belohnt: In letzter Minute griff Gott ein und lieferte ein Ersatzopfer, einen Widder (Genesis / 1 Mose 22,1-19). Das Gottesbild dieser Erzählung ist sehr sperrig. Vielleicht hilft es, besonders auf Abraham zu schauen: Gerade in der beinahe tödlichen Krise wird Abraham zu einem Menschen der »tiefer sieht« (»sehen« ist das Leitwort in Genesis / 1 Mose 22).

8. MACHPELA

Abraham kaufte eine Höhle als Begräbnisplatz für seine Familie (Genesis / 1 Mose 23,1-20), das einzige Stück des Gelobten Landes, das er selbst jemals besaß. Sara starb mit 127 und Abraham mit 175 Jahren. Beide wurden in der Höhle beigesetzt.

Das Südende des Toten Meers mit seinen Salz- und Mineralablagerungen. Dort lagen wahrscheinlich die vernichteten Städte Sodom und Gomorra.

Dieses in Hebron im 1. Jahrhundert v. Chr. von Herodes dem Großen gebaute Heiligtum markiert der Tradition nach die Höhle, in der zuerst Sara und später auch Abraham, Isaak, Rebekka, Jakob und Lea bestattet wurden.

Was steckt hinter einem Namen?

Namen waren in biblischen Zeiten sehr wichtig und spiegelten etwas von der Geschichte, dem Charakter oder der Bestimmung des jeweiligen Menschen wider. Gott änderte Abrahams Name von »Abram« (»erhabener Vater«) zu »Abraham« (»Vater der Menge«), damit er niemals das Versprechen vergessen würde, das ihm Gott gegeben hatte. Sein und Saras Sohn wurde Isaak (was »er lacht« bedeutet) genannt, um an Saras ungläubiges Lachen zu erinnern, als sie hörte, dass sie im hohen Alter noch ein Kind bekommen würde. Bei seiner Geburt lachte sie dann allerdings vor Freude.

Schlüsselbegriff: Gottesbund

Bündnisabkommen – feierliche Verträge zwischen zwei Parteien, die nicht gebrochen werden durften – waren in der antiken Welt recht häufig. Aber auch zwischen Gott und den Menschen kann ein Bund geschlossen werden. Der erste Bund ist der Bund, den Gott mit Noach und allen Lebewesen nach der Sintflut schließt (Genesis / 1 Mose 9,8-17). Dann schließt Gott mit dem Volk Israel auf der Wüstenwanderung nach dem Auszug aus Ägypten den Bund am Berg Sinai. Obwohl das Volk Israel den Bund immer wieder bricht (Exodus / 2 Mose 32), kündigt Gott den Bund nie auf. Jeremia hat die Vorstellung von einem zukünftigen neuen bzw. erneuerten Bund, der dem Volk auf das Herz geschrieben werden soll (Jeremia 31,31-34). Jesus hebt den alten Bund nicht auf; er bekräftigt vielmehr den alten Bund, um ihn zu erfüllen (Matthäus 5,17-20).

Isaak und Jakob

DIE FAMILIE WÄCHST

Nach Abrahams Tod wurde sein Sohn Isaak Familienoberhaupt. Ihm folgte sein Sohn Jakob. Beide lebten weiterhin als umherziehende Zeltbewohner in Kanaan. Während normalerweise die Führung der Familie auf den ältesten Sohn überging, waren Isaak und Jakob tatsächlich Zweitgeborene. In der Bibel lesen wir oft, dass Gott die Personen, die seine Pläne befördern sollten, ganz nach eigenem Willen auswählte und dabei nicht immer den menschlichen Erwartungen entsprach. Dies sollte jetzt auch Isaaks wachsende Familie erfahren.

Die große Hoffnung und Verheißung, die sich mit Isaak verband, schien plötzlich äußerst gefährdet, als Gott Abraham befahl, als Ausweis seines Glaubens seinen so lange ersehnten Sohn zu opfern. Als sich aber Abraham bereit zeigte, Gott sogar sein Wertvollstes hinzugeben, griff dieser im letzten Moment ein und stellte ein Tier als Ersatzopfer zur Verfügung (Genesis / 1 Mose 22,1-18). Der Tradition nach wurde dann an dieser Stelle, dem Berg Morija, Israels erster Tempel in Jerusalem errichtet.

Eine gesegnete Ehe

Da Abraham bereits sehr alt und sein Sohn Isaak trotz seiner vierzig Jahre noch unverheiratet war, wollte Abraham eine Ehe für seinen Sohn arrangieren und schickte deshalb seinen »Knecht« aus, um für Isaak eine Frau bei seinen ehemaligen Landsleuten in Nordmesopotamien zu finden. Nachdem der Knecht zu Gott gebetet hatte, führte ihn dieser zur schönen Rebekka, die dann mit ihm zurückkehrte und Isaak heiratete (Genesis / 1 Mose 24,1-67). Rebekka blieb zwanzig Jahre kinderlos, bevor sie schließlich die Zwillingssöhne Esau und Jakob gebar. Bereits im Mutterleib hatten die beiden miteinander gekämpft, ein Vorgeschmack dessen, was später geschehen würde.

Esau (wörtlich »behaart«) war der größere »Macho« von beiden. Er wurde später ein geschickter Jäger und der Liebling seines Vaters. Jakob (wörtlich »Fersenhalter«, da er bei der Geburt Esaus Ferse festgehalten hatte) war ein ruhiger Junge, der »bei den Zelten blieb« und zum Liebling seiner Mutter wurde. Während einer Hungersnot wollte Isaak nach Ägypten ziehen. Aber da erschien ihm Gott und bestätigte ihm, dass das einst Abraham gegebene Versprechen, dass dessen Nachkommen Kanaan besitzen würden, auch für ihn galt (Genesis / 1 Mose 26,1-6). Er blieb deshalb im Lande und begann, Feldfrüchte anzubauen und Brunnen zu graben. Schließlich ließ er sich in Beerscheba nieder.

Wie dieser alte Brunnen mag derjenige ausgesehen haben, an dem nach biblischer Erzählung Abrahams Knecht Rebekka, der zukünftigen Frau Isaaks, begegnete.

In der Bibel lesen wir, dass Jakob manchmal »Steinmale« aufrichtete, die an entscheidende Begegnungen mit Gott oder wichtige Ereignisse in seinem Leben erinnern sollten (Genesis / 1 Mose 28,10-22; 31,45-55; 35,9-15, 20). In Gezer (nicht weit von Jerusalem) fand man bis zu 3 m hohe Mazzeben, einfache, senkrecht aufgestellte Steine (ca. 1550 v. Chr.), die kultischen Zwecken dienten.

So wurde Abraham der Vater Isaaks und beschnitt ihn am achten Tag, ebenso Isaak den Jakob und Jakob die zwölf Patriarchen
(Apostelgeschichte 7,8).

SIEHE AUCH
ABRAHAM S. 18-21
ENGEL S. 83
GOTTESBUND S. 21
ISAAK S. 22
ISMAEL S. 19

DIE WEGE VON JAKOB, RAHEL UND ESAU NACH GENESIS / 1 Mose 25–35

1. BEERSCHEBA

Trotz Gottes Versprechen, dass »der Ältere dem Jüngeren dienen« müsse (Genesis / 1 Mose 25,23), wollte Jakob diese Vorgabe umkehren. Zuerst brachte er Esau dazu, für »Brot und Linsengemüse« sein Erstgeburtsrecht zu verkaufen (Genesis / 1 Mose 25,27-34). Danach täuschte er, von Rebekka ermutigt, seinen alten blinden Vater, so dass dieser ihm und nicht Esau seinen Segen gab (Genesis / 1 Mose 27,1-40). Als Esau von diesem Betrug erfuhr, musste Jakob um sein Leben fliehen und begab sich zu seinem Onkel Laban (Rebekkas Bruder) nach Haran.

2. HARAN

Nachdem Jakob Laban sieben Jahre gedient hatte, verheiratete ihn dieser durch einen Trick – er verbarg ihr Gesicht hinter einem schweren Brautschleier – mit seiner älteren Tochter Lea anstatt mit Rahel, die Jakob liebte. Dieser musste dann Laban weitere sieben Jahre dienen, damit er dann auch Rahel ehelichen durfte. Elf der zwölf Söhne Jakobs wurden in Haran geboren; sie wurden zu den Gründern der zwölf Stämme Israels (Genesis / 1 Mose 30,1-24).

3. MAHANAJIM

Als Jakob der ungerechten Behandlung durch Laban müde war, floh er mit seiner wachsenden Familie und seinen Herden (Genesis / 1 Mose 31,1-55). An einem Ort namens Mahanajim begegneten ihm Engel, die ihm versicherten, dass Gott gegenwärtig sei, und ihn ermutigten, nach Esau zu senden (Genesis / 1 Mose 32,2-3).

4. PENUËL

In dieser Nacht begegnete Jakob Gott auf ganz ungewöhnliche Weise, nämlich in einem Ringkampf mit einem Engel, der ihm sein Hüftgelenk ausrenkte. Jakobs Kräfte reichten offensichtlich nicht aus. Um ihn immer daran zu erinnern, änderte Gott seinen Namen in »Israel« (»Gottesstreiter«). Im weiteren Verlauf dieses Tages traf Esau mit 400 Mann Begleitung ein. Aber statt zu kämpfen, versöhnten sich die beiden Brüder (Genesis / 1 Mose 33).

5. SICHEM

Jakob ließ sich mit seiner Familie in Sichem nieder, wo seine Tochter Dina vergewaltigt und danach von ihren Brüdern Simeon und Levi gerächt wurde (Genesis / 1 Mose 34).

6. BET-EL/EFRATA

Rahel starb bei der Geburt von Jakobs zwölftem Sohn Benjamin auf der Straße von Bet-El nach Efrata (Genesis / 1 Mose 35,16-20). Jakob kehrte danach zu seinem Vater nach Hebron zurück. Als Isaak schließlich starb, wurde er von seinen Söhnen begraben.

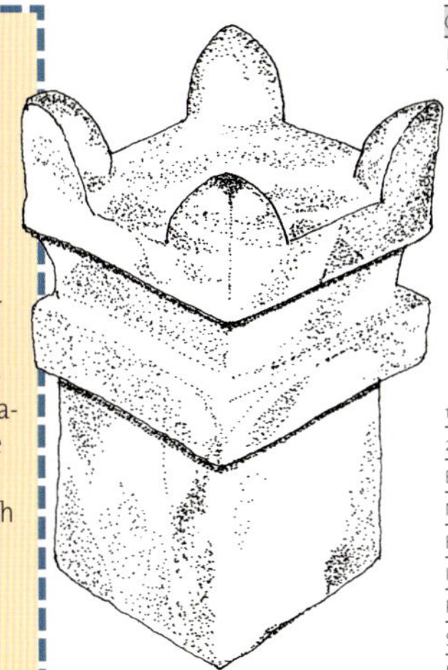

Kanaanitische Altäre wie dieser aus Megiddo wurden in Israel an zahlreichen Stellen gefunden.

Schlüsselbegriff: Patriarchen

Abraham, Isaak, Jakob und dessen zwölf Söhne waren »Patriarchen« (»Erste unter den Vätern« oder »Erzväter«). Patriarchalische Gesellschaften sind heute überholt. Aber die Erzählweise der Bibel, eine Geschichte bei den Patriarchen zu beginnen, muss im Rahmen der damaligen Kultur gesehen werden. Die Anfangsgeschichte der Völker des damaligen Vorderen Orients wird eben in der Form von Familiengeschichten um Frauen, Männer und Kinder sowie deren Verwandte erzählt. Es entspricht dem biblischen Text übrigens besser, von »Erzeltern« statt von »Erzvätern« zu reden, da die Geschichten sowohl Männer als auch Frauen als tragende Figuren der Handlung haben.

Josef

EIN BUNTER ROCK UND BUNTE TRÄUME

Jeder, der aus einer großen Familie stammt, weiß, dass es dort immer mal wieder Zwistigkeiten gibt. Dies war bei den Menschen, über die wir in der Bibel lesen, auch nicht anders. Von seinen zwölf Söhnen war Jakob Josef der liebste, wahrscheinlich weil er geboren wurde, als Jakob bereits sehr alt war. Die anderen Söhne begannen sich allerdings bald über diese Vorzugsbehandlung Josefs durch ihren Vater, vor allem das Geschenk eines reich geschmückten bunten Rocks, zu ärgern. Diese Abneigung steigerte sich noch weiter, als Josef ihnen bestimmte Träume erzählte, in denen er sich über sie zu erheben schien. Sie beschlossen, ihn umzubringen. Ruben, der älteste Sohn, brachte sie zwar davon ab, aber die Brüder verkauften Josef an gerade vorbeikommende Händler (Genesis / 1 Mose 37,1-36). Josef gelangte dann nach Ägypten, wo sich sein Geschick öfter wandelte, wo er aber auch eine erstaunliche Entdeckung machte: Gott kann die bösen Absichten der Menschen ins Gute wenden (Genesis / 1 Mose 50,20).

DER VERKAUF DES JOSEF NACH GENESIS / 1 Mose 37

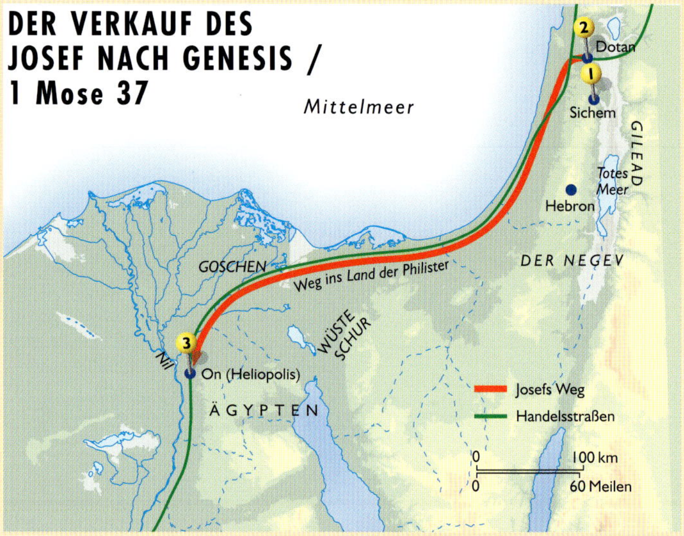

1. SICHEM

Josef versuchte, seine Brüder zu finden, die das Vieh des Vaters weideten, entdeckte aber, dass sie bereits weitergezogen waren (Genesis / 1 Mose 37,12-17).

2. DOTAN

Als Josef seine Brüder endlich fand, fassten sie zunächst den Plan, ihn umzubringen. Stattdessen verkauften sie ihn dann aber an gerade vorbeiziehende ismaelitische Kaufleute, die ihn nach Ägypten mitnahmen. Seine Brüder erzählten ihrem Vater, er sei von wilden Tieren getötet worden (Genesis / 1 Mose 37,18-36).

3. ON

Josef wurde als Sklave an Potifar, einen Hofbeamten des Pharao, verkauft. Bald gewann er dessen Vertrauen, denn: »Dieser sah, dass der Herr mit Josef war und dass der Herr alles, was er unternahm, unter seinen Händen gelingen ließ« (Genesis / 1 Mose 39,3). Aber bald darauf wurde Josef von Potifars Frau fälschlicherweise der Vergewaltigung bezichtigt und ins Gefängnis geworfen.

Selbst im Gefängnis war er aber von Gott gesegnet und der Pharao hörte bald von seiner Fähigkeit, Träume zu deuten. Als ihm das auch bei den Träumen des Pharao gelang, ernannte ihn dieser zu seinem Obersten Minister, um Ägypten auf die geweissagte Hungersnot vorzubereiten. In dieser Zeit wurden Josef zwei Söhne, Efraim und Manasse, geboren. Josefs Brüder kamen nach Ägypten, um Nahrungsmittel zu kaufen, erkannten ihn aber nicht, da sie ihn über zwanzig Jahre nicht gesehen hatten. Schließlich enthüllte er ihnen, wer er sei, und versicherte ihnen, dass er ihnen verziehen habe. Danach ließ er seine ganze Familie nach Ägypten kommen.

Die Pyramiden waren Grabstätten der Pharaonen und deren Tore zum Jenseits. Sie wurden aus vielen Lagen rechteckiger Quader errichtet und manchmal mit weißem Kalkstein verkleidet. Die ältesten Pyramiden entstanden bereits um 2600 v. Chr.

Eine Bildergeschichte

Die Einzelheiten der Geschichte Josefs passen durchaus zu Zeugnissen über das Leben der semitischen Völker im Nildelta zwischen 2000 und 1500 v. Chr.

Diese Szene aus dem Grab des Khnumhotep, eines ägyptischen Provinzgouverneurs, zeigt semitische Besucher. Die Inschrift teilt uns mit, dass sie nach Ägypten gekommen waren, um mit »Stibium«, einem Schminkpulver aus Antimon, und mit Augenschminke zu handeln, die bei den Ägyptern und Ägypterinnen heiß begehrt waren.

Also nicht ihr habt mich hierher geschickt, sondern Gott. Er hat mich zum Vater für den Pharao gemacht, zum Herrn für sein ganzes Haus und zum Gebieter über ganz Ägypten (Genesis / 1 Mose 45,8).

SIEHE AUCH
DANIEL S. 74
ÄGYPTER S. 16
JAKOB S. 22-23

Fruchtbarkeit durch den Nil

Ägyptens Wohlstand beruhte weitgehend auf seiner Landwirtschaft, die wegen des mächtigen Nilstroms fast immer florierte. Er überflutete jedes Jahr zwischen Juni und September in der so genannten *Achet* (»Überschwemmungs«)-Zeit das Land. Dies wurde als Wiederkehr des Gottes Hapi aufgefasst, der dem Boden neue Fruchtbarkeit verlieh. Danach fand die Aussaat statt. Wenn der Nil im März und April seinen niedrigsten Stand erreichte, konnte man die Ernte einbringen. Diese verlässliche Nahrungsmittelversorgung ließ manchmal die Menschen anderer Völker in Not- und Hungerszeiten nach Ägypten ziehen, Menschen wie Abraham und Jakob im Alten Testament und Maria, Josef und Jesus im Neuen Testament.

Das pharaonische Ägypten

Vor allem in der Zeit des Mittleren Reichs florierte Ägypten. Damals dehnte sich dieses Land stark aus und wurde immer wohlhabender. Dies spiegelt sich in großen, schön ausgeschmückten Palästen, Tempeln und Grabmonumenten wider. Hier sieht man den Eingang zum Tempel des Pharao Senwosret I. in Luxor.

Gottes Uhren

Viele Geschichten der Bibel zeigen, dass Gottes Uhren manchmal langsamer gehen als unsere und dass die Menschen manchmal unendlich geduldig sein müssen. Abraham musste 25 Jahre auf den versprochenen Sohn warten. Zwischen Josefs Verkauf in die Sklaverei und seiner Ernennung zum Obersten Minister des Pharao lagen 13 Jahre. Aber für die biblischen Erzähler sind Wartezeiten keine vergeudeten Zeiten. Sie sind Zeiten des Wartens und Hoffens auf Gott, der sein Werk mitunter auf verborgene Weise befördert.

Träume und Visionen

Träume und Visionen waren in der antiken Welt sehr bedeutsam und wurden als göttliche Zukunftsvoraussagen betrachtet. Das richtige Verständnis eines Traums war deswegen sehr wichtig. Die Ägypter befragten besondere Traumdeuter oder Traumbücher, um zu korrekten Interpretationen zu gelangen. Als der Pharao von Josefs Fähigkeiten hörte, erregte dies deshalb sofort sein Interesse. Während der moderne Mensch die Vorstellung vielleicht seltsam findet, dass Gott sich in Träumen und Visionen offenbaren könnte, war das in der Zeit der Bibel ganz natürlich. Im Alten und Neuen Testament lesen wir von vielen Menschen, die in Träumen und Visionen Gott begegnen und seinen Willen und seine Pläne erfahren und verstehen: Abraham, Jakob, Josef, Salomo und Daniel im Alten Testament sowie Zacharias, Josef, Petrus und Paulus im Neuen Testament. Der Prophet Joël sagt sogar den Tag voraus, wo dies für alle Angehörigen des Gottesvolks normal sein werde (Joël 3,1).

Schlüsselbegriff: Versöhnung

Die Geschichte von Josef ist ein Beispiel dafür, wie ein Mensch inmitten einer chaotischen Welt, wo alles in die falsche Richtung zu gehen scheint, nicht nur selbst den Weg des Lebens geht, sondern auch andere dadurch zum Leben führen kann. Am Ende einer langen Geschichte verurteilt Josef seine Brüder nicht, sondern tröstet sie und sorgt für sie. In einem langen Leben hat er zu sich selbst und zu Gott gefunden.

Mose: Die Anfänge

DIE GROSSE FLUCHT

Am Beginn des Buches Exodus / 2 Mose greift der Erzählfaden Motive aus der Josefsgeschichte auf. In Ägypten hatte inzwischen eine neue Dynastie die Herrschaft angetreten (Exodus / 2 Mose 1,8). Da die neuen Herrscher nichts von Josef und seinen Verdiensten für Ägypten wussten, hatten sich ihre Einstellung zu dessen Nachfahren bedeutend verändert. Die Angst vor Überfremdung löst das bisherige Miteinander von Ägyptern und Israeliten ab. Da die stetig wachsende Zahl der Israeliten bei den Ägyptern Besorgnisse auslöste, versklavten sie sie und ließen sich von ihnen neue Städte bauen. Je größer die Unterdrückung wurde, desto dringender wurde auch der Wunsch der Israeliten nach Befreiung. Sie schrien zu Gott um Hilfe und »Gott hörte ihr Stöhnen und Gott gedachte seines Bundes mit Abraham, Isaak und Jakob« (Exodus / 2 Mose 2,24).

Begegnung mit Gott

Obwohl gebürtiger Hebräer, wurde Mose als Ägypter aufgezogen. Seine Mutter hatte ihn im Schilf des Nil verborgen, um ihn vor dem Befehl des Pharao zu schützen, dass alle männlichen Neugeborenen der Israeliten zu töten seien. Dort wurde er von der Tochter des Pharao entdeckt, die ihn adoptierte.

Als er vierzig Jahre alt war, erschlug er, als er einem hebräischen Sklaven zu Hilfe eilte, einen Ägypter und musste deshalb nach Midian fliehen, wo er die nächsten vierzig Jahre verbrachte. Sein Leben änderte sich allerdings vollkommen, als Gott auf dem Berge Sinai, wo Mose später die Zehn Gebote empfangen würde, aus einem brennenden Dornbusch zu ihm sprach. Gott offenbarte sich als der Gott seiner Vorväter und teilte Mose mit, dass er durch ihn sein Volk befreien wolle (Exodus / 2 Mose 3,1-22). Nach einem gewissen Zögern willigte Mose in seinen Auftrag ein und kehrte nach Ägypten zurück.

Das biblische Bild von Mose ist offensichtlich in vielen Schichten gewachsen. Mose gilt vor allem als Mittler der Tora Gottes und als Prophet par excellence.

Gottes Eigenname

Bei der Begegnung mit Mose enthüllte Gott aus dem brennenden Dornbusch heraus auch seinen Eigennamen, »der Herr«. Dies ist die in deutschen Bibelausgaben gebräuchliche Übersetzung des hebräischen Wortes *JHWH*, das heute meist »Jahwe« ausgesprochen wird. Dieser Eigenname unterstreicht, dass

- Gott ein *persönlicher* Gott ist, der gekannt werden möchte.
- Gott *immer da* ist. Dies wird in einem hebräischen Wortspiel in der Bibel ausgedrückt. Als Mose ihn nach seinem Namen fragt, antwortet Gott: »JHWH«, um dann fortzufahren: »Das heißt ›ICH BIN DER ICH-BIN-DA‹« Mit diesem Wortspiel mit dem Verb »sein« will uns Gott sagen, dass er da ist und immer da sein wird, zu allen Zeiten und an allen Orten.

יהוה

So wird Gottes Name *JHWH* auf Hebräisch geschrieben (zu lesen von rechts nach links). In manchen Bibelübersetzungen, so etwa der Lutherbibel, wird *JHWH* als »HERR« in Großbuchstaben wiedergegeben, zur Unterscheidung von *Adonai*, einem anderen hebräischen Wort für »Herr«, das dann mit Kleinbuchstaben geschrieben wird.

Die zehn Plagen

Der Pharao möchte die Israeliten nicht ziehen lassen und lehnt zuerst die diesbezüglichen Forderungen des inzwischen 80-jährigen Mose ab. Die Bibel berichtet dann, wie Gott den Druck auf den Pharao immer mehr erhöhte, indem er nacheinander zehn Plagen über das Land Ägypten schickte (Exodus / 2 Mose 7,14-12,51). Jede Plage war nicht nur eine natürliche Folge der vorherigen, sondern auch eine direkte Herausforderung der ägyptischen Götter, da jeder betroffene Teil der Schöpfung entweder wie der Nil als göttlich angesehen wurde oder zumindest wie die Stiere und Rinder einen Gott verkörperte. Selbst der höchste ägyptische Gott Ra (der Sonnengott) wurde durch eine dreitägige Finsternis zeitweise ausgelöscht. Schließlich kam ohne jede Vorwarnung sogar der Tod selbst und nahm den Ägyptern ihre erstgeborenen Söhne. Erst dann gab der Pharao nach und ließ die Israeliten frei. Ihre folgende Flucht wird allgemein als »Exodus« (griechisch für »Auszug«) bezeichnet.

Thutmosis III., der Pharao, unter dem vielleicht Israeliten Fronarbeit leisten mussten. Er war militärisch außerordentlich erfolgreich. Ihm ist es wohl zu verdanken, dass Ägypten sich zu einer Großmacht entwickelte.

Dann sprach der Herr zu Mose: Geh zum Pharao und sag ihm: So spricht Jahwe: Lass mein Volk ziehen, damit sie mich verehren können
(Exodus / 2 Mose 7,26).

SIEHE AUCH
JOSEF S. 24-25
DAS KREUZ S. 114
OPFER S. 31

Das Paschafest

Die Juden feiern ihre Befreiung aus dem ägyptischen Joch alljährlich beim Paschafest (oder Pessachfest), so wie es ihnen aufgetragen wurde (Genesis / 1 Mose 12,14-27). Dabei erinnern sie sich an Gottes Versprechen, an ihren Häusern »vorüberzugehen« (Hebräisch: *pessach)* und ihre Erstgeborenen zu verschonen. Die Geschichte wird im Verlaufe eines ganz speziellen Mahls gleichsam erneut durchlebt, bei dem ganz bestimmte Speisen verschiedene Aspekte der Geschichte symbolisch verkörpern. Charosset, eine süße Paste, symbolisiert den Lehm, mit dem ihre Vorfahren die Ziegel herstellen mussten; Salzwasser ihre Tränen; ein hart gekochtes Ei ihre Mühen; bittere Kräuter die Bitterkeit der Sklaverei; eine Lammkeule die Opferlämmer; ungesäuertes Brot, die Mazze, ihren überstürzten Aufbruch und Petersilie die neue Hoffnung.

Pascha (oder das Fest der Ungesäuerten Brote) war eines der drei jährlichen Feste, die Gott gemäß der Bibel für Israel eingerichtet hat (Exodus / 2 Mose 23,14-17). Die anderen beiden waren das **Wochenfest (Schawuot)**, in der für die Hauptgetreideernte im Mai/Juni gedankt wird, und das **Laubhüttenfest (Sukkot)**, in dem die Obsternte im September/Oktober gefeiert wird und daran erinnert wird, wie die Israeliten auf ihrem Zug ins Gelobte Land in »Laubhütten« (Zelten) lebten.

Eine jüdische Familie feiert zusammen das Mahl am Pessachfest, das an die Befreiung der Israeliten aus der ägyptischen Knechtschaft erinnert. Auf dem Tisch stehen sieben Speisen, von denen jede einen Aspekt der Gefangenschaft in Ägypten und der anschließenden Wanderung durch die Wüste symbolisiert.

DER EXODUS IN DER ERZÄHLUNG DER BIBEL

1. Die Israeliten saßen anfangs in der Falle. Von hinten näherte sich ihnen die Armee des Pharao und vor ihnen lag das Meer. Im »Schilfmeer« – hebräisch *Jam Suf* – wohl ein Sumpfgebiet im Nildelta, drängte ein »starker Ostwind« (Exodus / 2 Mose 14,21) das Wasser zurück, so dass die Israeliten trockenen Fußes hindurchziehen konnten. Die schweren Streitwagen des Pharao blieben dagegen stecken und gingen unter, als das Wasser zurückströmte.

2. Die Reise von Ägypten nach Kanaan dauerte auf der Küstenstraße eigentlich nur zehn Tage, aber die Erzählung lässt den Zug der Israeliten durch die Wüste vierzig Jahre dauern, weil sich in dieser Zeit noch wichtige Dinge ereigneten, wie die Gabe der Tora am Berg Sinai. Hinter der biblisch-geschichtstheologischen Darstellung ist der realhistorische Kern nicht mehr zu ermitteln. Versuche, die in der Bibel gemachten Angaben über den Exodus in eine Karte umzusetzen, bleiben umstritten.

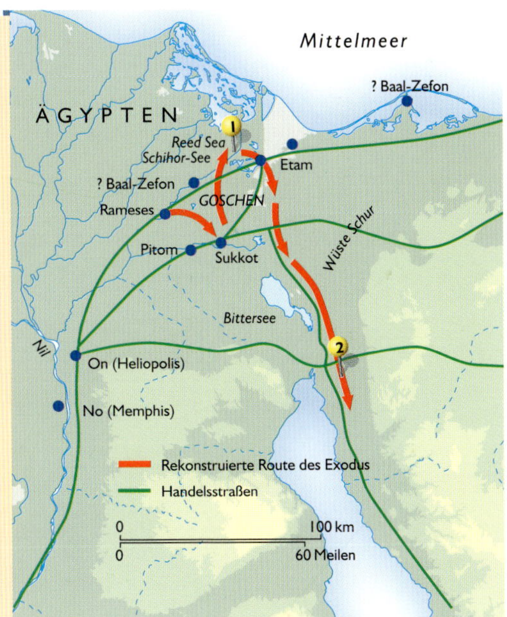

Schlüsselbegriff: Erlösung

Die Bibel bezeichnet Gottes Befreiung der Israeliten aus der Knechtschaft unter anderem als »Erlösung«. Der Exodus stellt als Erlösungstat Gottes das zentrale Ereignis der Beziehung zwischen Gott und seinem auserwählten Volk Israel dar. Die Exoduserzählung betont: Gott hat Mitleid, das Schreien der Unterdrückten lässt ihn nicht kalt, er setzt sich für die Verfolgten ein. Das Exodusmotiv wird auch im Neuen Testament verwendet, um Sterben und Auferstehen Jesu zu beschreiben: Gott siegt über den Tod, er rettet das Leben.

Mose: Die lange Wanderung

DIE ERWÄHLUNG EINES VOLKES

Israels Auszug aus Ägypten wird als ein gewaltiges Ereignis geschildert: Es seien dabei 600000 Männern ausgezogen, nicht gerechnet Frauen und Kinder (Exodus / 2 Mose 12,37). Auf wunderbare Weise von Gott angeführt (Exodus / 2 Mose 13,21), begannen sie ihre lange Wanderung durch die Wüste und kamen drei Monate später am Berg Sinai an, wo Moses seine erste Begegnung mit Gott gehabt hatte. Hier blieben sie fast ein Jahr und hier wurden sie sich auch bewusst, dass Gott sie nicht nur aus der Sklaverei befreien, sondern sie auch als ein besonderes Volk erwählt hat. Inhalt des Bundes vom Sinai ist die gegenseitige Treue: JHWH schützt sein Volk und gibt ihm das verheißene Land. Israel bemüht sich um ein Leben entsprechend den Geboten Gottes.

Ein orthodoxer Jude, der Gebetsriemen oder Tefillin trägt, zwei kleine schwarze Hülsen, die Teile der Heiligen Schrift enthalten. Dies erinnert an Gottes Gebot: *»Du sollst sie als Zeichen um das Handgelenk binden. Sie sollen zum Schmuck auf deiner Stirn werden«* (Deuteronomium / 5 Mose, 6,8).

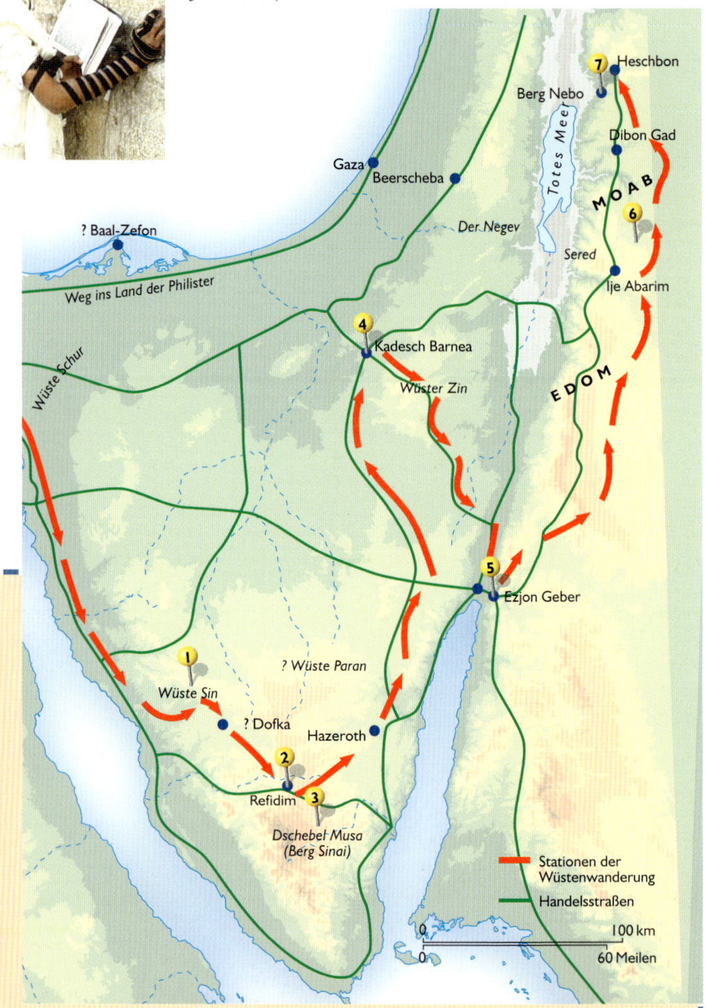

DIE STATIONEN DER WÜSTENWANDERUNG

1. DIE WÜSTE SIN

Die anfängliche Freiheitseuphorie wandelte sich bald in ein Murren über die Mühen des Lebens in der Wüste. Aber dann versorgte Gott die Israeliten auf wunderbare Weise mit Wachteln und »Manna« (Exodus / 2 Mose 16,1-36).

2. REFIDIM

Als die Wasservorräte zur Neige gingen, wies Gott Mose an, mit seinem Stab an einen Felsen zu schlagen, aus dem dann auf wunderbare Weise Wasser herausfloss (Exodus / 2 Mose 17,1-7).

3. BERG SINAI

Gott erklärte die Israeliten zu einem »heiligen Volk« (Exodus / 2 Mose 19,6) und schloss einen Bund mit ihnen (Exodus / 2 Mose 24,1-8). Wie jedes andere Volk brauchten sie jetzt Gesetze, nach denen sie leben sollten (Exodus / 2 Mose 20-24), und Mittel und Wege, um ihre Verbindung zu Gott aufrechterhalten zu können (Exodus / 2 Mose 25-40).

4. KADESCH BARNEA

Spione, die man nach Kanaan vorausgeschickt hatte, kamen mit gemischten Berichten zurück (Numeri / 4 Mose 13,26-33), was zu Ungläubigkeit führte und schließlich zur Weigerung weiterzumarschieren (Numeri / 4 Mose 14,1-10). Gott fällte dann das Urteil, dass jeder, der älter als zwanzig sei, mit Ausnahme der getreuen Josua und Kaleb in der Wüste sterben werde (Numeri / 4 Mose 14,11-45). Die Israeliten verbrachten tatsächlich die nächsten vierzig Jahre in der Wüste.

5. EZJON-GEBER

Die Israeliten zogen ein Stück nach Süden und dann wieder Richtung Norden. Als ihnen Edom den Durchzug verweigerte, umgingen sie es im Osten (Numeri / 4 Mose 20,14-21).

6. STEPPEN VON MOAB

Moabs Widerstand gegen die Israeliten wurde gebrochen, als der falsche Prophet Bileam, den die Moabiter dafür bezahlt hatten, Israel zu verfluchen, es stattdessen nur segnen konnte (Numeri / 4 Mose 22-24). Mose bestimmte Josua zum künftigen Anführer der Israeliten (Numeri / 4 Mose 27,12-23) und erinnerte das Volk Gottes an den Bund, den Gott mit ihnen geschlossen hatte (Deuteronomium / 5 Mose 1-33).

7. BERG NEBO

Mose starb im Alter von 120 Jahren und wurde in Sichtweite des Gelobten Landes begraben, das er niemals betreten konnte, da er aus Ärger über das Volk Gottes einmal gegen Gott gesündigt hatte (Numeri / 4 Mose 20,1-12).

Ihr habt gesehen, was ich den Ägyptern angetan habe, wie ich euch auf Adlerflügeln getragen und hierher zu mir gebracht habe. Jetzt aber, wenn ihr auf meine Stimme hört und meinen Bund haltet, werdet ihr unter allen Völkern mein besonderes Eigentum sein (Exodus / 2 Mose 19,4-5).

SIEHE AUCH
GOTTESBUND S. 21
OFFENBARUNG S. 120-121
OPFER S. 31
OFFENBARUNGSZELT S. 30

Der heutige Dschebel Musa, der traditionell für den biblischen Berg Sinai gehalten wird.

Diese ägyptische Statuette eines Apis-Stiers mit einer Sonnenscheibe zwischen den Hörnern veranschaulicht die Erzählung vom Goldenen Kalb, das die Israeliten herstellten und als Gott anbeteten, als Moses Rückkehr vom Berg Sinai lange auf sich warten ließ (Exodus / 2 Mose 32,1-35).

Gottesbund und Gebote

Auf dem Berg Sinai schloss Gott keinen Bund mit einer einzelnen Person (so wie mit Abraham), sondern mit einem ganzen Volk, das er dabei zu einem »Reich von Priestern und einem heiligen Volk« erklärte (Exodus / 2 Mose 19,6). Er versprach ihnen Segen und Schutz. Danach teilte er Mose die Regeln mit, nach denen sie leben sollten. In ihrem Zentrum standen die »Zehn Gebote« (Exodus / 2 Mose 20,1-17; Deuteronomium / 5 Mose 5,6-21). Diese wurden dann von anderen Gesetzen ergänzt, die alle Aspekte des Lebens betrafen: den religiösen, sozialen, wirtschaftlichen und moralischen. Dazu kamen noch strikte Speisegesetze. Diese findet man in den Büchern Exodus / 2 Mose, Levitikus / 3 Mose und Deuteronomium / 5 Mose.

Während wir diese Gesetze heute vielleicht als eine lange Liste von Ge- und Verboten betrachten, hat das Alte Testament hierzu eine ganz andere Einstellung. In der Tat bedeutet das hebräische Wort für »Gesetz« – *Tora* – »Lehre«, »Weisung« oder »Unterrichtung«. Das Ziel dieser Regeln ist es, die geschenkte Freiheit zu bewahren und zu gestalten.

Dieses Relief aus dem 18. Jh. v. Chr. zeigt den babylonischen König Hammurabi an der Spitze einer 2,25 m hohen Stele, in der seine Gesetzessammlung eingraviert wurde. Es gibt einige inhaltliche Berührungspunkte mit alttestamentlichen Gesetzen.

Die Zehn Gebote

Die Zehn Gebote (Exodus / 2 Mose 20,1-17) gehören zu den bekanntesten Teilen der Bibel. Mit kleinen Abweichungen sind sie doppelt überliefert (Deuteronomium / 5 Mose 5). Sie bilden das »Grundgesetz« des erwählten Volkes, das die elementaren Normen in knapper und merkbarer Form (an zehn Fingern abzählbar!) enthält. Auf die Präambel, die die Perspektive der von Gott geschenkten und von Israel zu bewahrenden Freiheit an den Anfang stellt (»Ich bin JHWH, dein Gott, der dich aus Ägypten geführt hat, aus dem Sklavenhaus«, Exodus / 2 Mose 20,2), folgenden elementare Weisungen für das Gottesverhältnis und für zwischenmenschliche Verhältnisse.

Die Bezeichnung »Zehn Gebote« ist nicht ganz korrekt, denn die Bibel bezeichnet sie als »die Zehn Worte« (Exodus / 2 Mose 34,28; Deuteronomium / 5 Mose 4,13), weswegen sie manchmal auch »Der Dekalog« (vom griechischen Ausdruck für »zehn Worte«) genannt werden. Juden und Christen betrachten sie nicht als schwer zu erfüllende Gebote, sondern als kluge Lebensregeln. Da die genaue Aufteilung dieser »Worte« nicht vorgegeben wurde, gibt es verschiedene Versionen, sie aufzulisten: die jüdische, die katholische/protestantische und die orthodoxe. Natürlich ist der Inhalt immer derselbe.

Schlüsselbegriff: Freiheit

»Gesetz« oder »Gebot« – das klingt nach Einschränkung. Aber die Zehn Gebote sind innerhalb einer Befreiungsgeschichte überliefert. *Vor* der Verkündigung der einzelnen Gebote und damit *vor* der gesamten Gesetzgebung am Sinai stellt sich JHWH als der Gott dar, der die Angesprochenen aus der Knechtschaft in Ägypten befreit hat. Ziel der Befreiung ist aber nicht Willkür und Orientierungslosigkeit, sondern die Schaffung eines Volkes, in dem die gewonnene Freiheit bewahrt werden kann. Die Gebote haben die Aufgabe, der Freiheit eine Form zu geben.

Mose: Gottesdienst

HEILIGER GOTT, HEILIGES VOLK

Nachdem sie zu Gottes erwähltem Volk erklärt worden waren, mussten die Israeliten nun lernen, was das für ihr Alltagsleben bedeutete. Besonders in den drei Büchern Exodus / 2 Mose, Levitikus / 3 Mose und Deuteronomium / 5 Mose geht es darum, wie sie ein heiliges Volk sein können, so dass die Heiligkeit konkrete gesellschaftliche Gestalt annimmt. Diese Bücher behandeln zwar alle Lebensbereiche, aber stets unter dem Gesichtspunkt, wie die Beziehung zu Gott in ihnen Gestalt gewinnen kann. Wichtige Themen sind deshalb das Offenbarungszelt als das Heiligtum, in dem JHWH inmitten seines Volkes wohnt, und das Ritual für den Versöhnungstag.

Die Menora, ein siebenarmiger Leuchter, der im Offenbarungszelt aufbewahrt wurde, ist eines der ältesten Symbole des Judentums.

Die Bundeslade

Israels heiligster Gegenstand war eine Lade aus Akazienholz (1,2 x 0,6 x 0,6 m), die von Gold überzogen war und in deren Inneren die beiden Gesetzestafeln der Zehn Gebote lagen. Durch Ringe an jeder ihrer Ecken konnten Stangen gezogen werden, so dass die Leviten die Lade tragen konnten, ohne sie berühren, wenn die Israeliten zu einem neuen Ort aufbrachen. Auf der Deckplatte thronten zwei hölzerne Kerubim mit ausgebreiteten Flügeln, die Gottes schützende Gegenwart symbolisierten. Das Foto zeigt eine moderne Nachbildung.

DAS OFFENBARUNGSZELT

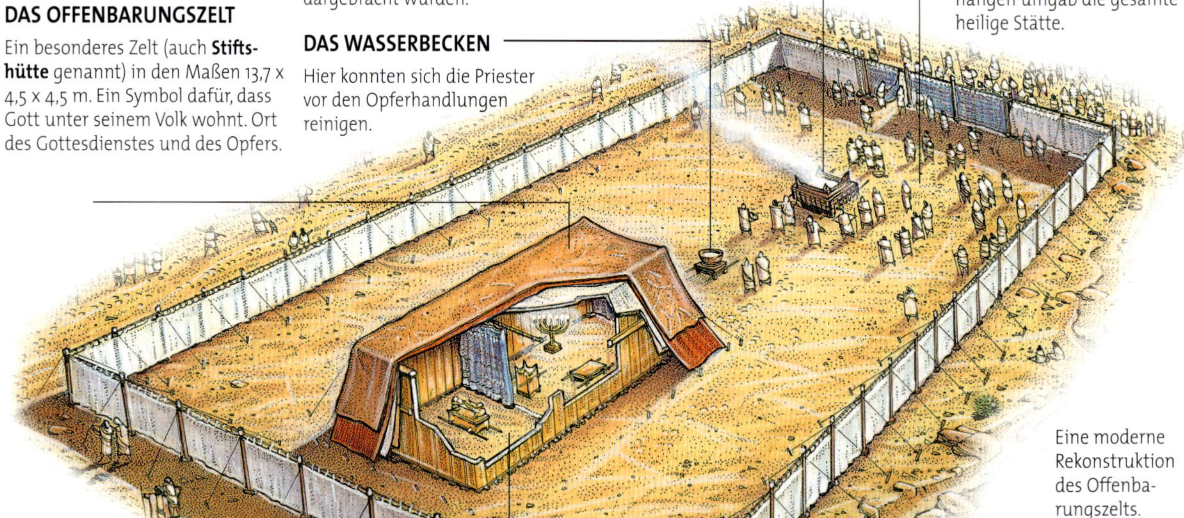

DAS OFFENBARUNGSZELT

Ein besonderes Zelt (auch **Stiftshütte** genannt) in den Maßen 13,7 x 4,5 x 4,5 m. Ein Symbol dafür, dass Gott unter seinem Volk wohnt. Ort des Gottesdienstes und des Opfers.

DER BRANDOPFERALTAR

(2,2 m^2 x 1,3 m hoch) mit seinem ständig brennenden Feuer, auf dem jeden Morgen und Nachmittag die täglichen Opfer dargebracht wurden.

DAS WASSERBECKEN

Hier konnten sich die Priester vor den Opferhandlungen reinigen.

DER VORHOF

(45,7 x 22,8 m). Ein hohe Umzäunung aus leinenen Vorhängen umgab die gesamte heilige Stätte.

DAS ALLERHEILIGSTE

Das hintere Drittel des Offenbarungszelts, in dem die Bundeslade stand. Nur der Hohepriester durfte es einmal im Jahr am Jom Kippur (dem Versöhnungstag) betreten, um für die Sünden des Volks zu opfern (Levitikus / 3 Mose 16).

Eine moderne Rekonstruktion des Offenbarungszelts.

Denn ich bin der Herr, der euch aus Ägypten heraufgeführt hat, um euer Gott zu sein. Ihr sollt daher heilig sein, weil ich heilig bin
(Levitikus / 3 Mose 11,45).

SIEHE AUCH
VERLORENE BUNDESLADE S. 67
DAS KREUZ S. 114
SALOMOS TEMPEL S. 49

Das Opfer

Das Opfer als kultische Handlung ist im Alten Testament und seiner Umwelt weit verbreitet. Geopfert werden Tiere, Nahrungsmittel oder Räucherwerk mit dem Ziel, Gott zu verehren, mit ihm in Kontakt zu treten und sein Handeln zu beeinflussen. Dank sowie die Bitte um Segen oder Vergebung begleiten die Opfer. Im Unterschied zu anderen Kulturen werden Opfer im Alten Testament nicht als Nahrung Gottes verstanden.
Eine Sünde durch ein Opfer abzugelten, bezeichnet man als »Sühne«, daher auch der Versöhnungstag Jom Kippur, dessen hebräischer Name von einer Wurzel kommt, die »bedecken, tilgen« bedeutet. Der Versöhnungstag ist der Tag der Reinigung des Heiligtums und des Volkes von allen Sünden. Neben Sünd- und Brandopfern und Blutriten stehen zwei Ziegenböcke im Mittelpunkt des Rituals von Levitikus / 3 Mose 16: einer von ihnen wird durch das Los »für Asasel« bestimmt. Der Hohepriester stemmt ihm die Hände auf den Kopf, bekennt die Sünden Israels und jagt ihn als »Sündenbock« in die Wüste, damit er die Sünden fort trägt. Mit dem Blut des anderen Bockes betritt der Hohepriester das in Weihrauch gehüllte Allerheiligste und besprengt damit das Sühnemal, die Deckplatte über der Bundeslade, die Zeichen für die Gegenwart Gottes ist. Für das Volk ist der Versöhnungstag ein Tag der Arbeitsruhe, des Fastens und der Buße. Er bildet den Hintergrund für das Verständnis des Todes Jesu vor allem im Hebräerbrief (9,1-10,18).

Die Hauptopfer Israels

In der Bibel werden kultische Praktiken, die mit einem Menschenopfer verbunden waren, deutlich abgelehnt (Levitikus / 3 Mose 20,1-5). Nur noch Haus- und Arbeitstiere (Rinder, Schafe und Ziegen, Tauben), die männlich, makellos und mindestens sieben Tage alt sind, dürfen geopfert werden. In Levitikus / 3 Mose 1-7 werden den fünf verschiedene Arten des Opfers beschrieben:

- **Das Brandopfer** (Levitikus / 3 Mose 1) ist ein Ausdruck der Gottesverehrung.
- **Das Speiseopfer** (Levitikus / 3 Mose 2) ist ein Ausdruck des Danks für die von ihm gewährten Gaben.
- **Das Heilsopfer** (Levitikus / 3 Mose 3) wird auch bei der Priesterweihe dargebracht.
- **Das Sündopfer** (Levitikus / 3 Mose 4) sühnte Sünden, wissentlich begangen wurden.
- **Das Schuldopfer** (Levitikus / 3 Mose 5-6) sühnte unwissentlich begangene Sünden.

Prophetische Kult- und Opferkritik ruft in Erinnerung, dass die eigentliche Verehrung JHWHs nicht in Opfern, sondern im Leben nach seinen Geboten besteht (Psalm 50,7-15, Hosea 6,6).

Der Sabbat

Neben heiligen Opfern und heiligen Priestern gab Gott seinem Volk auch einen heiligen Tag: den »Sabbat« (von einem Wort, das »ruhen« oder »aufhören« bedeutet). An diesem Tag durften auch keinerlei Routinearbeiten stattfinden, damit sich die Menschen und Tiere ausruhen und erholen konnten und sich an Gottes Ruhetag bei der Vollendung der Schöpfung erinnerten. Die Christen feiern als ihren heiligen Tag den Sonntag, um sich an Jesu Auferstehung zu erinnern.

Priester

Im Alten Testament dienten Priester als eine Art »Mittelsmänner« zwischen den sündigen Menschen und dem heiligen Gott. Moses Bruder Aaron und seine vier Söhne wurden als Erste für diese Aufgabe bestimmt und nur ihre Nachfahren konnten ihnen in diesem Amt nachfolgen. Um die Heiligkeit ihrer Aufgabe zu betonen, erließ Gott für sie ganz bestimmte Kleidungs- und Verhaltensregeln. Zu ihren Pflichten gehörten nicht nur das Darbringen von Opfern, sondern auch die Vermittlung und Bewahrung von Gottes Gesetzen. Dazu wirkten sie in Gerichtsverfahren mit und führten den Losentscheid mit den »Urim und Tummim« durch, unterschiedlich gefärbten Steinen, deren Werfen den Willen Gottes offenbarte. Die Leviten, der Stamm, aus dem Aaron stammte, wurden dazu bestimmt, den Priestern bei ihrer Arbeit zur Hand zu gehen.

Die Gewänder des Hohepriesters (nach Exodus / 2 Mose 28)

- **Der Efodmantel** aus violettem Purpur mit Glöckchen am Saum, die den Eintritt des Priesters in das Offenbarungszelt ankündigten.
- **Das Efod,** eine »Kunstweberarbeit aus Gold, violettem und rotem Purpur, Karmesin und gezwirntem Byssus«. An seinen Schulterstücken waren zwei Karneolsteine befestigt, in die die Namen der zwölf Stämme eingraviert waren, was es dem Priester erlaubte, die Stämme symbolisch vor Gott zu bringen.
- **Die Lostasche,** die zwölf »gefasste Edelsteine« – einen für jeden Stamm – enthielt, war mit zwei Goldschnüren am Efod befestigt.
- **Der Turban.** An ihm war vorne eine »Rosette aus purem Gold« angebracht, auf der die Inschrift »Heilig dem Herrn« eingraviert war.

Gewöhnliche Priester trugen einfachere Gewänder, die aus Obergewand, Schärpen und Stirnbändern bestanden.

Schlüsselbegriff: Heiligkeit

Die Bibel spricht davon, dass Gott »heilig« sei und dass nach seinem Willen auch sein Volk diese Heiligkeit widerspiegele, indem es anders als die anderen Völker lebe. Die Israeliten mussten deshalb ganz bestimmte Opferriten, Essensregeln, soziale Verpflichtungen und moralische Erfordernisse befolgen, die sie immer daran erinnerten, dass sie Gottes Volk waren. Aber Heiligkeit ist nichts Äußerliches. Das Alte wie das Neue Testament betonen, dass echte Heiligkeit eine Sache des Herzens sei.

Josua

DIE EROBERUNG DES GELOBTEN LANDES

Nach Moses Tod fiel die Führung des Volkes Gottes an seinen Stellvertreter Josua. Sein Name bedeutet »JHWH ist Rettung«. Im Buch Josua wird beschrieben, wie Josua als Heerführer Israels in das verheißene Land eindringt, es erobert (Josua 1-12) und unter den Stämmen verteilt (Josua 13-22). Mit der aus biblischer Sicht raschen Besiedlung des Landes soll aus der Perspektive des Glaubens verdeutlicht werden, dass Gott bei seinem Volk ist und es unterstützt. Das bedeutet: Hier liegen keine historischen Berichte aus der Frühzeit Israels und über sie vor. Eine kriegerische Landnahme als Feldzug eines Zwölfstämmevolkes Israel mit der Vernichtung der Landesbewohner hat es nie gegeben. Historisch und archäologisch lässt sich zwar ein Niedergang der kanaanäischen Stadtkönigtümer nachweisen, aber das war nicht das Werk Israels.

MEGIDDO

Die um 4000 v. Chr. gegründete Stadt Megiddo, die auf einem 210 m hohen Hügel lag, kontrollierte die wichtigste Nord-Süd-Verbindung durch das Karmelgebirge und war so von hoher strategischer Bedeutung.

Josuas Leben, wie es die Bibel erzählt

- Er führte die Israeliten in der ersten Schlacht in der Wüste an (Exodus / 2 Mose 17,8-13).
- Er begleitete Mose auf den Berg Sinai (Exodus / 2 Mose 24,13).
- Er spielte eine besondere Rolle bei der ersten Aufstellung des Offenbarungszelts (Exodus / 2 Mose 33,11).
- Er war einer der zwölf Kundschafter, die nach Kanaan geschickt wurden (Numeri / 4 Mose 13,1–14,9).
- Er war einer der beiden einzigen Überlebenden derer, die aus Ägypten ausgezogen waren (Numeri / 4 Mose 14,38).
- Er wurde zu Moses Nachfolger ernannt (Numeri / 4 Mose 27,15-23).

Josuas Feldzüge

1. JORDAN

Josuas Truppen überquerten den Jordan, der wegen der Schneeschmelze am Berg Hermon Hochwasser führte. Dabei wurden die Wasser auf wunderbare Weise plötzlich angehalten, als die Bundeslade vor der Armee in den Fluss getragen wurde (Josua 3,1-4,24). Baals durch den strömenden Fluss symbolisierte Macht konnte gegen den »lebendigen Gott« nichts ausrichten.

2. GILGAL

Die während des Zugs durch die Wüste vernachlässigte Beschneidung wurde wieder eingeführt, um Israels Verpflichtungen als Gottesvolk erneut zu bekräftigen (Josua 5,1-12).

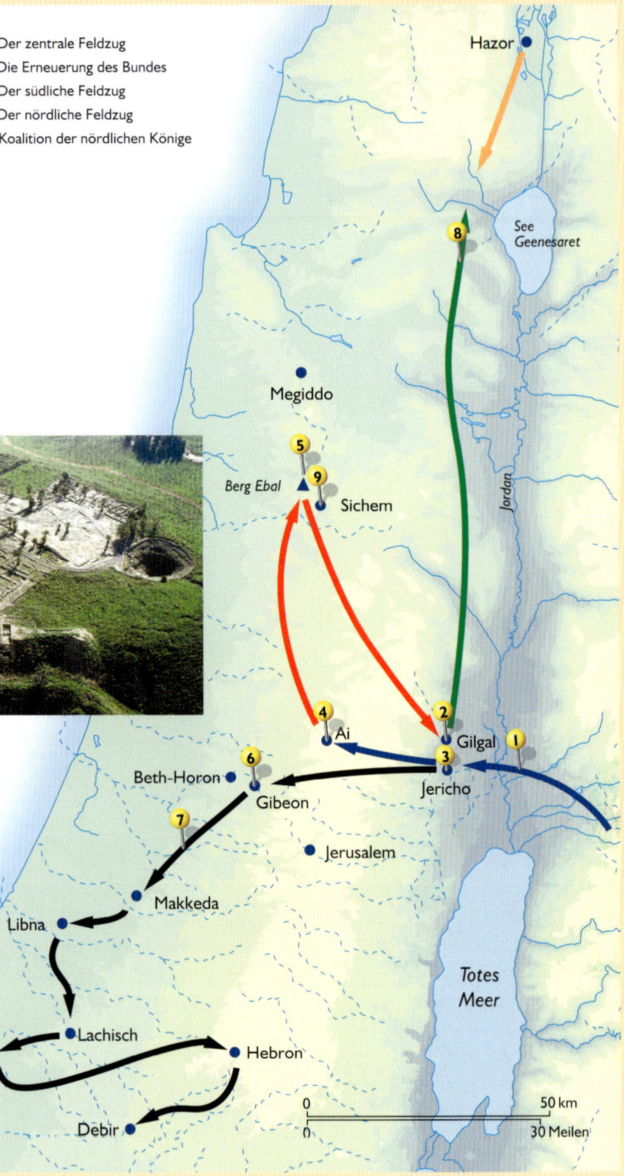

Mein Knecht Mose ist gestorben. Mach dich also auf den Weg und zieh über den Jordan hier mit diesem ganzen Volk in das Land, das ich ihnen, den Israeliten, geben werde (Josua 1,2).

SIEHE AUCH
BUNDESLADE S. 30
KANAANITER S. 36
GOTTESBUND S. 21
DAS GELOBTE LAND S. 34-35

In Jericho entwickelte sich zwischen dem 7. und dem 4. Jahrtausend v. Chr. eine Stadt. Dieser Rundturm von ursprünglich wohl 9 m Höhe war ein Teil der Stadtbefestigung.

3. JERICHO

Jericho, wahrscheinlich die älteste Stadt der Welt, kontrollierte die Straße durch das mittlere Kanaan und wurde deshalb zu Josuas erstem Ziel. Auf einem Erkundungsgang begegnete er einem Engelskrieger und entdeckte, dass dies nicht seine, sondern Gottes Schlacht war (Josua 5,13-15). Dies wurde durch Jerichos Niederlage bestätigt, als dessen Mauern plötzlich zusammenstürzten, nachdem die Israeliten sieben Tage lang um die Stadt gezogen waren (Josua 6,1-27).

4. AI

Die Israeliten erlitten wegen Achans Sünde, der aus Jericho Beutegut mitnahm, eine Niederlage (Josua 7,1-5). Nachdem der Sünder gesteinigt worden war (Josua 7,6-26), konnte Josua durch eine vorgetäuschte Flucht und einen nachfolgenden Hinterhalt Ai einnehmen (Josua 8,1-29).

5. BERG EBAL

Josua baute einen Altar, erneuerte den Bund zwischen Gott und Israel (Josua 8,30-35) und kehrte danach nach Gilgal zurück.

6. GIBEON

Die Gibeoniter schlossen in Gilgal durch eine List mit Israel Frieden, aber die Israeliten verpflichteten sie danach, Zwangsarbeiten für sie zu erledigen (Josua 9). Josua zog dann nach Gibeon, um es gegen andere kanaanitische Könige verteidigen. Kanaan war nun in zwei Teile geteilt.

7. DER SÜDLICHE FELDZUG

Alle sechs strategisch wichtigen Städte in Südkanaan wurden besiegt (Josua 10). Jetzt kontrollierte Israel den südlichen Teil des Landes.

8. DER NÖRDLICHE FELDZUG

Danach zog Josua nach Norden und besiegte rasch den mächtigen König von Hazor und seine Verbündeten. Nach der Zerstörung Hazors und der Einnahme der anderen Städte (Josua 11) war der Hauptteil des Kampfes vorüber, etwa 30 Jahre, nachdem er begonnen hatte. Jedoch hielten sich einige Widerstandsnester noch viele Jahre lang.

9. SICHEM

Josua erneuerte den Bund mit Gott (Josua 24). Er starb im Alter von 110 Jahren und wurde im Gelobten Land begraben.

Die Aufteilung des Landes

Nach der Einnahme des Landes teilte Josua es zwischen den zwölf Stämmen auf. Ruben, Gad und die Hälfte des Stammes Manasse kehrten in das Land östlich des Jordan zurück, das sie bereits früher erbeten hatten (Numeri / 4 Mose 32,1-42). Danach »warf Josua das Los«, um das übrige Land unter den anderen Stämmen aufzuteilen. Die Kapitel 13-19 des Buches Josua beschreiben im Einzelnen die Grenzen jedes Gebiets. Das Offenbarungszelt wurde im Zentrum des Landes in Schilo aufgeschlagen, damit es jeder leicht erreichen konnte (Josua 18,1). Sechs Asylstädte (drei auf jeder Seite des Jordan) wurden eingerichtet, um jedem, der unabsichtlich einen Menschen getötet hatte, ein faires Verfahren zu ermöglichen. Auch den Leviten wurden Städte zugewiesen. Sie besaßen wegen ihrer Tätigkeiten im Offenbarungszelt kein eigenes Stammesland.

»Heiliger Krieg«?

Das Josuabuch ist sehr stark von der altorientalischen »Kriegstheologie« bestimmt, nach deren Konzept die eigentlichen Kriegsgegner die Götter der Krieg führenden Völker sind. Dabei ist wichtig: Die Macht eines Gottes, ja seine Göttlichkeit erweist sich vor allem in spektakulären Siegen und in der Vernichtung der Feinde. An dieser Vorstellung hat auch das Alte Testament und insbesondere das Josuabuch Anteil. Dass Kriege eine »göttliche« Dimension haben, wird vor allem in der sog. Vernichtungsweihe (oft übersetzt mit »Bann«) sichtbar, wonach die besiegten Feinde und all ihr Besitz vollständig der Gottheit geopfert werden müssen. Dass diese Vernichtungsweihe jemals in Kriegen Israels verwirklicht wurde, ist wenig wahrscheinlich. Da die Landnahme aus historischer Perspektive ohnedies nicht so stattfand, wie das Josuabuch sie erzählerisch darstellt, dürfen die Erzählungen auf keinen Fall als biblische Legitimierung für die Vertreibung oder Vernichtung von Völkern missbraucht werden.

Schlüsselbegriff: Geschichtsschreibung

Das Buch Josua nahm die vorliegende Gestalt an, als Israel sein Land an die Babylonier und dann die Perser verlor. Die Geschichtsschreibung ist nicht objektiv, sondern will Mut machen. Es ist eine Erzählung über längst vergangene Zeiten, die Israel bei drohendem Landverlust die Hoffnung geben will, dass JHWH die Macht hat, sein Volk und dessen Land zu beschützen.

Das Gelobte Land

GABE UND AUFGABE

2000 v.Chr.
1900 v.Chr.
1800 v.Chr.
1700 v.Chr.
1600 v.Chr.
1500 v.Chr.
1400 v.Chr.
1300 v.Chr.
1200 v.Chr.
1100 v.Chr.
1000 v.Chr.
900 v.Chr.
800 v.Chr.
700 v.Chr.
600 v.Chr.
500 v.Chr.
400 v.Chr.
300 v.Chr.
200 v.Chr.
100 v.Chr.
1 n.Chr.
100 n.Chr.

Im Buch Exodus / 2 Mose wird das Gelobte Land als ein Land beschrieben, »in dem Milch und Honig fließen«. Milch (ein Grundnahrungsmittel) weist darauf hin, dass Gott die wesentlichen Dinge beschaffen wird, und Honig (ein Luxusgut) ist ein Symbol für Gottes unendliche Güte. Zusammen unterstreichen sie Gottes Versprechen, für sein Volk zu sorgen.

Die ägyptische *Erzählung von Sinuhe* (ca. 1900 v. Chr.) enthält Parallelen zur biblischen Beschreibung Kanaans. In ihr wird berichtet: »Feigenbäume gab es dort sowie Weinreben. Es gab mehr Wein als Wasser und es war reich an Honig. Zahlreich waren seine Oliven und die Bäume mit all den Früchten an ihren Ästen. Es gab dort Gerste und Weizen und unbegrenzt war die Zahl aller Herden.«

DIE GEOGRAPHIE ISRAELS

Das Land Israel war ziemlich klein. »Von Dan bis Beerscheba« (ein israelitischer Ausdruck für »von Nord bis Süd«) waren es weniger als 240 km, und die Entfernung von Ost nach West schwankte zwischen 40 km im Norden und 95 km im Süden.

1. Die Küstenebene. Ihr Südende war nicht nutzbares Land mit Sanddünen, Wäldern und Sümpfen. Aus diesem Grunde versuchten die Philister ständig, neue Gebiete hinzuzugewinnen. Der nördliche Teil bis zum Berg Karmel, die so genannte Scharonebene, war eines der fruchtbarsten Gebiete Israels. Jenseits des Karmelgebirges gab es natürliche Häfen, von denen aus das Seefahrervolk der Phönizier Handel trieb.

2. Die Schefela war ein 12-15 km breites Hügelland, das als Puffer zwischen der Küstenebene und dem Zentralen Hochland diente. Als äußerst fruchtbares Gebiet war es oft zwischen den Israeliten und Philistern umkämpft. Vier Täler durchschnitten es wie Korridore, in denen befestigte Städte wie Geser, Bet-Schemesch und Lachisch die Straßen überwachten.

3. Das Zentrale Hochland war das Herz des israelischen Territoriums mit Städten wie Jerusalem und Hebron. Im Westen senkte es sich sanft zur Küste ab, während es im Osten steil zum Jordantal hin abfiel. Internationale Handelsrouten mieden dieses Gebiet.

4. Die Ebene von Megiddo erstreckte sich ostwestlich zwischen dem Zentralen Hochland und den Höhen von Galiläa. Die süd-nördliche Hauptstraße zwischen Ägypten und Mesopotamien verlief mitten durch diese Ebene, die deswegen für Handel und Krieg von strategischer Bedeutung war. Viele Schlachten wurden hier ausgefochten. Laut der Offenbarung des Johannes (16,16) wird hier die endzeitliche Schlacht (Harmagedon) stattfinden.

5. Galiläa, dessen Höhen zu den Bergen des Libanon anstiegen. Die niedrigeren Hügel waren

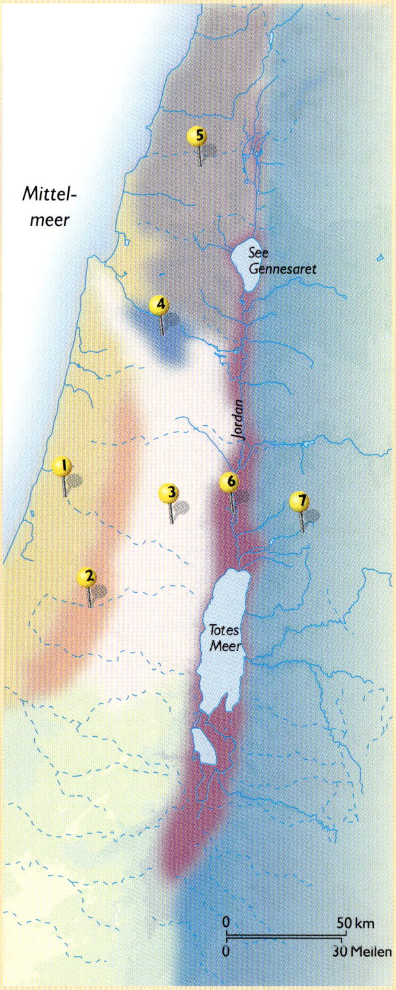

sehr fruchtbar. Nicht zuletzt durch die durchreisenden Fernhändler wurde das Gebiet sehr wohlhabend. Sein Binnensee, der See von Kinneret (auch See Gennesaret oder See von Tiberias genannt), war reich an Fisch. Hier verbrachte Jesus einen Großteil seines Lebens.

6. Das Jordantal erstreckte sich vom See Gennesaret im Norden zum Toten Meer (oder Salzmeer) im Süden. Als Teil des Großen Grabenbruchs senkt es sich tief ab. Das Tote Meer ist mit mehr als 400 m unter dem Meeresspiegel der tiefste frei zugängliche Ort auf der Erdoberfläche, wobei sein Grund weitere 400 m tiefer liegt. Von seiner nördlichen Quelle bis zum Toten Meer beträgt das Gefälle des Jordans 725 m, was ihm seinen Namen gab (Jordan = »der Herabsteigende«). Er hat so viele Windungen, dass seine Länge von 325 km mehr als das Doppelte der Luftlinie zwischen Quelle und Mündung beträgt.

7. Transjordanien, östlich des Jordan, war eine gebirgige Gegend, die von 580 m über Meereshöhe östlich von Galiläa bis auf 2000 m südöstlich des Toten Meeres anstieg. Sie zog die Regenwolken an, so dass es dort gute Viehweiden gab.

Er brachte uns an diese Stätte und gab uns dieses Land, ein Land, in dem Milch und Honig fließen
(Deuteronomium / 5 Mose 26,9).

SIEHE AUCH
EINE WELT VON SUPERMÄCHTEN S. 16-17
KANAANITER S. 36
JESUS UND SEIN VOLK S. 86-87
DIE PHILISTER S. 38

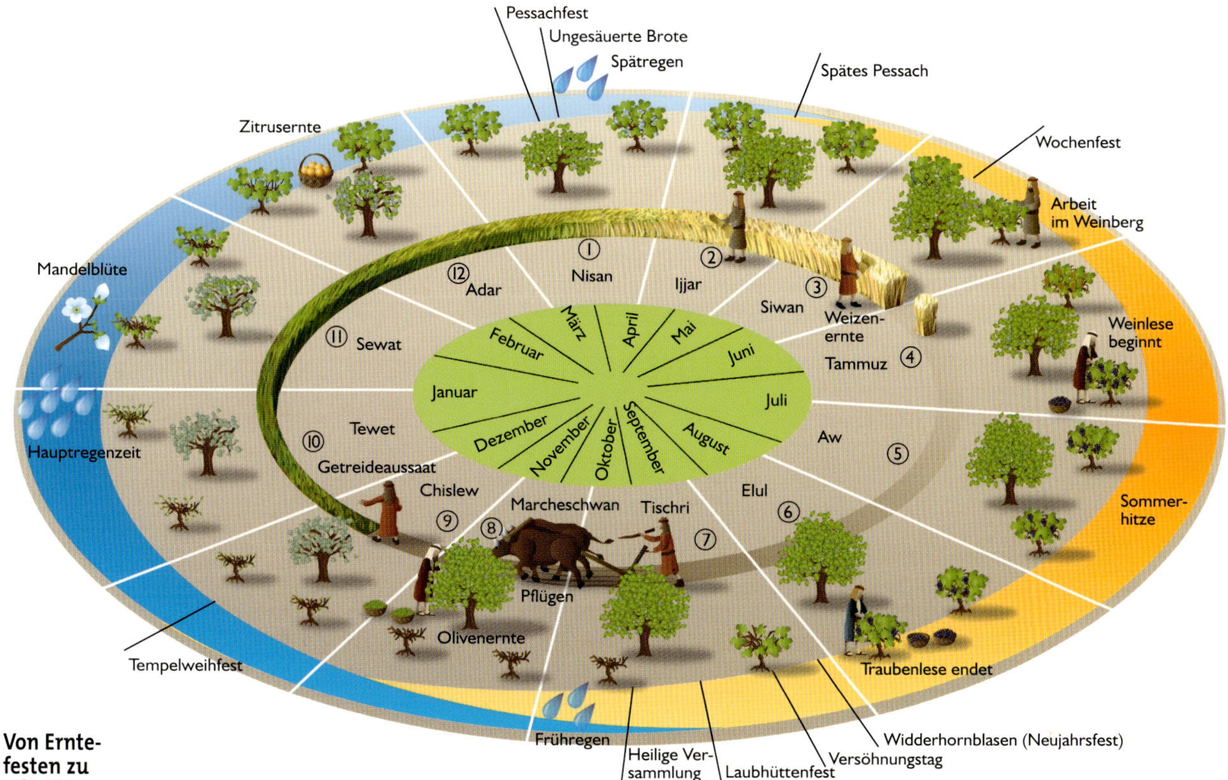

Von Erntefesten zu religiösen Festen

Das biblische Israel war eine landwirtschaftlich orientierte Gesellschaft. Das Zeitgefühl der Israeliten wurde vom Wechsel der Natur geprägt (vgl. Genesis / 1 Mose 8,22). Die Zeiten der Aussaat und der Ernte sicherten das Überleben der Gemeinschaft und wurden mit Festen begangen, um Kraft und Segen zu erbitten. Darum verwundert es nicht, dass die natürlichen Rhythmen und der landwirtschaftliche Lauf des Jahres die Basis für den israelitischen Festkalender bildeten. Die drei großen alten Jahres- und Wallfahrtsfeste (Pessach, Wochenfest, Laubhüttenfest) waren zuerst Erntefeste. Später aber wurden sie religiös gedeutet und mit der Erinnerung an Gottes rettende Taten an Israel verbunden.

Die wichtigsten Feldfrüchte und Früchte

Getreideprodukte waren Hauptnahrungsmittel. Aus Weizen machte man das beste Mehl, aber die Ärmeren backten ihre Brote aus Gerstenmehl.

Feigenbäume wachsen sehr langsam und tragen jedes Jahr zehn Monate lang Früchte. Diese wurden frisch oder getrocknet gegessen oder zu Kuchen weiterverarbeitet. Feigen waren so verbreitet, dass sie in der Bibel sehr oft erwähnt werden.

Datteln wurden frisch oder getrocknet verzehrt. Ihre Palmzweige wurden als Siegessymbole verwendet, zum Beispiel beim Einzug Jesu in Jerusalem.

Weintrauben wurden getrocknet und zu Rosinenkuchen weiterverarbeitet oder gepresst und zur Weinherstellung genutzt. Jesus erzählte mehrere Gleichnisse über Weinberge und bezeichnete sich selbst als den »wahren Weinstock«.

Oliven gehörten zu den drei wichtigsten Baumfrüchten Israels. Sie wurden eingelegt gegessen oder man presste ihr Öl aus, das zum Kochen, als Lampenöl oder Körperpflegemittel benutzt wurde. Auch die Priester und Könige wurden bei ihrem Amtsantritt damit gesalbt.

Die Häuser der Israeliten

Als die Israeliten sesshaft wurden, gaben sie das Wohnen in Zelten auf und begannen, in Steinhäusern zu wohnen. Diese hatten gewöhnlich einen rechteckigen offenen Hof, der auf drei Seiten von Wohnräumen umgeben war. Das flache Dach erreichte man mit einer Leiter oder Außentreppe. Dort trocknete man das Getreide oder genoss die kühle Abendbrise.

Schlüsselbegriff: Verantwortung

Die Bibel spricht davon, dass Gott seinem Volk ein Land gegeben hat. Allerdings nicht, damit die Israeliten dort wie alle anderen Völker schalten und walten, sondern um einen Ort zu schaffen, an dem Gott selbst in Gestalt seiner »Herrlichkeit« auf Erden präsent sein kann. Die Gabe des Landes ist auch Aufgabe, das Leben miteinander und mit der Schöpfung gerecht zu gestalten.

Die Richter

KREISLAUF VON NOT UND RETTUNG

2000 v.Chr.
1900 v.Chr.
1800 v.Chr.
1700 v.Chr.
1600 v.Chr.
1500 v.Chr.
1400 v.Chr.
1300 v.Chr.
1200 v.Chr.
1100 v.Chr.
1000 v.Chr.
900 v.Chr.
800 v.Chr.
700 v.Chr.
600 v.Chr.
500 v.Chr.
400 v.Chr.
300 v.Chr.
200 v.Chr.
100 v.Chr.
1 n.Chr.
100 n.Chr.

Wie das Buch Josua präsentiert auch das Buch der Richter Erzählungen über die Anfänge Israels in seinem Land. Die Dramaturgie ist folgende: Nach Josuas Tod ging es mit Israel schnell bergab. Angezogen von der kanaanäischen Religion, vergaßen die Israeliten bald, was sie ihrem Gott alles verdankten. Sie unterschieden sich kaum noch von den Völker in ihrer Umgebung. Aber die Bibel berichtet, dass Gott sie nicht aufgab. Um sie zur Besinnung zu bringen, erlaubte er ihren Nachbarn, sie anzugreifen, so dass sie ihn um Hilfe rufen mussten. Das Buch der Richter erzählt uns, wie Gott ihnen in seiner Liebe immer wieder Anführer (»Richter«) sandte, um sie zu retten. Bald danach pflegten sie aber in ihre Taten zurückzufallen, »die Jahwe missfielen« (Richter 3,7). Dieser Kreislauf von Ungehorsam, Not und Rettung wiederholte sich über viele Generationen.

Wer waren die »Richter«?

Im Buch der Richter wird die Zeit beschrieben, in der es noch keine Könige gibt und in der die Richter als Herrscher über Israel das Volk aus Notsituationen retten. Die Richter werden laut biblischer Vorstellung von Gott ausgewählt und den Israeliten zu Hilfe geschickt. Man unterscheidet »kleine« und »große« Richter. Zu den großen Richtern werden z. B. Otniel, Ehud, Debora, Gideon und Simson gezählt, deren Taten berichtet werden. Von den kleinen Richtern ist nicht viel mehr als ihr Name bekannt. Die Richterzeit wird geschildert als eine Zeit dauernder Wiederkehr von Ungehorsam des Volkes, Strafe Gottes durch die Feinde, Reue des Volkes und Rettung durch einen Richter. Das Richterbuch will nicht die Geschichte Israels rekonstruieren, sondern an Einzelbeispielen Israels sündiges Verhalten und Gottes helfendes Eingreifen verdeutlichen.

Rut

Die Novelle über Rut spielt »zu der Zeit, als die Richter regierten« (Rut 1,1). Rut, eine Moabiterin, zieht nach dem Tod ihres Mannes zusammen mit ihrer Schwiegermutter Noomi von Moab in Noomis Heimatstadt Betlehem. Sie ist in hoffnungsloser Lage, aber findet mit Boas einen Mann, der sie rettet. Rut wird als vorbildliche treue Gestalt dargestellt, die sich dem Gott Israels anvertraut und Hilfe erfährt. Nach biblischer Darstellung ist David ein Urenkel der Rut und des Boas.

Die Kanaaniter

Als Hauptgegner der Israeliten in dieser Zeit werden die Kanaaniter geschildert. Ursprünglich nur eine Bezeichnung für die Küstenbewohner, wurde »Kanaaniter« (wörtlich: »Händler«) zum Sammelbegriff für alle Völker, die zwischen dem Mittelmeer und dem Jordan siedelten. Die Kanaaniter besaßen eine bedeutende Kultur und entwickelten zum Beispiel als Erste ein Alphabet, indem sie für jeden Konsonanten ein einfaches Zeichen benutzten, ein Fortschritt gegenüber den Keilschrift- oder Hieroglyphensystemen.

Aber nicht ihre Kultur wird als Bedrohung für Israel dargestellt, sondern ihre Religion. In den kanaanäischen Fruchtbarkeitskulten wurden die Naturgewalten personifiziert und angebetet. **Baal**, der Sohn von **El** (dem obersten Gott), war der Fruchtbarkeits- und Wettergott, der oft auf einem Stier (einem Symbol der Stärke) stehend und mit einem Blitzspeer (einem Symbol der Kontrolle über das Wetter) in der Hand dargestellt wurde. Diese beiden Götter wurden zusammen mit den Göttinnen **Aschera** (der Gemahlin des El) und **Astarte** (der Gattin Baals) verehrt, um dadurch die Fruchtbarkeit des Landes zu sichern. Diese Fruchtbarkeitsreligionen scheinen auch für die Israeliten über viele Jahrhunderte attraktiv gewesen zu sein. Den biblischen Schriftstellern gilt die Verehrung der kanaanäischen Götter aber als Treuebruch gegenüber JHWH. Sie polemisieren heftig gegen sie und verlangen, dass ihre Kultsymbole vernichtet werden.

Eine in Hazor gefundene Baalsmaske, etwa 1300 v. Chr.

Der kanaanitische Rundaltar im heiligen Bezirk von Megiddo.

Nasiräer (hebr. »Geweihter«)

Als wundersam von einer bisher unfruchtbaren Frau geborenes Kind weihten Simsons Eltern ihren Sohn Gott mit einem nasiräischen Gelübde, das drei wichtige Lebensbereiche betraf (siehe Numeri / 4 Mose 6,1-21): **Nahrung** (Verzicht auf Wein und »gegorenes Bier«), **Aussehen** (niemals die Haare schneiden) und **Reinheit** (kein Kontakt mit Leichnamen). Die nasiräischen Gelübde waren gewöhnlich zeitlich begrenzt. Die Lebensform des Nasiräats war in späterer Zeit offenbar verbreitet (1 Makkabäer 3,49, Apostelgeschichte 18,18; 21,22-24). Hier wirken wohl auch Vorstellungen nach, die dem nicht geschnittenen Haar magische Kräfte zuschreiben.

Eine Statuette der Göttin Aschera in klassischer Haltung, die ihre Fruchtbarkeit betont.

Auch seine ganze Generation wurde mit ihren Vätern vereint und nach ihnen kam eine andere Generation, die den Herrn und die Taten, die er für Israel vollbracht hatte, nicht mehr kannte. Die Israeliten taten, was dem Herrn missfiel, und dienten den Baalen (Richter 2,10-11).

SIEHE AUCH
SAMUEL S. 38-39
DIE PHILISTER S. 38
DAS GELOBTE LAND S. 34-35

DIE ZWÖLF RICHTER UND IHRE SIEGE

1. Otniël (aus dem Stamm Juda) rettete Israel vor den *Aramäern* (Richter 3,7-11).

2. Ehud (aus dem Stamm Benjamin) besiegte die *Moabiter*, indem er ihren König durch eine List tötete (Richter 3,12-30).

3. Schamgar (möglicherweise kein Israelit) erschlug 600 *Philister* nur mit einem Ochsenstecken (Richter 3,31).

4. Debora (aus dem Stamm Efraim, die einzige Richterin) bewegte Barak (aus dem Stamm Naftali) dazu, den *kanaanitischen* König Sisera zu besiegen, dessen Armee 900 Streitwagen umfasste (Richter 4,1-5,31).

5. Gideon (aus dem Stamm Manasse), ein zögerlicher Held, der erst einmal mit Gott disputierte und Zeichen verlangte, besiegte mit gerade einmal 300 Mann die *Midianiter*, einen wilden Wüstenstamm, der vor allem wegen seiner Kamele gefürchtet war (Richter 7,1-25). Die Israeliten boten ihm die Königswürde an, aber er lehnte ab (Richter 8,22-23). Sein Sohn Abimelech erwies sich dagegen als ehrgeiziger (Richter 9,1-56).

6. Tola (aus dem Stamm Issachar) führte die Israeliten 23 Jahre lang an (Richter 10,1-2).

7. Jaïr (aus Gilead), ein wohlhabender Mann, führte die Israeliten 22 Jahre lang an (Richter 10, 3-5).

8. Jiftach (aus Gilead) besiegte die *Ammoniter* (Richter 10,6-11,40).

9. Ibzan (aus Betlehem in Juda) führte die Israeliten sieben Jahre lang an (Richter 12,8-10).

10. Elon (aus dem Stamm Sebulon) führte die Israeliten zehn Jahre lang an (Richter 12,11-12).

11. Abdon (aus dem Stamm Efraim) führte die Israeliten acht Jahre lang an (Richter 12,13-15).

12. Simson (aus dem Stamm Dan) führte mit Hilfe der ihm von Gott verliehenen übernatürlichen Kräfte einen »Einmann-Krieg« gegen die *Philister* (Richter 13,1-16,31). Nachdem er törichterweise Delila die Quelle seiner Stärke verraten hatte, fingen ihn die Philister. Aber durch eine letzte Bitte an den Herrn kehrte seine Stärke zurück, während sich die Philister im Tempel Dagons über ihn lustig machten. Daraufhin riss er die Säulen um, brachte dadurch das ganze Gebäude zum Einsturz und tötete dabei Tausende Philister und sich selbst.

Der Gebrauch von Kamelen machte die Midianiter und Amalekiter zu gefürchteten Kriegern.

Der Berg Tabor am östlichen Ende des Tals von Jesreel, wo Debora die kanaanitischen Streitwagenkämpfer besiegte.

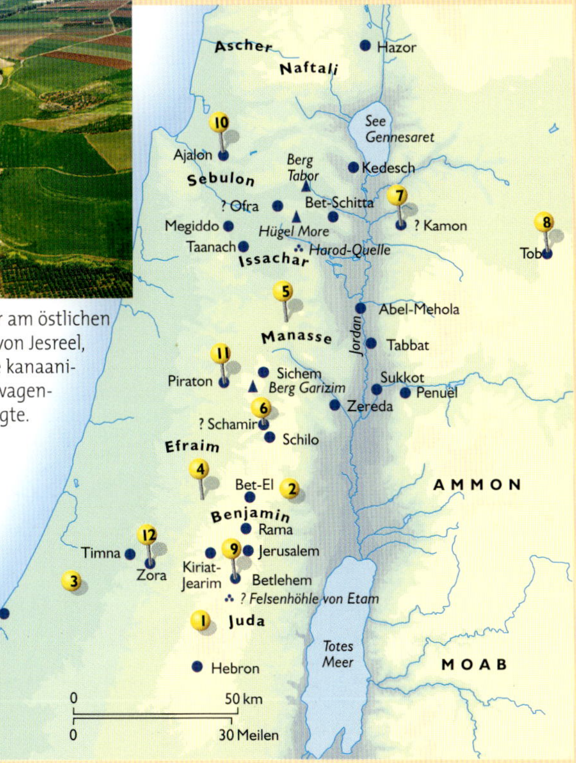

Der Engel des Herrn

Einige Male lesen wir in diesen ersten Büchern der Bibel von Menschen, die »dem Engel des Herrn« begegneten. Dazu gehörten Hagar (Genesis / 1 Mose 16,7-14), Abraham (Genesis / 1 Mose 22,11-18), Jakob (Genesis / 1 Mose 31,11) und Gideon (Richter 6,11-24). Der Engel des Herrn ist eine Erscheinung Gottes in menschlicher Gestalt, um den Menschen Zuspruch und Führung zu geben.

Schlüsselbegriff: Gott und die Götter

Der grundlegende Unterschied zwischen dem biblischen Israel und den anderen Völkern in seiner Nachbarschaft ist die Verehrung des *einen* Gottes statt der vielen Götter, deren Kulte im Alten Orient und auch später bei Griechen und Römern allgegenwärtig sind.

GEN / 1 MOSE
EX / 2 MOSE
LEV / 3 MOSE
NUM / 4 MOSE
DTN / 5 MOSE
JOSUA
RICHTER
RUT
1 SAMUEL
2 SAMUEL
1 KÖNIGE
2 KÖNIGE
1 CHRONIK
2 CHRONIK
ESRA
NEHEMIA
ESTER
IJOB
PSALMEN
SPRÜCHE
KOHELET
HOHELIED
JESAJA
JEREMIA
KLAGELIEDER
EZECHIEL
DANIEL
HOSEA
JOËL
AMOS
OBADJA
JONA
MICHA
NAHUM
HABAKUK
ZEFANJA
HAGGAI
SACHARJA
MALEACHI
MATTHÄUS
MARKUS
LUKAS
JOHANNES
APG
RÖMER
1 KORINTHER
2 KORINTHER
GALATER
EPHESER
PHILIPPER
KOLOSSER
1 THESS
2 THESS
1 TIMOTHEUS
2 TIMOTHEUS
TITUS
PHILEMON
HEBRÄER
JAKOBUS
1 PETRUS
2 PETRUS
1 JOHANNES
2 JOHANNES
3 JOHANNES
JUDAS
OFFB

Samuel

DER PROPHET GOTTES

Samuels Geburt wird in der Bibel als kleines Wunder geschildert. Seine Mutter Hanna war unfruchtbar, betete aber zu Gott, der sie erhörte, so dass sie schwanger wurde. Sie hatte für diesen Fall versprochen, ihr Kind dem lebenslangen Dienst für den Herrn zu weihen (1 Samuel 1,1-20). Als Samuel drei Jahre alt war, brachte sie ihn zum Offenbarungszelt und löste ihr Gelübde ein. Dort begann er unter der Anleitung des Priesters Eli, Gott zu dienen. Etwa neun oder zehn Jahre später sprach Gott zu Samuel, der darüber sehr überrascht war, denn »in jenen Tagen waren Worte des Herrn selten« (1 Samuel 3,1). Allerdings berichtet uns die Bibel, dass dies nur die erste von vielen prophetischen Botschaften war, die Gott Samuel übermittelte, Botschaften, die das Geschick von einzelnen Menschen und ganzen Völkern ändern sollten.

Ägyptische Reliefdarstellung eines Kriegers der Philister, der einen typischen, mit Federn besetzten Kopfschmuck trägt.

Die Philister

Der Großteil des kriegerischen Seefahrervolks der Philister zog zwischen 1250 und 1150 v. Chr. von Kreta und Griechenland über das östliche Mittelmeer. Da ihnen die Ägypter erbitterten Widerstand leisteten, siedelten sie entlang der Südküste Kanaans und bildeten fünf Stadtstaaten, die die internationale Haupthandelsstraße kontrollierten. Israel ist den Philistern zunächst im Kampf unterlegen (1 Samuel 13,19-22). Deren Beherrschung der Eisenherstellung verschaffte ihnen einen beträchtlichen militärischen Vorteil gegenüber den Israeliten. Nach 1 Samuel 4,17 werden die Israeliten vernichtend durch die Philister geschlagen, die ihnen daraufhin die Bundeslade entführen.

DER VERLUST DER BUNDESLADE NACH 1 SAMUEL 4–7

1. SCHILO

Seit Josuas Zeiten Sitz des Offenbarungszelts und Aufbewahrungsort der Bundeslade (Josua 18,1).

2. EBEN-ESER

Von der Philistern schwer geschlagen, trugen die Israeliten die Bundeslade in die nächste Schlacht, weil sie dachten, dies würde den Kampf zu ihren Gunsten wenden. Aber Gottes Beistand war nicht

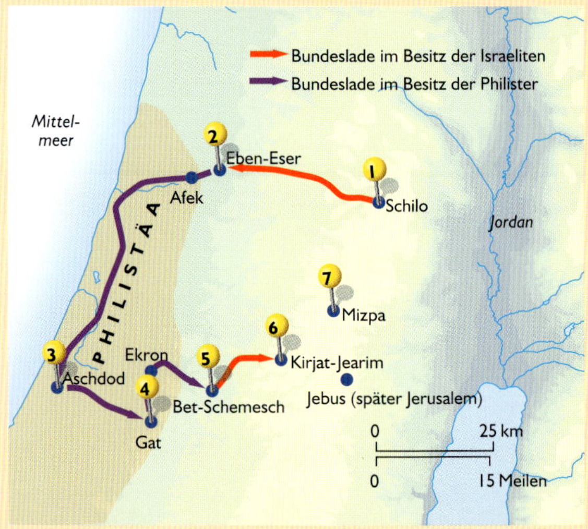

verfügbar und hing keinesfalls von irgendwelchen Gerätschaften ab. Dies musste Israel erfahren, als 30 000 seiner Soldaten getötet wurden und die Bundeslade dem Gegner in die Hände fiel (1 Samuel 4,1-11).

3. ASCHDOD

Die erbeutete Lade wurde in Dagons Tempel aufgestellt, was dessen Überlegenheit über den Gott Israels zeigen sollte. Aber Dagons Standbild fiel vor der Lade immer wieder um, während die Einwohner der Stadt der Beulenpest zum Opfer fielen (1 Samuel 5,1-6).

4. GAT UND EKRON

Die Lade wurde in zwei andere Städte gebracht, über die dann ebenfalls Unglück hereinbrach (1 Samuel 5,7-12). Nach sieben Monaten Unheil entschieden sich die Philister, den Israeliten die Lade zurückzugeben. Sie luden sie auf einen neuen Wagen und versuchten, sie mit zwei »säugenden Kälbern« in ihre Heimat zurückzubringen.

5. BET-SCHEMESCH

Die Lade kam tatsächlich in Israel an. Als die Einwohner von Bet-Schemesch die Lade jedoch verbotenerweise ansahen, wurden 70 von ihnen getötet (1 Samuel 6,19-20).

> *Da kam der Herr, trat (zu ihm) heran und rief wie die vorigen Male: Samuel, Samuel! Und Samuel antwortete: Rede, denn dein Diener hört*
> (1 Samuel 3,10).

SIEHE AUCH
BUNDESLADE S. 30
DIE RICHTER S. 36-37
SAUL S. 40-41
OFFENBARUNGSZELT S. 30

6. KIRJAT-JEARIM

Voller Angst schickten die Philister die Lade nach Kirjat-Jearim, wo sie die nächsten zwanzig Jahre im Haus des Priesters Abinadab aufbewahrt wurde (1 Samuel 7,1-6).

7. MIZPA

Samuel rief das ganze Volk zusammen, um gemeinsam zu Gott zu beten. Die Philister vermuteten einen Angriff und führten einen Präventivschlag durch, wurden aber mit Gottes Hilfe vernichtend geschlagen. Sie ließen Israel daraufhin in Frieden, solange Samuel lebte. (1 Samuel 7,5-14).

Die Landschaft um Schilo, dem Hügel, auf dem das Offenbarungszelt dauerhaft aufgeschlagen war.

Kirjat-Jearim, Standort von Abinadabs Haus, in dem die Bundeslade bis zur Zeit König Davids aufbewahrt wurde.

Die Rolle des Propheten

Als Samuel Gott eines Nachts zum ersten Mal sprechen hörte, glaubte er, Eli rufe nach ihm. Nachdem er öfter geweckt worden war, begriff Eli endlich, was vorging und trug Samuel auf, beim nächsten Mal Gott zu sagen: »Rede, denn dein Diener hört.« In diesem einfachen Satz zeigt sich das Wesentliche der christlichen Prophetie: auf Gott zu hören und sein Wort weiterzugeben.

Samuels erste Prophezeiung stellte für ihn eine ungeheure Herausforderung dar. Er musste Eli mitteilen, dass dieser und seine Söhne bald wegen ihrer Gottlosigkeit bestraft werden würden. Samuel bewies seine Treue zum Herrn, indem er seinem Lehrer diese schlimme Botschaft ausrichtete. Danach wurde er zum Propheten des ganzen Volkes (1 Samuel 4,1). Er war der erste von vielen Propheten, die viele Jahre lang einen großen Einfluss auf das Volk Israel hatten.

Zwar hatte es auch zuvor schon Propheten gegeben, aber Samuel verkörperte eine ganz neue Art des Prophetentums, indem er als Gottes Sprachrohr oder göttliches »Gewissen« gegenüber dem König fungierte, sich mutig äußerte, wo andere aus Angst schwiegen, und den König daran erinnerte, dass ein noch größerer König über ihm herrsche.

Hanna

In einer Welt, in der Frauen weitgehend unbeachtet blieben, lenkte die Bibel den Blick oft ganz bewusst auf diejenigen Frauen, die nicht nur das Leben Einzelner, sondern ganze Völker beeinflussten. Eine davon war Samuels Mutter Hanna, die darauf vertraute, dass ihr der Herr das ersehnte Kind schenken werde, und die tatsächlich einen Sohn, Samuel, gebar. Zum Dank dafür brachte sie den Jungen zum Offenbarungszelt nach Schilo, wo er Gott für den Rest seines Lebens dienen sollte. Dies war gewiss nicht leicht, nachdem sie so lange auf seine Geburt hatte warten müssen. Ihr Lobpreis Gottes für seine Güte (1 Samuel 1,1-10) hat man auch wegen seiner Ähnlichkeit mit dem Gebet der Maria (Lukas 1,46-55) das »Magnifikat des Alten Testaments« genannt.

Schlüsselbegriff: Prophezeiung

Eine Prophezeiung ist nicht einfach eine Voraussage der Zukunft. Tatsächlich befasst sich damit nur ein kleiner Teil der biblischen Prophezeiungen. Die Bibel bezeichnet mit diesem Begriff das Überbringen einer Botschaft Gottes, einer Ermunterung in schwierigen Zeiten, eines Tadels in Zeiten der Selbstzufriedenheit oder einer Richtigstellung in Zeiten der Unsicherheit. Mose wünschte sich, dass das ganze Gottesvolk über diese Gabe verfüge (Numeri / 4 Mose 11,29) und Joël prophezeite sogar, dass dies eines Tages der Fall sein werde (Joël 22,8-29). Petrus zitierte diese Prophezeiung an Pfingsten (Apostelgeschichte 2,16-18).

GEN / 1 MOSE
EX / 2 MOSE
LEV / 3 MOSE
NUM / 4 MOSE
DTN / 5 MOSE
JOSUA
RICHTER
RUT
1 SAMUEL
2 SAMUEL
1 KÖNIGE
2 KÖNIGE
1 CHRONIK
2 CHRONIK
ESRA
NEHEMIA
ESTER
IJOB
PSALMEN
SPRÜCHE
KOHELET
HOHELIED
JESAJA
JEREMIA
KLAGELIEDER
EZECHIEL
DANIEL
HOSEA
JOËL
AMOS
OBADJA
JONA
MICHA
NAHUM
HABAKUK
ZEFANJA
HAGGAI
SACHARJA
MALEACHI
MATTHÄUS
MARKUS
LUKAS
JOHANNES
APG
RÖMER
1 KORINTHER
2 KORINTHER
GALATER
EPHESER
PHILIPPER
KOLOSSER
1 THESS
2 THESS
1 TIMOTHEUS
2 TIMOTHEUS
TITUS
PHILEMON
HEBRÄER
JAKOBUS
1 PETRUS
2 PETRUS
1 JOHANNES
2 JOHANNES
3 JOHANNES
JUDAS
OFFB

Saul

ISRAELS ERSTER KÖNIG

2000 v.Chr.
1900 v.Chr.
1800 v.Chr.
1700 v.Chr.
1600 v.Chr.
1500 v.Chr.
1400 v.Chr.
1300 v.Chr.
1200 v.Chr.
1100 v.Chr.
1000 v.Chr.
900 v.Chr.
800 v.Chr.
700 v.Chr.
600 v.Chr.
500 v.Chr.
400 v.Chr.
300 v.Chr.
200 v.Chr.
100 v.Chr.
1 n.Chr.
100 n.Chr.

In 1 Samuel 8 wird erzählt, dass die Israeliten genug vom Richtertum hatten und die Einsetzung eines Königs forderten, »wie es bei allen Völkern der Fall ist«. Sie bedrängten deshalb den Propheten Samuel, einen König für sie zu ernennen, und bestanden auch dann noch darauf, als dieser sie vor den Konsequenzen warnte. Samuel wandte sich an Gott und dieser führte ihn zu Saul. Samuel salbte Saul zum König, indem er ihm Öl auf das Haupt goss. Es gelang Saul während seiner Amtszeit jedoch nicht, die Bedrohung durch die Philister zu bannen. Im privaten Bereich erlebte er viele Spannungen. Samuel wendete sich von ihm ab und in dem jungen Krieger David sah er einen Rivalen.

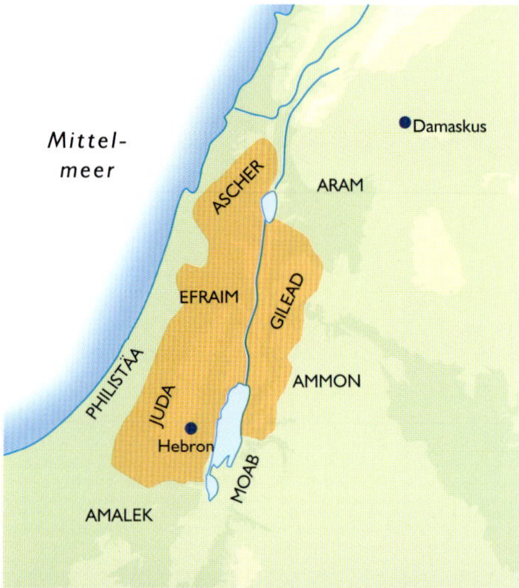

SAULS HERRSCHAFT

In den ersten Jahren seiner Herrschaft konnte König Saul einige militärische Erfolge verzeichnen. Vor allem ein Feldzug gegen die Ammoniter verlief erfolgreich (1 Samuel 11). Die orange markierten Flächen kennzeichnen die Gebiete, die laut biblischer Erzählung unter Sauls Kontrolle standen.

Dieser Krug ist ein Beispiel für die typische zweifarbige (schwarze und rote) Keramik der Philister und zeigt deren Handwerkskunst.

Die Philister und das Eisen

Eine besondere Fertigkeit der Philister war die Eisenherstellung. Dieses Metall, das wegen seiner Härte und Dauerhaftigkeit der Bronze überlegen war, revolutionierte die Welt und gab einem eigenen Zeitalter seinen Namen – Eisenzeit.
Mit seiner Hilfe konnten die Philister überlegene Waffen und Streitwagen herstellen, denen ihre Gegner, die immer noch Werkzeuge und Waffen aus der Stein- und Bronzezeit nutzten, nichts Vergleichbares entgegenzusetzen hatten. Die Bibel erzählt, dass die Philister den Israeliten keine Eisenwaffen überließen und Wucherpreise verlangten, wenn die Israeliten ihr Ackergerät aus Bronze schärfen lassen wollten. Es heißt: »Damals war im ganzen Land kein Schmied zu finden. Denn die Philister hatten sich gesagt: Die Hebräer sollen sich keine Schwerter und Lanzen machen können. Alle Israeliten mussten zu den Philistern hinabgehen, wenn jemand sich eine Pflugschar, eine Hacke, eine Axt oder eine Sichel schmieden lassen wollte... Als es nun zum Krieg kam, fand sich im ganzen Volk, das bei Saul und Jonatan war, weder ein Schwert noch ein Speer. Nur Saul und sein Sohn Jonatan hatten (solche Waffen)« (1 Samuel 13,19-20.22).

> *Du bist nun alt und deine Söhne gehen nicht auf deinen Wegen. Darum setze jetzt einen König bei uns ein, der uns regieren soll, wie es bei allen Völkern der Fall ist* (1 Samuel 8,5).

SIEHE AUCH
DAVID S. 42-45
DIE PHILISTER S. 38
SAMUEL S. 38-39

Was für ein König?

Nach der Bibel bekamen die Israeliten denjenigen zum König, der nach *ihrer* Auffassung der beste Mann dafür war. Saul war hochgewachsen, stark, jung, gut aussehend und – am Anfang – bescheiden; was konnte man sich Besseres wünschen? Wir lesen sogar, dass Gott »sein Herz verwandelte« (1 Samuel 10,9). Er schien bestens dafür geeignet, Israel anzuführen und die Philister zu besiegen. Doch leider war dies nicht der Fall. Als sich Israel von einem losen Stammesverband, der von einer gemeinsamen Vorfahrenschaft zusammengehalten wurde, zu einer Monarchie wandelte, in der ein König und seine Nachfahren über das gesamte Volk herrschten, stieg die neu gewonnene Macht Saul zu Kopf. Er begann zu glauben, das er als König tun könne, was er wolle. Bei zwei Gelegenheiten missachtete er Samuels Anweisungen und schob anderen die Schuld zu, als die Dinge schief liefen. Samuel wurde deshalb beauftragt, ihm mitzuteilen, dass Gott ihn verworfen und jemand anderen zum König bestimmt habe (1 Samuel 13,13-14). Brauchte Israel überhaupt einen König? Samuel bezweifelte das, obwohl Gott in den Gesetzen, die er Moses gegeben hatte, einen König vorgesehen hatte (Deuteronomium 17,14-20). In den kommenden Jahrhunderten sollte sich das Königtum als Segen und Fluch erweisen. In den biblischen Texten werden die einzelnen Könige sehr unterschiedlich bewertet, je nachdem, ob der jeweilige König Gott gehorsam war und ihm vertraute oder nicht.

Mit Pressen wie diesen wurde Olivenöl gewonnen, das dann zum Kochen oder als Lampenöl benutzt wurde. Auch die neuen Könige salbte man damit, so wie es Samuel mit Saul gemacht hatte. Welche Bedeutung das Olivenöl hatte, zeigt die Tatsache, dass in der Philisterstadt Ekron über 200 Produktionsstätten für Olivenöl gefunden wurden.

Jonatan

Sauls Sohn Jonatan ist ein wunderbares Beispiel für echte Freundschaft. Als mutiger Kämpfer gegen die Philister war Jonatan zugleich auch ein wahrer und mitfühlender Freund. Tatsächlich war seine Freundschaft zum zukünftigen König David einer der Gründe für dessen Aufstieg – trotz der Feindschaft seines Vaters David gegenüber. Jonatan wird als selbstlos geschildert – er hätte ja selbst auf das Königtum rechnen können. Als treuer Sohn kämpfte er trotzdem neben seinem Vater in dessen letztem vergeblichen Kampf mit den Philistern, in der beide das Leben verloren (1 Samuel 31,1-6). Davids tiefe Trauer über den Verlust seines besten Freundes und des ersten Königs von Israel kommt in einem seiner Lieder zum Ausdruck (2 Samuel 1,17-27).

Kontakt zu den Toten

Sauls Schicksal wurde immer tragischer. Gott hatte aufgehört, zu ihm zu sprechen (1 Samuel 28,15). In seiner Verzweiflung suchte Saul eine Beschwörerin auf, die Kontakt zum toten Samuel aufnehmen sollte. Die Worte des toten Samuel waren für ihn allerdings genauso vernichtend wie die, die er als Lebender an ihn gerichtet hatte (1 Samuel 28,3-20). Biblische Schriften wie das Deuteronomium verstehen Totenbeschwörung und Wahrsagerei, wie sie im ganzen Mittelmeerraum praktiziert wurden, als mit dem JHWH-Glauben unvereinbar. Als legitime Weisen der JHWH-Befragung gelten dagegen Träume, Losorakel und Prophetie. Diese stehen Saul jedoch nicht mehr zur Verfügung und so wählt er in seiner Verzweiflung die von ihm selbst abgelehnte Totenbeschwörung.

Die Berge von Gilboa, wo König Sauls letzte Schlacht gegen die Philister stattfand und er sich, tödlich verwundet, das Leben nahm.

Schlüsselbegriff: Gehorsam

Samuel sagte einmal zu Saul: »Gehorsam ist besser als Opfer, Hinhören besser als das Fett von Widdern« (1 Samuel 15,22). Diese Kultkritik richtet sich nicht gegen Opfer allgemein, sondern meint, dass das Opfer Sauls eine Entsprechung in seinem Gottesglauben und seiner sozialen Verantwortung haben muss.

David: Die frühen Jahre

EIN MANN NACH GOTTES HERZEN

Als Samuel kam, um nach Gottes neuem König Ausschau zu halten, dachte der Vater Davids überhaupt nicht an seinen jüngsten Sohn. Wer sollte sich schon für einen 15-jährigen Jungen interessieren, der die Schafe hütete? Samuel selbst wurde von der stattlichen Erscheinung von Davids Brüdern abgelenkt, bis Gott ihn daran erinnerte: »Gott sieht nämlich nicht auf das, worauf der Mensch sieht. Der Mensch sieht, was vor den Augen ist, der Herr aber sieht das Herz« (1 Samuel 16,7). Als David schließlich eintraf, sagte Gott zu Samuel: »Auf, salbe ihn! Denn er ist es«.

Davids mühevoller Weg zum Königtum

Davids Weg zum Königtum war nicht einfach. Er war zwar zum König gesalbt, aber es gab ein Problem: Israel hatte bereits einen König! Saul, der verzweifelt an seiner Macht hing und geistig immer labiler wurde, war eifersüchtig auf David und jagte ihn zehn Jahre lang, obwohl David ihn immer ehrte und sogar mehrmals sein Leben verschonte. David fragte sich bestimmt, was Gott mit ihm im Sinn hatte, denn die Dinge schienen nicht so zu laufen, wie Gott es versprochen hatte. Erst nach Sauls Tod war für David der Weg zur Königsherrschaft offen, zuerst allerdings nur über Juda (im Süden) mit dem Hauptort Hebron. Sieben Jahre später regierte er dann von Jerusalem aus über ein vereinigtes Königreich.

Die Quelle von En-Gedi, eine der beiden Süßwasserquellen auf dem Westufer des Toten Meeres, einer der Orte, an dem sich David verbarg, als Saul ihn verfolgte.

DAVIDS FLUCHT VOR SAUL NACH 1 SAMUEL 21–30

1. Er floh nach Nob, wo er so hungrig war, dass er den Priester überredete, ihm »heiliges« Brot zu geben (1 Samuel 21,1-6).
2. Dann floh er nach Gat im Philisterland, wo er nur überlebte, weil er vorgab, verrückt zu sein (1 Samuel 21,10-13).
3. Er entkam nach Adullam, wo er in einer Höhle lebte und andere sich ihm anschlossen (1 Samuel 22,1-2).
4. Er brachte seinen Vater und seine Mutter in Moab in Sicherheit (1 Samuel 22,3-4).
5. Er verbarg sich im Wald von Heret (1 Samuel 22,5).
6. Er rettete Keila vor den Philistern, musste sich dann aber, verfolgt von Saul, in die Steppe Sif zurückziehen (1 Samuel 23,1-14).
7. Er traf sich heimlich mit Jonatan, der gekommen war, um ihm Mut zuzusprechen (1 Samuel 23,15-18).
8. Er verbarg sich in den Höhlen von En-Gedi (1 Samuel 24,1).
9. Er verschonte Sauls Leben (1 Samuel 24,2-23).
10. Er zog sich in die Steppe Maon zurück (1 Samuel 25,1-44).
11. Er zog in die Steppe Sif und verschonte dort noch einmal Sauls Leben (1 Samuel 26,1-25).
12. Er erhielt die Stadt Ziklag, wo sich die Israeliten um ihn zu sammeln begannen und wo er vorgab, den Philistern zu helfen, während er sie in Wirklichkeit dann angriff (1 Samuel 27,1–30,31).

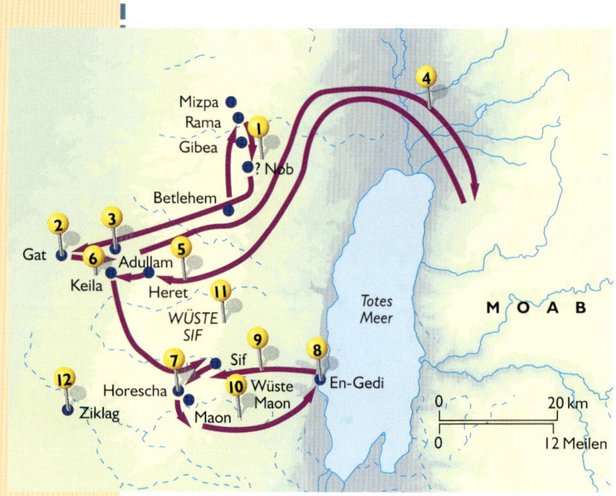

2000 v.Chr. · 1900 v.Chr. · 1800 v.Chr. · 1700 v.Chr. · 1600 v.Chr. · 1500 v.Chr. · 1400 v.Chr. · 1300 v.Chr. · 1200 v.Chr. · 1100 v.Chr. · 1000 v.Chr. · 900 v.Chr. · 800 v.Chr. · 700 v.Chr. · 600 v.Chr. · 500 v.Chr. · 400 v.Chr. · 300 v.Chr. · 200 v.Chr. · 100 v.Chr. · 1 n.Chr. · 100 n.Chr.

> *Der Herr hat sich einen Mann nach seinem Herzen gesucht und ihn zum Fürsten seines Volkes gemacht*
> (1 Samuel 13,14).

SIEHE AUCH
BUNDESLADE S. 30
GOTTESBUND S. 21
DIE PHILISTER S. 38
SAUL S. 40-41

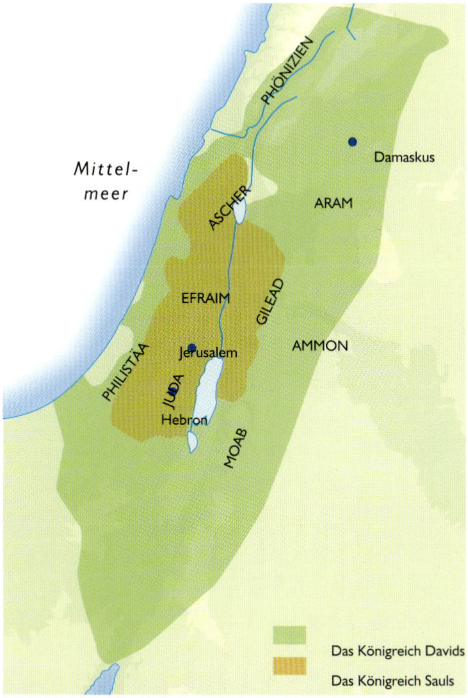

DAVIDS HERRSCHAFT

Nach biblischer Darstellung erweiterte David das Gebiet Israels erheblich und festigte seine Grenzen. Er machte Jerusalem zur Hauptstadt, ließ die Bundeslade dorthin bringen und plante den Tempelbau.

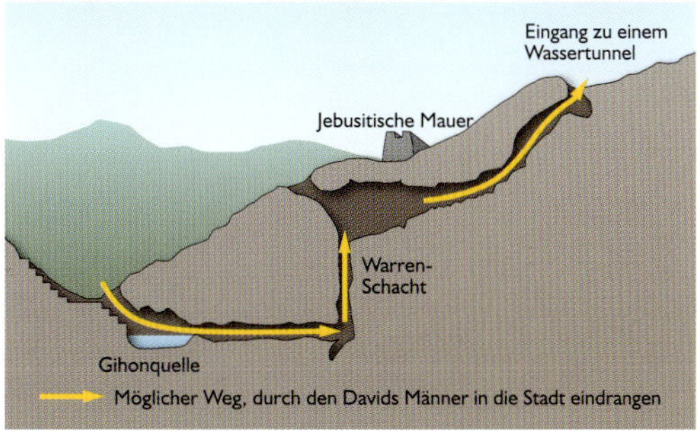

Davids Erfolge

- Er vereinigte die Stämme unter seiner Führung (2 Samuel 5,3).
- Er machte Jerusalem zu Israels neuer Hauptstadt (2 Samuel 5,6-10).
- Er wurde vom benachbarten Phönizien, einer bedeutenden Handelsnation, anerkannt (2 Samuel 5,11-12).
- Er unterwarf die Philister und andere Feinde (2 Samuel 5,17-25; 8,1-14; 10,1-19).
- Er brachte die Bundeslade nach Jerusalem (2 Samuel 6,1-23; 1 Chronik 13,1-14; 15,1–16,43).

DIE EROBERUNG JERUSALEMS

Durch ihre Lage an der Grenze zwischen den nördlichen und südlichen Stämmen war die neu eroberte jebusitische Stadt Jebus ein idealer Ort für Davids neue Hauptstadt. Die Jebusiter hatten sich zu sehr auf ihre Befestigungen verlassen, wurden aber dann durch einen Überraschungsangriff von Davids Männern überrumpelt, die durch einen Wasserschacht zur Gihonquelle vordrangen und dadurch in die Stadt gelangten (2 Samuel 5,6-10). Bis heute gilt Jerusalem als Stadt Davids.

Gottes Verheißung an David

Es erschien David nicht recht, dass er in einem schönen Palast aus Zedernholz wohnte, die Bundeslade dagegen in einem einfachen Zelt stand. Deshalb wollte er einen Tempel für sie bauen. Aber Gott ließ ihm durch den Propheten Natan sagen: »Du willst mir ein Haus bauen? Nun verkündet dir der Herr, dass der Herr dir ein Haus bauen wird«. Damit war kein Haus aus Steinen gemeint, sondern die Dynastie von David und seinen Nachkommen. Gott versprach ihm, dass immer einer seiner Nachkommen auf dem Thron sitzen werde (siehe 2 Samuel 7,1-29). Übrigens wird an keiner anderen Stelle der Schriften eine ähnlich ausführliche Begegnung zwischen Gott und David geschildert.
Davids Königtum war das erste vererbbare Königtum in der Geschichte Israels. Die davidische Dynastie behauptete sich nach der Reichsteilung 931 v. Chr. im Südreich Juda bis zum babylonischen Exil (586 v. Chr.). Dadurch wurde sie zum Symbol nationaler Identität für Judäer und Judäerinnen. Bis in die Zeit Jesu hinein ist der davidische Stammbaum ein Hoffnungszeichen: »Gott, der Herr, wird ihm den Thron seines Vaters David geben. Er wird über das Haus Jakob in Ewigkeit herrschen und seine Herrschaft wird kein Ende haben« (Lukas 1,32-33).

Mit einem Schleuderstein wie diesen soll David den »Vorkämpfer« der Philister, Goliat, besiegt haben. Steinschleudern waren in biblischen Zeiten wichtige Waffen und die Benjaminiter gingen sehr geschickt damit um. Die Steine waren etwa so groß wie Tennisbälle und konnten absolut tödlich sein, wenn man sie mit hoher Geschwindigkeit losschleuderte.

Schlüsselbegriff: König

Das Königtum wird in der Bibel als göttliche Einrichtung verstanden, besonders die Salbung bringt die religiöse Legitimierung eines neuen Königs zum Ausdruck. Einzelne Lieder preisen den König als Sohn Gottes, der im Auftrag Gottes über die Feinde herrschen wird (Psalm 2 oder 110). Andere Texte heben stärker die Verantwortung des Königs für Gerechtigkeit und das Recht der Armen im Land hervor (Psalm 72).

David: Die späteren Jahre

DIE SCHWÄCHEN EINES GROSSEN MANNES

2000 v.Chr.
1900 v.Chr.
1800 v.Chr.
1700 v.Chr.
1600 v.Chr.
1500 v.Chr.
1400 v.Chr.
1300 v.Chr.
1200 v.Chr.
1100 v.Chr.
1000 v.Chr.
900 v.Chr.
800 v.Chr.
700 v.Chr.
600 v.Chr.
500 v.Chr.
400 v.Chr.
300 v.Chr.
200 v.Chr.
100 v.Chr.
1 n.Chr.
100 n.Chr.

Die Bibel zeichnet ein ehrliches Bild auch ihrer großen Gestalten. Der große König David macht da keine Ausnahme. Geht es in der ersten Hälfte seiner Geschichte um seine Erfolge, so berichtet die ganze zweite Hälfte einiges von seinen Schwächen, seinen Fehltritten und seinem Versagen. Auf der Höhe seiner Macht wird David zum Mörder Urijas, mit dessen Frau Batseba er ein Kind gezeugt hat. Später sieht David tatenlos zu, wie sein Sohn Amnon seine Halbschwester Tamar vergewaltigt. David versagt als Mann und Vater. Für die Bibel bleibt David dennoch der König, den Gott erwählt hat (1 Könige 11,33f). Gott vergibt ihm seine Fehltritte.

In biblischen Zeiten trauerte man oft laut und öffentlich. Die normale Trauerzeit betrug allerdings nur sieben Tage. Deshalb konnte David Batseba so bald nach dem Tod ihres Mannes heiraten.

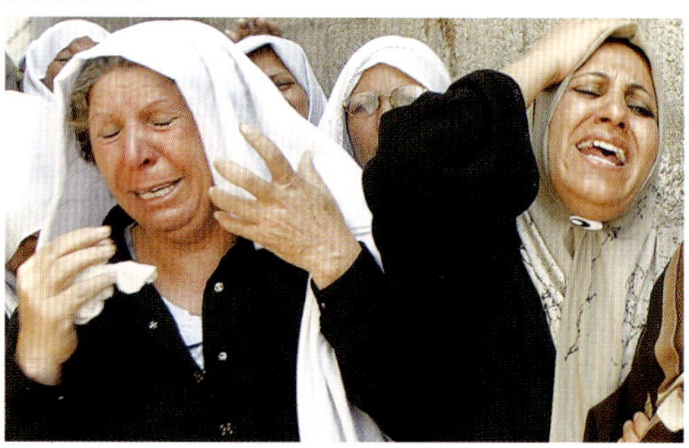

Davids persönliches Versagen

Davids berühmtester Fehltritt war sein Ehebruch mit Batseba (2 Samuel 11,1-12,25). Doch es blieb nicht dabei – er zog weitere und schlimmere nach sich. Als Batseba schwanger wurde, versuchte David, seine Schuld zu verdecken, indem er Batsebas Gatten Urija von der Front heimkehren ließ, um ihm das Kind unterzuschieben. Als dies nicht funktionierte, sorgte David dafür, dass sein Konkurrent in der Schlacht fiel. Danach konnte er Batseba heiraten, ohne dass jemand die Wahrheit erfuhr.

Doch Gott schickte den Propheten Natan zu David, der ihm seine Sünde mit Hilfe eines Gleichnisses deutlich machte (2 Samuel 12,1-12). David war an einem Scheideweg angelangt. Indem er sich Batseba einfach genommen hatte, hatte er sich nicht anders betragen als die absoluten Herrscher der Nachbarvölker und seine Pflichten gegenüber Gott, seinem König, vergessen. Er musste sich nun entscheiden, ob er so weitermachen oder seine Sünden bekennen und neu anfangen wollte. Er entschied sich sofort für Letzteres: »Ich habe gegen den Herrn gesündigt« (2 Samuel 12,13). Sein Schmerz darüber kommt in Psalm 51 zum Ausdruck, der mit diesem Ereignis in Davids Leben in Verbindung gebracht wurde.

Hier zeigt sich der Unterschied zwischen David und Saul: Saul fand immer Ausreden oder gab anderen die Schuld, aber David stand zu seinen Fehlern. Darum wurde ihm im Gegensatz zu Saul vergeben.

Als ehemaliger Schafhirte verstand David vermutlich sofort Natans Gleichnis über einen reichen Schäfer, der das Schaf eines armen Schäfers gestohlen hatte – es brachte Davids eigene Schuld ans Tageslicht (2 Samuel 12).

Die eng beieinanderstehenden Flachdachhäuser unterschiedlicher Höhe ermöglichten es, eine fremde Frau beim Bade zu beobachten. David hatte Batseba in den Abendstunden beim Baden gesehen, als er auf dem Dach des Königspalastes hin- und herging (2 Samuel 11,2).

> *Darauf sagte David zu Natan: Ich habe gegen den Herrn gesündigt* (2 Samuel 12,13).

SIEHE AUCH
DIE PSALMEN S. 46-47
SAUL S. 40-41
SALOMO S. 48-49

Davids Versagen als Familienvater

Die Bibel beschreibt David als starken König und als reichen Mann und Vater. Aber gerade im familiären Bereich versagte David am meisten:
Er versäumte es, Amnon, seinen ältesten Sohn (der sich wahrscheinlich als sein Nachfolger fühlte und glaubte, er könne deswegen tun, was er wollte) zur Rechenschaft zu ziehen, als dieser seine Halbschwester Tamar vergewaltigt hatte (2 Samuel 13,1-22). David war »sehr zornig«, tat aber nichts.
Er versäumte es, seinen dritten Sohn Abschalom zu »züchtigen«, als dieser Amnon tötete, um Tamar zu rächen, und danach aus dem Lande floh (2 Samuel 13,23-39). David unternahm nichts, sondern trauerte nur still um seinen toten Sohn.
Er erlaubte Abschalom die Rückkehr. Dieser sammelte die nächsten vier Jahre Unterstützer gegen seinen Vater um sich (2 Samuel 15,1-6) und ließ sich schließlich zum König ausrufen, so dass David aus Jerusalem fliehen musste.
David gelang es nicht, den darauf folgenden Bürgerkrieg erfolgreich zu beenden, da er zu sehr mit familiären Problemen beschäftigt war. Erst als der skrupellose Joab die Initiative ergriff und Abschalom tötete, war der Aufstand zu Ende und David konnte zurückkehren (2 Samuel 17,1–19,43).

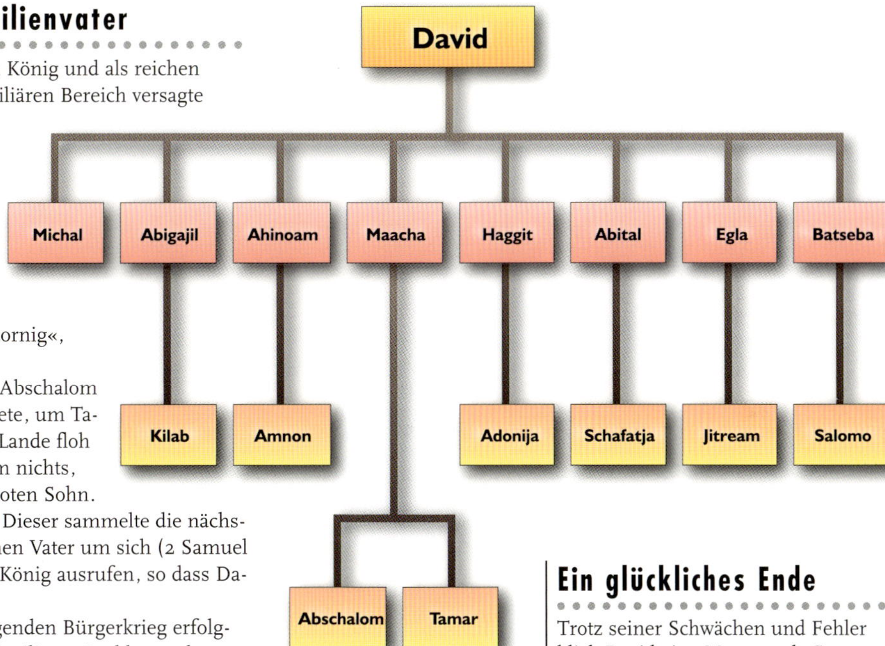

Ein glückliches Ende

Trotz seiner Schwächen und Fehler blieb David ein »Mann nach Gottes Herzen«. Er starb geborgen und zufrieden, nicht auf dem Schlachtfeld wie Saul, sondern wie ein Patriarch im eigenen Bett, nachdem in Israel endlich wieder Frieden herrschte.

Davids Versagen als Staatsmann

Obwohl David ein vorzüglicher Staatsführer war, machte er in seinen späteren Jahren einige Fehler:

- Er beging einen Fehler, als er aus Stolz oder Selbstüberhebung eine Volkszählung durchführen ließ, die die Nation teuer zu stehen kam (2 Samuel 24,1-25).
- Er versäumte es, seinen Nachfolger klar zu bestimmen. Adonija, Davids vierter und ältester überlebender Sohn, glaubte, ihm stünde die Nachfolge zu, und traf Anstalten, den Thron zu besteigen. Gott hingegen hatte versprochen, dass Salomo nach David als König herrschen würde. Erst als Batseba ihren Mann bedrängte, ließ David ihn zum König salben (1 Könige 1,28-53).

David in den Chronikbüchern

Das Davidbild der Samuelbücher ist voller Spannungen. Anders als die späteren Chronikbücher, die David viel positiver schildern, bewahren die Samuelbücher auch Erinnerungen an schwierige und sperrige Seiten des größten Königs von Israel. David als erpresserischer Guerillakämpfer (1 Samuel 25) ist hier ebenso präsent wie der König als Ehebrecher und als Mörder eines seiner Soldaten (2 Samuel 11). Das Handeln Davids wird von Gott ausdrücklich verurteilt (2 Samuel 11,27; 12,1-25). Die uneinheitliche Darstellung Davids hat in der Forschung manchmal dazu geführt unterschiedliche Quellen anzunehmen, von denen die eine David positiv, die andere negativ schildert. Es ist jedoch denkbar, dass die biblischen Erzähler die Spannung und Ambivalenz in der Persönlichkeit Davids, die ihnen überliefert wurde, bewusst bewahren wollten.

Stadttore boten nicht nur Schutz, sondern dienten auch als gesellschaftliche und wirtschaftliche Knotenpunkte. Hier wurden Rechtsgeschäfte getätigt, Zölle bezahlt, Ratschläge erteilt und Urteile gefällt. Aus diesem Grund suchte Abschalom am Stadttor nach Unterstützern im Machtkampf gegen seinen Vater (2 Samuel 15,1-6).

Schlüsselbegriff: Reue

David machte in seinem Leben einige schlimme Fehler, die er aber im Gegensatz zu Saul nicht abstritt oder anderen anlastete. David sah seine Sünden ein und er erfuhr Vergebung: *»Da bekannte ich dir meine Sünde / und verbarg nicht länger meine Schuld vor dir. Ich sagte: Ich will dem Herrn meine Frevel bekennen. / Und du hast mir die Schuld vergeben«* (Psalm 32,5). Die Bibel misst die folgenden Könige Israels und Judas am Vorbild Davids – trotz seiner Fehler.

Die Psalmen

ISRAELS GROSSE DICHTUNGEN

Die Psalmen sind das Gebets- und Meditationsbuch der Bibel. Zu Recht werden sie zu den großen Dichtungen der Weltliteratur gezählt. Sie werden noch heute von Juden und Christen in ihrem Gottesdienst benutzt. In der Bibel werden 73 von ihnen David zugeschrieben. Dies ist jedoch keine historische Angabe, sondern soll den Texten große Würde verleihen. Einige Psalmen sind für den *gemeinschaftlichen* Gebrauch gedacht, drücken Andacht aus oder erinnern an Gottes Eingreifen in die Geschichte, während andere rein *persönlicher Art* und ein Ausdruck der Liebe zu Gott, des Schmerzes, des Gottvertrauens in individueller Bedrängnis oder sogar des Zorns auf andere sind. Wichtig sind diese Psalmen für alle Gläubigen auch deshalb, weil sie eine Sprache bieten, in der eigene Anliegen und das eigene Leben zum Ausdruck gebracht werden können.

Was sind Psalmen?

Beim Lesen der Psalmen ist es hilfreich, sich verschiedene Aspekte der Psalmen zu vergegenwärtigen. Sie sind:

- **Dichtungen.** Als solche sind sie voller Bilder und Metaphern, die auf vielfältige Weise interpretiert werden können.
- **Lobgesänge.** Der hebräische Name für das Buch der Psalmen ist *Tehillim* (»Die Lobgesänge«, »Hymnen«), was unterstreicht, dass sie ursprünglich gesungene Lieder waren, Gesänge, die Gott priesen für das, was er ist und was er für uns getan hat. Das Wort »Psalm« ist von der Überschrift in der griechischen Bibel abgeleitet: *Psalmos* – »Saitenspiel«.
- **Gebete.** Sie sind zum einen Worte über Gott und sein rettendes Handeln, aber zu großen Teilen auch Worte *an* Gott. Klage und Hoffnung, Segen und Fluch, Verzweiflung und Jubel: *alle* menschlichen Empfindungen sind in ihnen ausgedrückt (so etwa: »Mein Gott, bring mir Hilfe! Denn all meinen Feinden hast du den Kiefer zerschmettert«, Psalm 3,7). Die Psalmen ermutigen dazu, im Gebet ganz ehrlich zu sein.
- **Quelle für das Neue Testament.** Einige Psalmen wurden von den Verfassern der Evangelien direkt auf Jesus bezogen oder sogar von ihm zitiert (z. B. Psalm 22,1; 110,1; 118,22). Die neutestamentlichen Autoren haben sich von der Sprache der Psalmen leiten lassen, um Leben und Botschaft Jesu zu beschreiben. Es gibt im Neuen Testament 116 Zitate aus den Psalmen, wodurch sie zum meist zitierten Buch des Alten Testaments wurden.

Einige Psalmen, wie die so genannten »Wallfahrtspsalmen« (Psalm 120–134) waren für Pilger bestimmt, die diese Lieder auf ihrer realen oder geistigen Wallfahrt hinauf nach Jerusalem sangen. Dagegen wurden die *Hallel* (»Lob«, »Preis«)-Psalmen (Psalm 113–118) möglicherweise an großen Feiertagen wie dem Paschafest gesungen.

Die Psalmen als Dichtungen

Auf den ersten Blick sehen die Psalmen nicht wie Gedichte aus. Die hebräischen Gedichte folgten jedoch anderen Regeln, als wir es gewohnt sind. Es gab dort weder Reim noch Metrum, sondern Mittel wie *Wortspiele* und *Alliterationen* (die natürlich in der Übersetzung verloren gehen) sowie *Akrostichen* (jede Strophe oder Zeile beginnt mit dem nächsten Buchstaben des Alphabets). Ein Hauptmerkmal war der so genannte *Parallelismus membrorum*, bei dem der in einer Zeile ausgedrückte Gedanke in einer zweiten Zeile wiederaufgegriffen und dabei entweder *wiederholt* oder *kontrastiert* oder *vervollständigt* wurde. Ein gutes Beispiel hierfür findet sich in Psalm 8:

»Seh ich den Himmel,
das Werk deiner Finger,
Mond und Sterne,
die du befestigst.
Was ist der Mensch, dass du an ihn denkst,
des Menschen Kind, dass du dich seiner annimmst?«
(PSALM 8,3-4)

Beachten Sie die Parallelismen dieses Gedichts:

- den Himmel = Mond und Sterne
- das Werk deiner Finger = die du befestigst
- der Mensch = des Menschen Kind
- dass du an ihn denkst = dass du dich seiner annimmst.

Tatsächlich beginnt und endet der gesamte Psalm mit denselben Parallelversen (Verse 1, 9), wodurch dessen Aussage und Wichtigkeit betont wird. Bibelleser sollten in den Psalmen nach solchen Parallelismen suchen, da sie zeigen, welche Gedanken dem Verfasser wichtig waren.

Im Alten Testament wird geschildert, wie laut und lebhaft Gott verehrt werden konnte. Man spielte alle möglichen Instrumente, tanzte, klatschte in die Hände und stieß laute Rufe aus. David selbst tat sich hierbei hervor (2 Samuel 6,5). Dieses Foto zeigt moderne jüdische Gläubige bei einer Bar-Mitzwa-Feier, die mit Tanz und Musik an diese Tradition des Alten Testaments erinnert.

Kommt, lasst uns jubeln vor dem Herrn / und zujauchzen dem Fels unsres Heiles! (Psalm 95,1).

SIEHE AUCH
DAVID S. 42-45
WUNDER UND GEBETE S. 93
SALOMOS TEMPEL S. 48-49

Ägyptische Musikanten mit verschiedenen Musikinstrumenten. Aus dem Grab des Amenenhet in Theben, 1475-1448 v. Chr.

Musikinstrumente

Die Musik spielte in den Gottesdiensten eine wichtige Rolle. Einzelne Musikanten improvisierten über einige Grundmelodien, die dann von allen Instrumenten gemeinsam einstimmig gespielt wurden. Mehrstimmige Musikstücke waren praktisch unbekannt.

SAITEN-INSTRUMENTE
Die Kinnor (die Leier) war ein kleines acht- oder zehnsaitiges Instrument, das leicht zu tragen war. Ihre größere Cousine, die **Nevel** (Harfe), hatte zehn bis zwanzig Saiten. Beide wurden von David gespielt und von den Leviten beim Tempelgottesdienst benutzt.

SCHLAG-INSTRUMENTE
Das Tamburin war eine Handtrommel und bestand aus einer Tierhaut, die über hölzerne Reifen gespannt war.

Zimbeln waren antike Schlaginstrumente in Form zweier flacher oder tassenförmig gewölbter Metallscheiben, die zusammengeschlagen wurden.

Das Sistrum bestand aus einem Bügel und drei

oder vier beweglichen Metallstäben mit Rasselscheiben, die bei Bewegung ein Rasselgeräusch erklingen ließen.

BLASINSTRUMENTE
Die Halil (Flöte, Pfeife), das beliebteste Instrument, wurde nicht im Tempel, sondern bei gesellschaftlichen Anlässen gespielt. Sie wurde aus Rohr, Holz oder Knochen hergestellt, hatte ein Rohrblatt und klang ähnlich wie eine Klarinette.

Das Qeren (das Horn) wurde ursprünglich aus einem Tierhorn, später dann aus Holz oder Metall hergestellt. Die Bibel erzählt von den Hörnern, die Josuas Priester ertönen ließen, als sie um Jericho herumzogen.

Die Chasosra (Trompete) hatte eine gerade Form und wurde aus Metall, oft Silber, hergestellt. Sie wurde geblasen, um die Menschen in das Offenbarungszelt zu rufen.

Das Schofar (Horn, Trompete) wurde aus einem Widderhorn hergestellt. Es gab nur zwei Töne von sich und er tönte bei besonderen religiösen und öffentlichen Anlässen.

Zehn wichtige Psalmen

Die Psalmen behandeln jeden Aspekt des Lebens. Hier sind zehn der bekanntesten:

8 Die Herrlichkeit der Schöpfung

22 Wo bist du, Gott?

23 Der Herr ist mein Hirte

32 Freude über die Vergebung

46 Gott ist uns Zuflucht und Stärke

51 Eine Bitte um Vergebung

91 Im Schutze des Herrn

103 Ein Loblied auf den verzeihenden Gott

121 Der Herr, unser Schöpfer und Hüter

139 Der allwissende Gott

Ungewöhnliche Wörter in den Psalmen

Die Psalmen enthalten einige Begriffe, deren Bedeutung man nicht genau kennt, die aber im Allgemeinen etwas mit der jeweiligen Art des Psalms oder mit seiner Aufführungspraxis zu tun haben.
Zum Beispiel:
Miktam, Schiggajon, Maskil – unterschiedliche Arten von Psalmen, die wahrscheinlich auf eine ganz bestimmte Weise aufgeführt wurden.
Sela – das Zeichen für eine Pause oder ein musikalisches Zwischenspiel – vielleicht die Entsprechung unseres »Denk jetzt einmal darüber nach!«

Schlüsselbegriff: Lobpreis Gottes

Für Christen ist der Lobpreis Gottes – der Ausdruck der Liebe und des Danks dafür, wer Gott ist und was er für uns getan hat – ein Merkmal des Volkes Gottes. Der hebräische Name *Tehillim* »Lobpreisungen« erinnert daran, dass auch im Leiden, das den Psalmen nicht fern ist, der Glaube an den barmherzigen und gerechten Gott wach zu halten ist. Mit den Psalmen zeigen Christen wie Juden, dass man Gottes Güte aller Welt laut verkünden sollte.

Salomo

AUFSTIEG UND FALL EINES WEISEN

Mit Salomo bekamen die Israeliten, worum sie immer gebeten hatten: »Setze jetzt einen König bei uns ein, der uns regieren soll, wie es bei allen Völkern der Fall ist« (1 Samuel 8,5). Das stellte sich jedoch als zweischneidiger Segen heraus. Denn obwohl Salomo in seiner 45-jährigen Regierung auf die Erfolge seines Vaters David aufbaute und Israel größer, wohlhabender und einflussreicher machte als jemals zuvor, beurteilen die biblischen Texte ihn nicht nur positiv. Weil seine Heirat mit ausländischen Frauen nach biblischer Vorstellung nicht dem Willen Gottes entspricht und Salomo nicht mehr die Gebote Gottes hält, prophezeit ihm Gott die Teilung seines riesigen Reiches unter seinem Nachfolger (1 Könige 11,9-13). An Salomo erinnert man sich hauptsächlich aus drei Gründen: wegen seiner Weisheit, seinem Reichtum und seiner Ehefrauen.

Salomos Erfolge...

Er ließ große Bauten errichten, so etwa den Tempel, einen Palast und große Hallen (1 Könige 5–7).

Er richtete einen Königshof ein, wie ihn Israel nie zuvor gesehen hatte.

Er stärkte die Regierung, indem er zwölf Verwaltungsbezirke einrichtete (1 Könige 4,7).

Er schloss wichtige Bündnisse mit mächtigen Nachbarstaaten.

Er befestigte strategisch wichtige Städte wie Hazor, Megiddo und Geser (1 Könige 9,15-19).

Israel hatte unter ihm die größte Ausdehnung (1 Könige 5,1).

Er schloss Handelsabkommen ab (1 Könige 5,15-32) und sorgte sogar für einen regelrechten Touristenboom in seinem Land (1 Könige 10,24-25).

Er stärkte die Armee (1 Könige 10,26) und baute eine Handelsmarine auf (1 Könige 9,26-28).

Er förderte das geistige Leben seines Volkes.

... und Fehler

Er erhob Steuern, um seine Pläne bezahlen zu können, obwohl man »Abgaben« zuvor nur an Gott entrichtet hatte.

Der Abgabendruck auf das Volk zur Finanzierung seines Hofs war enorm (1 Könige 5,1-8).

Die Verwaltungsbezirke stimmten nicht mit den Stammesgebieten überein, was die Stammesloyalitäten untergrub.

Die Bündnisse mit ausländischen Mächten führten dazu, dass Salomo Frauen anderen Glaubens heiratete, obwohl Gott dies verboten hatte (1 Könige 11,1-13).

Er verpflichtete sein Volk zur Zwangsarbeit, zum »Frondienst«, um seine Bauprojekte fertig stellen zu können.

Er versuchte, seine Schulden bei König Hiram dadurch zu begleichen, dass er diesem 20 Städte in Galiläa abtrat (1 Könige 9,10-14).

Die Bewunderung durch andere ließ ihn vergessen, wer er tatsächlich war: ein einfacher Diener Gottes.

Sein immer größerer Reichtum verführte ihn zu immer grandioseren Plänen (1 Könige 10,14-29).

Salomo begann, sich von Gott »abzuwenden« (1 Könige 11,9-10).

Weisheit

Als Gott ihn nach seinen Wünschen fragte, bat Salomo um Weisheit (1 Könige 3,5-13; 2 Chronik 1,7-12). Gott gab ihm daraufhin so viel davon, dass aus allen Ländern Menschen herbeikamen, »um die Weisheit Salomos zu hören, Abgesandte von allen Königen der Erde, die von seiner Weisheit vernommen hatten«. So gelang es ihm auch, die echte Mutter eines Kindes herauszufinden, das von zwei Frauen beansprucht wurde (1 Könige 3,16-28). Man bezeichnet diesen Rechtsspruch auch als »Salomonisches Urteil«. Das Buch der Sprichwörter schreibt viele Aussprüche Salomo zu, um Nachdruck und Autorität zu verleihen.

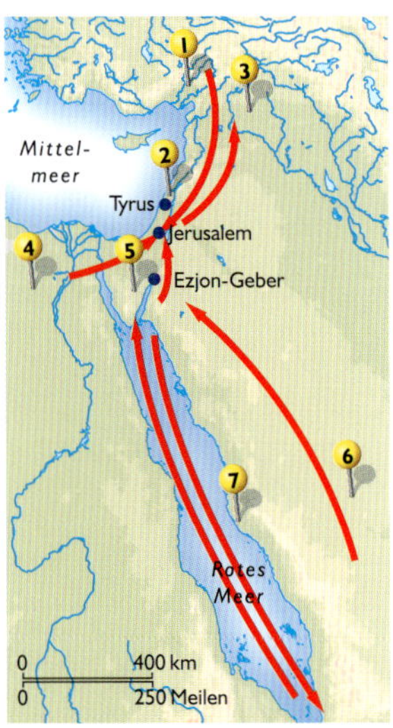

Der Handel Salomos nach 1 Könige 1–11

1. Pferde aus Koë.
2. Hiram von Tyrus lieferte Zedernholz für seine Bauten.
3. Salomo exportierte Pferde und Streitwagen an die Hetiter und Syrer.
4. Pferde und Streitwagen wurden aus Ägypten importiert.
5. Kupfer aus den Minen bei Ezjon-Geber.
6. Die Königin von Saba brachte ihm »Balsam, Gold und Edelsteine«.
7. Salomos Flotte auf dem Roten Meer (die er zusammen mit Tyrus betrieb) tauschte Kupfer aus Ezjon-Geber gegen Gold aus Ofir, Edelhölzer, Silber, Elfenbein und Edelsteine ein.

Reichtum

Salomo war ungeheuer reich und die Menschen kamen von weit her, um diesen Reichtum mit eigenen Augen zu sehen. Eine von ihnen war die Königin von Saba (1 Könige 10,1-13; 2. Chronik 9,1-12). Ein Teil von Salomos Reichtum kam von seinen weit gespannten Handelsbeziehungen, ein anderer aber von seinem eigenen Volk, das er hoch besteuerte und zu Frondiensten bei seinen Bauten heranzog. Dies führte zu wachsender Erbitterung, deren Auswirkungen das Königreich nach Salomos Tod in zwei Teile spaltete.

Ehefrauen

Als Gott Salomo zum zweiten Mal in seinem Leben erscheint, erhält er neben der Verheißung diesmal eine ernste Warnung. Den Anlass dazu boten seine wohl meist politisch bedingten Ehen. Salomo hatte neben seiner ägyptischen Gemahlin moabitische, ammonitische, edomitische, sidonische und hetitische Frauen: 700 aus fürstlichem Geschlecht und 300 Nebenfrauen. Sie gewannen das Herz des alternden Königs für ihre heidnischen Götter, so dass es nicht mehr ungeteilt dem Herrn gehörte, wie das Herz seines Vaters David. Da kündigte ihm Gott an, dass er ihm die Herrschaft entreißen werde.

So übertraf König Salomo alle Könige der Erde an Reichtum und Weisheit (2 Chronik 9,22).

SIEHE AUCH
TEMPEL DES HERODES S. 95
SPRICHWÖRTER S. 50-51
OFFENBARUNGSZELT S. 30

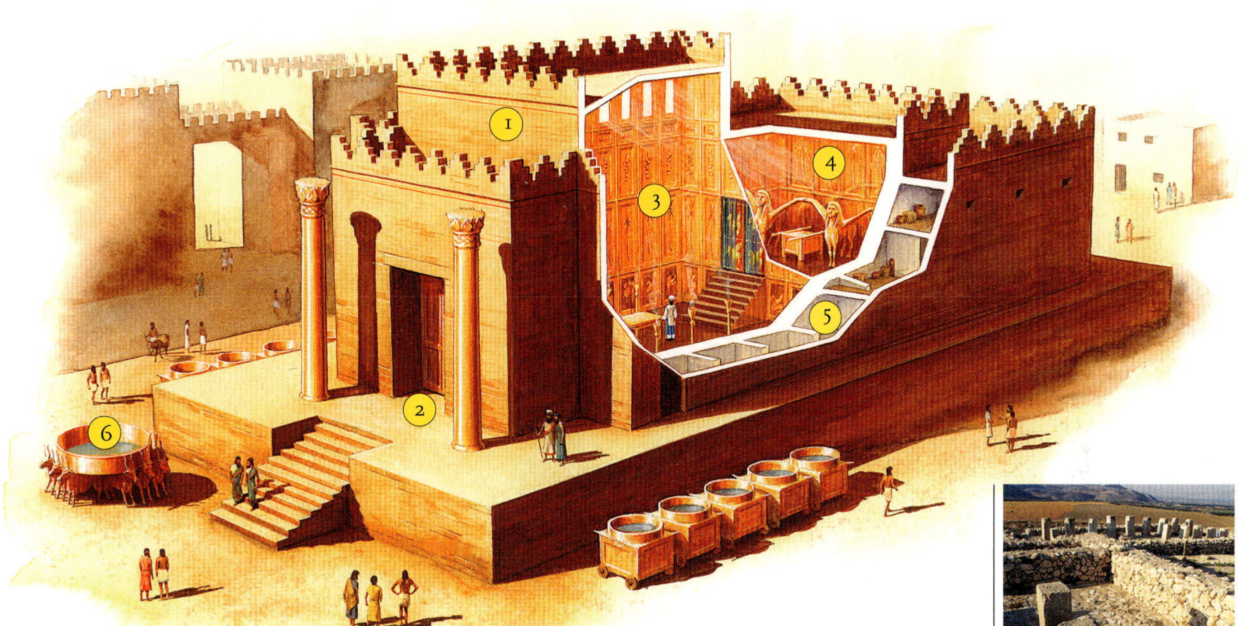

Diese Pfeiler in Hazor könnten Reste der legendären »Ställe Salomos« sein, die während Salomos Herrschaft gebaut wurden.

DER SALOMONISCHE TEMPEL

In 1 Könige 5-8 wird erzählt, wie Salomo es unternahm, den Plan seines Vaters David zu verwirklichen und einen Tempel zu errichten. Bis zu dessen Vollendung dauerte es sieben Jahre (Salomos eigener Palast wurde dagegen erst nach dreizehn Jahren fertig). Vorbild waren die kanaanitischen Tempel – vielleicht wegen der phönizischen Bauleute, die Salomo geholt hatte.

1. Der Tempel war 60 Ellen lang, 20 Ellen breit und 30 Ellen hoch (rund 30 m x 10 m x 15 m) und stand auf einem erhöhten Sockel. Nur Priester durften den Tempel betreten; das Volk versammelte sich vor ihm im Freien.

2. Die Vorhalle maß etwa 5 m auf 10 m. Davor standen zwei freistehende Bronzesäulen.

3. Das Heilige, der Vorraum des Tempels, war mit Zedernholzwerk getäfelt. In ihm standen zehn Leuchter, ein goldener Räucheraltar und der Schaubrottisch.

4. Das Allerheiligste hatte mit Gold bedeckte Wände. Zwei riesige goldene Kerubim wachten über die Bundeslade.

5. Vorratskammern umgaben den Tempel auf drei Stockwerken.

6. Das »eherne Meer« diente der Reinigung der Gläubigen und wurde von zwölf Bronzestieren getragen.

Als der Tempel vollendet war, trug man feierlich die Bundeslade hinein. Dabei erfüllte »eine Wolke der Herrlichkeit des Herrn« den Raum, die die Priester so überwältigte, dass sie »ihren Dienst nicht verrichten konnten« (1 Könige 8,1-10). Salomos Weihegebet (1 Könige 8,22-61) zeigte eine Spiritualität, die er im späteren Leben verlieren sollte.
Der Tempel stand bis 586 v. Chr., als die Babylonier Jerusalem eroberten und alles zerstörten. An derselben Stelle wurden dann später zwei weitere Tempel gebaut; der erste, ein weit kleineres Gebäude, nach der Rückkehr aus der Verbannung, und der zweite von Herodes dem Großen zur Zeit Jesu. Heute steht auf dem Tempelplatz in Jerusalem der Felsendom, die drittheiligste Stätte der Muslime.

JERUSALEM IN DEN ZEITEN DAVIDS UND SALOMOS

Salomo erweiterte Jerusalem beträchtlich über die Fläche der alten Jebusiterstadt hinaus, die David erobert hatte.

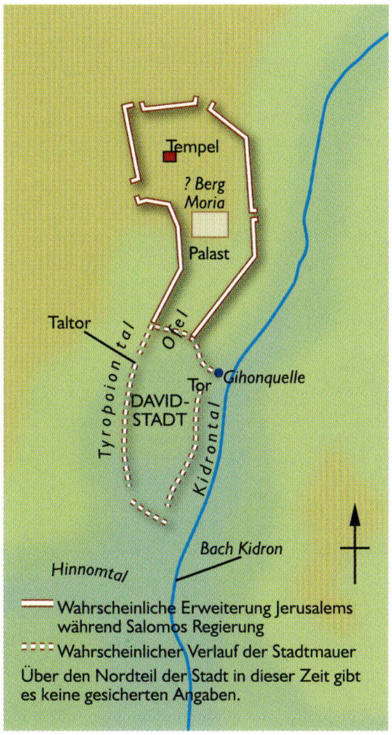

Schlüsselbegriff: Herz

In Salomos Geschichte gibt es einen Schlüsselbegriff: »Herz«. Einst, in der Jugend, Israels Gott ganz zugewandt, hat Gott sein Herz *hörend* und *weise* geformt (1 Könige 3,9 und 12). Oft stand ihm das erste Gebot »Du sollst keine anderen Götter haben« vor Augen. Nun im Alter wendet sich Salomo nicht mehr nur Israels Gott zu, sein Herz ist *gespalten* (1 Könige 11,2-3). So missachtet er das erste Gebot.

Die Weisheitsbücher

DAS PASSENDE WORT FÜR JEDE GELEGENHEIT

Die Weisheitsbücher der Bibel (Ijob, das Buch der Sprichwörter, das Buch Kohelet, das Hohelied, das Buch der Weisheit) entstanden in sehr unterschiedlichen Zeiten. Sie bilden eine Art »philosophischen« Teil der Bibel, der sich mit den großen Fragen des Lebens befasst: »Warum müssen unschuldige Menschen leiden?« (Ijob), »Wie kann ich mein Leben gut gestalten?« (Sprichwörter), »Hat das Leben einen Sinn?« (Kohelet) und »Was ist Liebe?« (Hoheslied). Diese ewigen Fragen lassen diese Bücher auch heute noch relevant erscheinen. Die israelitische Weisheit ist insofern ungeschichtlich, als sie unabhängig von jeder besonderen Situation Gültigkeit beansprucht. Manche Bücher wurden auf Salomo zurückgeführt, weil der ideale Königshof als Ort von Weisheit und Bildung galt.

Was ist Weisheit?

Die Bibel lehrt uns, dass es bei der Weisheit nicht um das Ansammeln von Fakten geht, sondern darum, Gott besser kennen zu lernen und dieses Wissen in jeden Teil des eigenen Lebens einfließen zu lassen. Sie ist also eine Verbindung des Intellekts (die Wahrheit *verstehen*), der Ethik (die Wahrheit *leben*) und des praktischen Handelns (die Wahrheit *nutzen*). Die Bibel sagt, dass Weisheit dem Menschen gut tut: »Das Wissen eines Menschen macht seine Miene strahlend und seine strengen Züge lösen sich« (Kohelet 8,1).

Ijob

Im Buch Ijob wird die Geschichte eines gerechten Menschen erzählt, der alles verlor, unsäglich leiden musste und den Grund dafür zu verstehen versuchte. Er wollte dies alles nicht ruhig hinnehmen und begann deshalb, Fragen zu stellen. Drei seiner Freunde vertraten die konventionelle Ansicht, dass großes Leid das Ergebnis großer Missetaten sei (eine Ansicht, der Jesus später widersprach; siehe Lukas 13,1-5 und Johannes 9,1-3), aber ihre Antworten konnten Ijob nicht zufriedenstellen. Elihu, ein junger Mann, behauptete dann, die Antworten zu kennen, aber seine Sicht von Gott als ferne und gefühllose Macht erwies sich als falsch. Wir lesen, dass Ijob sich weiterhin bemühte, bis er Gott auf ganze neue Weise begegnete – nicht in Erklärungen oder Trostworten, sondern durch eine neue Offenbarung seiner Gegenwart, Macht und Gerechtigkeit. Erst dies konnte Ijob befriedigen, obwohl seine Fragen unbeantwortet blieben (Ijob 42,4-6).
Ijob zeigt uns, dass es nicht falsch ist, den Glauben zu hinterfragen – die richtigen Fragen können ihn sogar stärken. Allerdings lassen sich die besten Antworten auf die großen Lebensfragen nicht im Verstehen, sondern in der Begegnung mit dem »lebendigen Gott« finden.

Ijobs Geschichte spielt in einer ländlich geprägten Lebenswelt. Reichtum wurde nach der Anzahl der Schafe und Rinder bemessen, die jemand besaß.

Das Buch Kohelet

Das Leben ist nicht fair, Arbeit ist zwecklos und Besitztümer können einen nie zufrieden stellen. Wozu soll dann all das eigentlich gut sein? Alles ist doch nur »Windhauch«. Dies ist die überraschende Sicht auf unser Leben, die das Buch Kohelet uns anzubieten scheint. Aber der Verfasser will auf etwas ganz Bestimmtes hinaus. Als Mensch, der auf einen großen Teil seines Lebens zurückschaut, stellt er fest, dass das Leben voller Rätsel ist- das größte davon der Mensch. Dieser ist ständig unterwegs, arbeitet hart, macht Entdeckungen und versucht, sein Leben zu meistern, aber er findet niemals den Sinn des Lebens und am Ende steht der Tod. Was lässt sich da also tun? Das Buch Kohelet zeigt uns, dass Glück nicht identisch ist mit dem Besitz von Gütern und der Verwirklichung von Werten, sondern nur gegeben ist in der Glücks*erfahrung*. Diese Glückserfahrung ist aber ein Geschenk Gottes. Es heißt: »Mit einer Frau, die du liebst, genieß das Leben alle Tage deines Lebens voll Windhauch, die er dir unter der Sonne geschenkt hat« (Kohelet 9,9).
Die Tradition verknüpft den weisen Salomo mit diesem Buch der Bibel (siehe Kohelet 2,4-9; deswegen auch der Titel des Buches in der Lutherbibel: **Die Sprüche Salomos** oder **Der Prediger Salomo**, aber am Anfang heißt es einfach: »Worte Kohelets«, wobei Kohelet wohl »Sammler« (von Sprichwörtern oder Hörern?) meint.

Alles hat seine Stunde

Alles hat seine Stunde. Für jedes Geschehen unter dem Himmel gibt es eine bestimmte Zeit« (Kohelet 3,1) lautet die erste Zeile eines wundervollen Gedichts, in dem die verschiedenen Phasen des Lebens mit ihrem Rhythmus von Ergreifen und Loslassen beschrieben werden. Diese Sonnenuhr aus Kalkstein, die im Jerusalemer Tempelbezirk gefunden wurde, diente den Priestern möglicherweise zur Bestimmung der Gottesdienstzeiten.

Anfang der Weisheit ist: Erwirb dir Weisheit, erwirb dir Einsicht mit deinem ganzen Vermögen!
(Sprichwörter 4,7).

SIEHE AUCH
PATRIARCHEN S. 23
DIE PSALMEN S. 46-47
SALOMO S. 48-49

Das Buch der Sprichwörter

Das Buch der Sprichwörter ist eine Sammlung kurzer Sprüche, die Gottes Lebensweisheiten lehren und zeigen, was geschieht, wenn die Menschen den Wegen des Herrn nicht folgen. Nach einer Einleitung über den Nutzen der Weisheit (Kapitel 1-9) wechseln sich viele individuelle Sprichwörter ab, von denen einige Salomo zugeschrieben werden (10,1-22,16). Vermutlich wurden sie nach und nach gesammelt. Jeder Spruch steht für sich, deswegen kann das Lesen eines ganzen Kapitels mühsam sein. Am besten ist es, bei jeder Lektüre nur einige ausgewählte Sprüche zu lesen.
Die Sprichwörter befassen sich mit allen Aspekten des Lebens: Familie, Ehe, Heim, Arbeit, Faulheit, Armut, Gerechtigkeit, Sitten und Gebräuche. Ihre Botschaft vermitteln sie mit starken Bildern, dramatischen Kontrasten und Beispielen aus dem Alltagsleben. Sie zeigen, wie gesegnet das Leben sein kann, wenn sich der Mensch an Gottes Wegen orientiert. Es liegt jedoch in der Natur von Sprichwörtern, Allgemeines auszusagen und keine speziellen Versprechen zu machen.
Die Weisheit ist so wichtig, dass sie sogar personifiziert wird (Sprichwörter 8,1-36) und als Figur zu uns spricht, die von Anfang an mit Gott verbunden war. Das Neue Testament greift diese Vorstellung in einigen seiner Schriften wieder auf und bezieht diese »Weisheit«, die vom Beginn der Schöpfung an bei Gott war, auf Jesus.

Ein zentrales Sprichwort

Mit ganzem Herzen vertrau auf den Herrn,
bau nicht auf eigene Klugheit;
such ihn zu erkennen auf all deinen Wegen,
dann ebnet er selbst deine Pfade.
(Sprichwörter 3,5-6)

»Falsche Waage ist dem Herrn ein Gräuel, volles Gewicht findet sein Gefallen« (Sprichwörter 11,1). In den Tagen des stetig zunehmenden Handels drückten solche Sprüche die Forderung Gottes nach Ehrlichkeit im Geschäftsleben und integrem Verhalten in jeder Lebenslage aus.

Das Hohelied

Nicht nur die Weisheit ist eine Gabe Gottes, sondern auch die Liebe, wie wir im Hohelied erfahren. Der hebräische Name dieses Buches lautet wörtlich »Lied der Lieder«. In dem auch als »Hohelied Salomos« bekannten Liebesgedicht treten abwechselnd ein Mann und eine Frau als Sprecher auf, die sich ihre Zuneigung in einer sinnlichen, poetischen Sprache versichern, deren Bilderwelt sich oft auf die natürliche Umgebung bezieht. Das Hohelied wurde im Judentum und Christentum als Allegorie der Liebe Gottes zu Israel oder Christi Liebe zur Kirche interpretiert. Hauptsächlich feiert das Lied jedoch die erotische Beziehung und körperliche Liebe zwischen einem Mann und einer Frau. Seine Aufnahme in die Bibel zeigt, dass auch dieser Lebensbereich unter Gottes Segen steht.

Eine Braut in der traditionellen Tracht der jemenitischen Juden.

Schlüsselbegriff: Die Furcht des Herrn

Bei »der Furcht des Herrn«, die die Bibel als Grundlage allen echten Wissens und jeder Weisheit bezeichnet, geht es nicht darum, vor Gott »Angst zu haben«, sondern ihn zu achten und sein Leben entsprechend seinen Weisungen auszurichten. Die Christen glauben, dass der Mensch erst zu begreifen vermag, was echte Weisheit ist, wenn er dies tut.

GEN / 1 MOSE
EX / 2 MOSE
LEV / 3 MOSE
NUM / 4 MOSE
DTN / 5 MOSE
JOSUA
RICHTER
RUT
1 SAMUEL
2 SAMUEL
1 KÖNIGE
2 KÖNIGE
1 CHRONIK
2 CHRONIK
ESRA
NEHEMIA
ESTER
IJOB
PSALMEN
SPRÜCHE
KOHELET
HOHELIED
JESAJA
JEREMIA
KLAGELIEDER
EZECHIEL
DANIEL
HOSEA
JOËL
AMOS
OBADJA
JONA
MICHA
NAHUM
HABAKUK
ZEFANJA
HAGGAI
SACHARJA
MALEACHI
MATTHÄUS
MARKUS
LUKAS
JOHANNES
APG
RÖMER
1 KORINTHER
2 KORINTHER
GALATER
EPHESER
PHILIPPER
KOLOSSER
1 THESS
2 THESS
1 TIMOTHEUS
2 TIMOTHEUS
TITUS
PHILEMON
HEBRÄER
JAKOBUS
1 PETRUS
2 PETRUS
1 JOHANNES
2 JOHANNES
3 JOHANNES
JUDAS
OFFB

Die große Teilung

GOTTES VOLK GEHT GETRENNTE WEGE

Salomo hatte ein großes Königreich aufgebaut, aber er hatte auch den Weg zu dessen Untergang geebnet, als er sein Volk mit riesigen Abgaben belegte, um damit seine großen Bauprojekte zu bezahlen und seinen aufwendigen Lebensstil zu finanzieren. Es war deshalb keine Überraschung, dass nach seinem Tod Vertreter der nördlichen Stämme, die am meisten belastet gewesen waren, seinen Sohn Rehabeam um eine Erleichterung dieser Lasten baten. Dieser verwarf den Rat der Älteren und erschwerte stattdessen auf Anraten seiner Freunde den nördlichen Stämmen das Leben noch weiter, um ihnen zu zeigen, wer jetzt das Sagen hatte. Doch die nördlichen Stämme ließen sich das nicht gefallen. Sie machten einen Aufstand und krönten Jerobeam, einen Beamten Salomos, zu ihrem König, so wie es einige Jahre zuvor prophezeit worden war (1 Könige 11,9-13. 26-40). Rehabeam dagegen herrschte von nun an nur noch über zwei südliche Stämme.

Das Königreich war nun entlang alter Stammesgrenzen geteilt und sollte auch nie mehr wiedervereinigt werden. Ab jetzt existierten zwei getrennte Nationen, Israel im Norden und Juda im Süden.

Der gestohlene Schatz

»Im fünften Jahr des Königs Rehabeam zog Schischak, der König von Ägypten, gegen Jerusalem. Er raubte die Schätze des Tempels und die Schätze des königlichen Palastes und nahm alles weg, auch alle goldenen Schilde, die Salomo hatte anfertigen lassen« (1 Könige 14,25-26). Dieser goldene Armreif gehörte Schischaks Sohn Nimrod und wurde möglicherweise aus dem geraubten Gold gefertigt. In seiner Not ersetzte Rehabeam die goldenen Schilde durch bronzene, die von weitem den alten Schilden glichen.

Das sich 90 m über eine fruchtbare Talebene erhebende Samaria war ein idealer Platz für die neue Hauptstadt des Nordens. Ähnlich groß wie Jerusalem, erwies sich die Stadt bei mehreren Gelegenheiten als uneinnehmbar. Sogar die Assyrer konnten sie erst nach dreijähriger Belagerung erobern (2 Könige 18,9-10).

2000 v.Chr. · 1900 v.Chr. · 1800 v.Chr. · 1700 v.Chr. · 1600 v.Chr. · 1500 v.Chr. · 1400 v.Chr. · 1300 v.Chr. · 1200 v.Chr. · 1100 v.Chr. · 1000 v.Chr. · 900 v.Chr. · 800 v.Chr. · 700 v.Chr. · 600 v.Chr. · 500 v.Chr. · 400 v.Chr. · 300 v.Chr. · 200 v.Chr. · 100 v.Chr. · 1 n.Chr. · 100 n.Chr.

Als die Israeliten sahen, dass der König nicht auf sie hörte, gaben sie ihm zur Antwort: »Welchen Anteil haben wir an David? Wir haben keinen Erbbesitz beim Sohn Isais. In deine Zelte, Israel! Nun kümmere dich um dein Haus, David!« (1 Könige 12,16).

SIEHE AUCH
EINE WELT VON SUPERMÄCHTEN S. 16-17
BAAL S. 36
ELIJA UND ELISCHA S. 54-55
DIE PROPHETEN S. 62-67

DAS GETEILTE KÖNIGREICH

ISRAEL

1. Sichem, das in Jerobeams Heimat Efraim lag, wurde neu befestigt und zur Hauptstadt des Nordens erklärt (1 Könige 12,25).

2. Samaria wurde 50 Jahre später von König Omri zur neuen Hauptstadt bestimmt, die es in ihrer Bedeutung durchaus mit Jerusalem aufnehmen konnte.

3. Bet-El und Dan wurden zu Heiligtümern, in denen goldene Kälber (Symbole der kanaanitischen Religion) aufgestellt waren und die ihre eigenen Priester hatten, damit die Menschen nicht mehr den Tempel in Jerusalem aufsuchten (1 Könige 12,26-33). Dieser Götzendienst wird im Buch der Könige als »Jerobeams Sünde« bezeichnet.

Aram, Ammon und Moab sicherten in dieser Zeit wieder ihre Unabhängigkeit.

JUDA

4. Jerusalem blieb die Hauptstadt von Rehabeams Königreich, das nur noch die beiden südlichen Stämme Juda und Simeon umfasste.

Nord gegen Süd

Der Verfasser der beiden Bücher der Könige war weit mehr an Juda als an Israel interessiert. Dies hatte auch seinen Grund: Er wollte Juda, das zu dieser Zeit in Babylon in der Verbannung lebte, vermitteln, dass es trotz aller Selbstzweifel noch eine Zukunft habe. Für das religiöse Leben war Juda sicherlich wichtiger als Israel, aber politisch und wirtschaftlich hatte Israel mehr Gewicht. Religiöskultisch wird Israel in der Bibel durchweg negativ beurteilt. Seine strategische Lage an wichtigen Handelsstraßen war ein zweischneidiger Segen, da sie neben Wohlstand auch die unliebsame Aufmerksamkeit der Nachbarn mit sich brachte. Alle internationalen Mächte wollten Israel kontrollieren. Nach gerade einmal 200 Jahren wurde es dann von Assyrien ausradiert und seine Bevölkerung zerstreut. Sie kehrten niemals dorthin zurück. Juda blieb aufgrund seiner abgelegenen Lage in den Bergen erst einmal weitgehend unbeachtet.

Die Könige von Israel und Juda

Die untenstehende Liste zeigt, dass Juda viel länger als Israel existierte und auch weit stabiler war. Israel hatte in 210 Jahren 20 Herrscher aus mehreren verschiedenen Dynastien, während über Juda in mehr als 345 Jahren 20 Könige aus nur einer einzigen Dynastie herrschten: Sie alle waren Nachkommen Davids.
Ihre Geschichte ist manchmal schwer zu verfolgen, da der Verfasser der Bücher der Könige zwischen Juda und Israel hin- und herspringt. Tatsächlich sind die Bücher jedoch streng chronologisch aufgebaut. Der Autor beginnt immer mit Juda, um sich dann nach dem Tod des jeweiligen judäischen Königs mit allen Königen von Israel zu befassen, deren Herrschaft während dieser Zeit begann. Danach kehrt er wieder nach Juda zurück.
Dabei gibt er bei jedem Herrscher an, ob dessen Regierung »dem Herrn gefiel« oder »missfiel« und welche Konsequenzen dies hatte.

JUDA	ISRAEL
Rehobeam 910-913	Jerobeam 930-909
Abija 913-910	
Asa 919-869	Nadab 909-908
	Bascha 908-886
	Ela 886-885
	Simri 885
	Tibni 885-880
	Omri 880-874
	Ahab 874-853
Joschafat 872-848	
	Ahasja 853-852
	Joram 852-841
Joram 848-841	
Ahasja 841	Jehu 841-814
Atalja 841-835	
Joasch 835-796	
	Joahas 814-798
	Joasch 798-782
Amazja 796-767	
	Jerobeam II. 793-753
Asarja (Usija) 792/767-740	
	Secharja 753
	Schallum 752
	Menahem 752-742
	Pekachja 742-740
	Pekach 752-732
Jotam 750/740-735	
Ahas 735-715	Hoschea 732-722
Hiskija 715-686	
Manasse 697-642	
Amon 642-640	
Joschija 640-609	
Joahas 609	
Jojakim 609-598	
Jojachim 598-597	
Zidkija 597-586	

NB: *Sich überschneidende Daten weisen auf eine Ko-Regentschaft hin.*

In Dan wurde ein Podest gefunden, zu dem Stufen hinaufführen. Möglicherweise wurde hier das »Goldene Kalb« verehrt.

Schlüsselbegriff: Monotheismus

Die beiden Bücher der Könige wollen nicht Geschichte in dem Sinne beschreiben, dass sie neuzeitlich-objektiven Ansprüchen genügt. Sie stellen vielmehr die Geschichte mit theologischem Anspruch dar. Die theologische Brisanz der Königebücher liegt in der Vehemenz, mit der Gottes Alleinverehrungsanspruch dargestellt wird. Er findet in der Forderung nach einem zentralen Heiligtum in Jerusalem seinen deutlichsten Ausdruck. Die Kulte in Dan und Bet-El werden abgelehnt. Baal und Aschera haben im Volk Israel nichts zu suchen. Als Mahner gegen den Abfall werden auch Propheten gesandt.

GEN / 1 MOSE
EX / 2 MOSE
LEV / 3 MOSE
NUM / 4 MOSE
DTN / 5 MOSE
JOSUA
RICHTER
RUT
1 SAMUEL
2 SAMUEL
1 KÖNIGE
2 KÖNIGE
1 CHRONIK
2 CHRONIK
ESRA
NEHEMIA
ESTER
IJOB
PSALMEN
SPRÜCHE
KOHELET
HOHELIED
JESAJA
JEREMIA
KLAGELIEDER
EZECHIEL
DANIEL
HOSEA
JOËL
AMOS
OBADJA
JONA
MICHA
NAHUM
HABAKUK
ZEFANJA
HAGGAI
SACHARJA
MALEACHI
MATTHÄUS
MARKUS
LUKAS
JOHANNES
APG
RÖMER
1 KORINTHER
2 KORINTHER
GALATER
EPHESER
PHILIPPER
KOLOSSER
1 THESS
2 THESS
1 TIMOTHEUS
2 TIMOTHEUS
TITUS
PHILEMON
HEBRÄER
JAKOBUS
1 PETRUS
2 PETRUS
1 JOHANNES
2 JOHANNES
3 JOHANNES
JUDAS
OFFB

Elija und Elischa

MUTIGE PROPHETEN IN SCHWIERIGEN ZEITEN

2000 v.Chr.
1900 v.Chr.
1800 v.Chr.
1700 v.Chr.
1600 v.Chr.
1500 v.Chr.
1400 v.Chr.
1300 v.Chr.
1200 v.Chr.
1100 v.Chr.
1000 v.Chr.
900 v.Chr.
800 v.Chr.
700 v.Chr.
600 v.Chr.
500 v.Chr.
400 v.Chr.
300 v.Chr.
200 v.Chr.
100 v.Chr.
1 n.Chr.
100 n.Chr.

Nachdem sich das Königreich geteilt hatte, entfernte sich Israel nicht nur mehr und mehr von Juda, sondern auch von Gott. Israels Könige werden dafür hauptverantwortlich gemacht. Die Bibel berichtet, dass sie neben dem »lebendigen Gott« auch andere Götter anbeteten (Synkretismus) oder Gott sogar durch den kanaanäischen Gott Baal ersetzten (Apostasie). Gott schickt die Propheten, die die Könige auf ihren Abfall vom rechten JHWH-Dienst hinweisen sollten. Die ersten Propheten waren Elija und Elischa. Elija trat den Mächtigen entgegen, während sich Elischa der Schwachen annahm. Zusammen vermittelten sie die Botschaft von Gottes Gegenwart.

Unterschiedliche Stile – gleiche Botschaft

Gerade bei Elija und Elischa sehen wir, dass Gott ganz unterschiedliche Menschen beruft. Elija (sein Name bedeutet »Gott ist der Herr«) kam aus Gilead und war deswegen für die Stadtbewohner eine Art »Hinterwäldler«. Er kleidete und ernährte sich äußerst einfach, trat aber energisch der Religion und Politik der Könige Israels entgegen. Er hatte keine leichte Aufgabe. Einmal war er so deprimiert, dass er sich »den Tod wünschte« (1 Könige 19,1-5). Er war ein Einzelgänger, der oft glaubte, er allein sei Gott treu geblieben. Elischa (was »Gott ist Hilfe« bedeutet) war ein ruhigerer Charakter. Er stammte aus einer wohlhabenden Familie, gab aber alles auf, um Gottes Ruf zu folgen (1 Könige 19,19-21). Obwohl auch er sich von Zeit zu Zeit in die staatlichen Angelegenheiten einmischte, lag ihm doch hauptsächlich daran zu zeigen, dass Gott und nicht Baal für die Erfüllung menschlicher Bedürfnisse im Alltag sorgte.

Baal, der kanaanäische Fruchtbarkeitsgott, wurde oft mit einem Blitzspeer (einem Symbol der Kontrolle uber das Wetter) in der Hand dargestellt.

SCHLÜSSELEREIGNISSE IN ELIJAS LEBEN

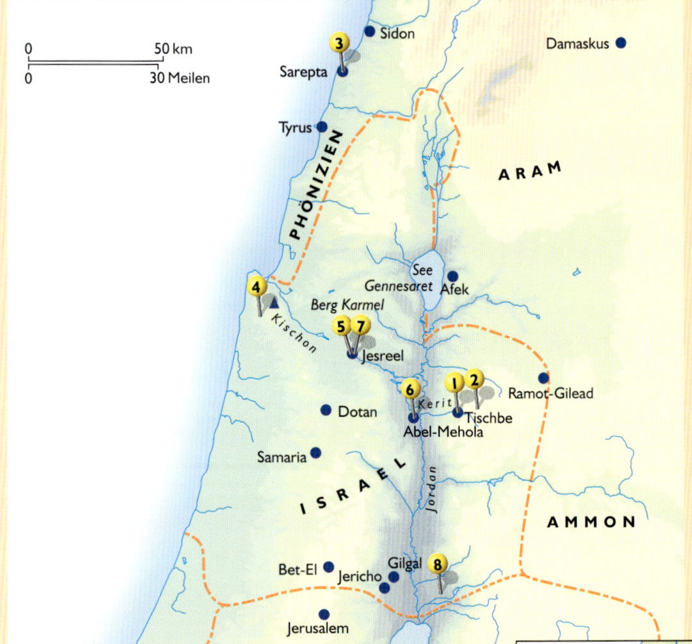

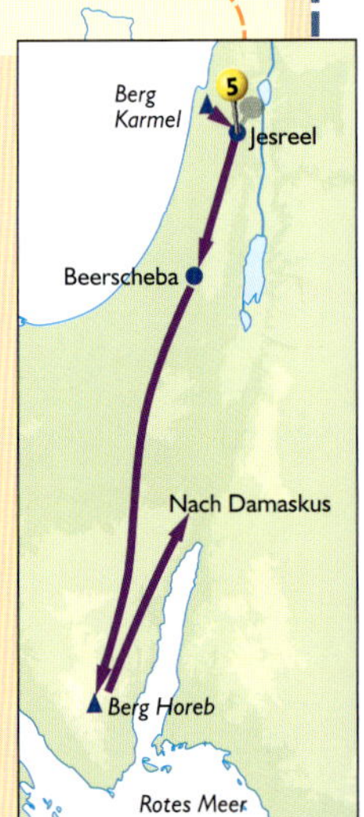

1. TISCHBE
Elijas Geburtsort.

2. DER BACH KERIT
Nachdem er eine Trockenheit vorausgesagt hatte, wurde Elija von Raben gespeist (1 Könige 17,1-5) – ein Zeichen, dass Gott und nicht Baal die Natur kontrollierte.

3. SAREPTA
Elija verschaffte einer Witwe auf wunderbare Weise Trank und Nahrung und weckte ihren Sohn von den Toten auf (die erste Bibelstelle, in der ein solches Wunder berichtet wird) (1 Könige 17,7-24).

4. BERG KARMEL
Elija gewann einen Wettstreit gegen Baals Propheten und betete dann erfolgreich um Regen (1 Könige 18,16-46).

5. JESREEL
Aus Angst vor Isebel, der Frau König Ahabs, die Baal verehrte, floh Elija zum Berg Horeb (Sinai), wo Gott ihm begegnete (1 König 19,1-18).

6. ABEL-MEHOLA
Elija bestimmte Elischa zu seinem Nachfolger (1 Könige 19,19-21).

7. JESREEL
Elija tadelte Ahab wegen der ruchlosen Art, in der er Nabots Weinberg an sich gebracht hatte (1 Könige 21,1-28).

8. ÖSTLICH DES JORDAN (GEGENÜBER JERICHO)
Am Ende seines Lebens fuhr Elija in einem feurigen Wagen zum Himmel auf (2 Könige 2,1-12).

Und Elija trat vor das ganze Volk und rief: »Wie lange noch schwankt ihr nach zwei Seiten? Wenn Jahwe der wahre Gott ist, dann folgt ihm! Wenn aber Baal es ist, dann folgt diesem!« (1 Könige 18,21).

SIEHE AUCH
BAAL S. 36
JOHANNES DER TÄUFER S. 80

Der Höhenzug des Karmel (Gipfel 482 m über dem Meer) bildet die Kulisse für Elijas Wettstreit mit den Propheten des Baal, bei dem es um die entscheidende Frage ging, ob Gott oder Baal über Israel herrsche.

Von Isebel angestachelt, hatte sich Ahab Nabots Weinberg auf ungerechte Weise verschafft und dadurch Gottes Gesetz gebrochen. Es besagte, dass jedes Stück Land von seinem jeweiligen Besitzer nur treuhänderisch in Gottes Namen verwaltet werde und deshalb seiner Familie auf ewige Zeiten gehöre. Elija verurteilte diese Tat des Königs mit deutlichen Worten (1 Könige 21,1-29).

Nördliche Nachbarn

Während eines Großteils seiner Geschichte wurde Israel von seinen stärkeren, nördlichen Nachbarn, vor allem Aram (Syrien) und Assyrien, dominiert. 857 v. Chr. hatte Ben-Hadad von Aram Samaria belagert, war aber von Ahab besiegt worden. Im folgenden Frühjahr fiel er erneut ins Land ein und wurde bei Afak geschlagen (1 Könige 20,1-34). Es folgten drei Friedensjahre und ein Bündnis gegen Assyrien. Mit der Unterstützung Judas wandte sich Ahab wieder gegen Aram, fiel jedoch trotz all seiner List in der Schlacht und »die Hunde leckten sein Blut«, so wie es ihm Elija vorausgesagt hatte (1 Könige 21,19).

Schlüsselereignisse in Elischas Leben

- Er wurde Elijas Nachfolger (2 Könige 2,13-18).
- Er reinigte eine Wasserquelle (2 Könige 2,19-22).
- Er sorgte für eine Witwe (2 Könige 4,1-7).
- Er erweckte einen jungen Mann aus dem Tod (2 Könige 4,8-37).
- Er machte giftiges Essen genießbar und speiste 100 Männer (2 Könige 4,38-44).
- Er heilte den syrischen Feldherrn Naaman vom Aussatz (2 Könige 5,1-27).
- Er beschaffte die verloren gegangene Klinge eines Beils wieder (2 Könige 6,1-7).
- Er prophezeite das Ende der Belagerung Samarias durch die Aramäer (2 Könige 6,8–7,20).
- Er bestimmte Hasaël zum König von Aram (2 Könige 8,7-15) und entsandte einen Prophetenjünger, der Jehu zum König von Israel salben sollte (2 Könige 9,1-13). Damit erfüllte Elischa eine Aufgabe, die ihm Elija erteilt hatte (1 Könige 19,15-16).

Mit dem geistigen Auge sehen

Von Dotan aus, das auf diesem 60 m hohen Hügel lag, konnte man das darunter liegende Tal gut überblicken. Als Elischas Diener die Aramäer sah, die gekommen waren, um seinen Herrn gefangen zu nehmen, bat Elischa Gott, dessen Augen zu öffnen und »er sah den Berg rings um Elischa voll von feurigen Pferden und Wagen« (2 Könige 6,17). Elischa erfuhr, dass Gottes Engel immer zugegen sind, um seine Propheten zu schützen (siehe auch Psalm 91,9-13).

Der Wassertunnel von Megiddo wurde unter König Ahab gebaut, um das Wasser einer Quelle außerhalb der Stadt zu erschließen. Man begann von beiden Seiten zu graben und als man sich in der Mitte traf, zeigte sich eine nur etwa 30 cm große Abweichung von der geraden Linie – eine bemerkenswerte Leistung für die damalige Zeit.

»Eine doppelte Portion«

Bevor Elija in den Himmel entrückt wurde, bat ihn Elischa um »zwei Anteile deines Geistes« (2 Könige 2,9). Durch diese doppelte »Geistesportion« wollte er nicht doppelt so mächtig wie Elija, sondern einfach dessen Nachfolger werden. Wenn ein Vater starb, erhielt sein erstgeborener Sohn einen doppelten Anteil des Erbes (Deuteronomium / 5 Mose 21,17), da er nun für die gesamte Großfamilie verantwortlich war. Elischa wollte also ausdrücken, dass er bereit sei, Elijas bisherige Aufgaben zu übernehmen.

Schlüsselbegriff: Wunder

Im Alten Testament ereignen sich Wunder in entscheidenden Momenten in Israels Geschichte (etwa beim Auszug aus Ägypten oder als Elija und Elischa um ein Überleben des JHWH-Glaubens kämpften). Wunder verkündeten die Macht und Anwesenheit Gottes; sie haben nichts mit dem Durchbrechen der Naturgesetze zu tun. Im Neuen Testament wird über viele Wunder berichtet, nicht nur zu Zeiten Jesu und der Apostel, sondern in der ganzen frühen Kirche. Wunder sollen keine Glaubensbeweise sein. Vielmehr braucht es zuerst den Glauben, um die Wunder überhaupt wahrzunehmen.

Die Propheten im Norden

EIN RUF NACH VERÄNDERUNG

»Politik und Religion sollten nicht vermischt werden«, ist ein Satz, der heute oft zu hören ist. Von den Propheten des achten Jahrhunderts wäre eine solche Aufforderung allerdings glatt ignoriert worden. Sie interessierten sich nicht nur für Religion, sondern darüber hinaus auch für jeden anderen Lebensbereich. Sie forderten die Menschen heraus, indem sie sie an Gottes Maßstäbe und den Bund erinnerten, den er mit ihnen geschlossen hatte. Sie prangerten Fehlverhalten (religiös, politisch oder moralisch) an und forderten die Menschen auf, ihr Verhältnis zu Gott in Ordnung zu bringen. Die Propheten warnten vor Gottes Gericht, das über jeden hereinbreche, der nicht umgehend Buße tun würden.

Jona

Nach Assyriens Sieg über Aram (Syrien), der es Jerobeam II. erlaubte, »die Grenzen Israels wiederherzustellen«, wie es Jona prophezeit hatte (2 Könige 14,25), verfielen die Assyrer »der Schlechtigkeit«. Deswegen sandte Gott Jona in ihre Hauptstadt Ninive, um ihnen Gelegenheit zu Buße und Reue zu geben (Jona 1,1-2). Jona glaubte jedoch, dass ein solches Vergeben netten Leuten wie ihm und nicht Feinden wie den Assyrern gebührte, und machte sich aus dem Staub. Aber wie Gott es bereits mit anderen Gestalten der Bibel lange vor Jona gemacht hatte, erteilte er auch diesem eine Lektion. Nachdem ihn ein »großer Fisch« verschlungen und erst nach drei Tagen und Nächten wieder »ausgespieen« hatte (Jona 2,1-11), fügte sich Jona in Gottes Willen und begab sich nach Assyrien. Tatsächlich legte Ninive »Bußgewänder« an (Jona 3,4-10) und bereute seine Sünden, womit Jona nicht gerechnet hatte und was ihm »ganz und gar missfiel«. Am Ende zeigte der Herr ihm die Kleinheit seines Herzens und die Größe der Liebe Gottes.
Jesus zog später eine Parallele zwischen Jonas dreitägigen Aufenthalt im Bauch des Fisches und seinen eigenen drei Tagen »im Innern der Erde«, also im Grab (Matthäus 12,40-41; Lukas 11,30-32).

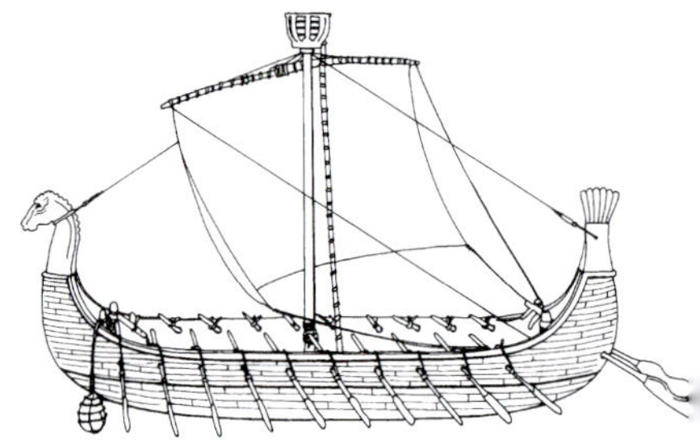

Zeichnung eines antiken Schiffes. Auch Jona nahm ein Schiff, um von Jaffo nach Tarschisch zu gelangen, als er Gottes Auftrag, nach Assyrien zu gehen, nicht folgen wollte.

Hosea

Hosea verkündete seine Botschaft nicht nur – er lebte sie. Seine Zeichenhandlungen stellten das Wort Gottes bildhaft vor Augen. Hosea erhielt den Auftrag JHWHs, eine »hurerische Frau« zur Frau zu nehmen und mit ihr Kinder zu zeugen. Darin sollte die Situation Israels symbolisiert werden, dessen Abwendung von JHWH metaphorisch als »huren« mit anderen Göttern vorgestellt wird (Hosea 1,2-9 und 3,1-3). Hoseas Geschichte war ein Symbol für das Verhältnis Gottes zu Israel. Es hatte »dem Herrn die Treue gebrochen«, »denn der Geist der Unzucht steckt in ihnen, sodass sie den Herrn nicht erkennen« (Hosea 5,4). Sie hatten ihn für andere Götter, nämlich die kanaanäischen Naturgötter verlassen. Aber Gott blieb ihnen treu und wollte die Beziehung zu ihnen wiederherstellen. Hosea drängte das Volk und wies auf die immer knapper werdende Zeit hin: Assyrien stand vor den Toren und der Tag des Gerichts war nahe, deswegen sollten sie ihre Taten bald bereuen.

Hosea wählte ein Bild aus dem Alltagsleben, als er Israel ermahnte: *»Sät als eure Saat Gerechtigkeit aus, so werdet ihr ernten, wie es der (göttlichen) Liebe entspricht. Nehmt Neuland unter den Pflug! Es ist Zeit, den Herrn zu suchen; dann wird er kommen und euch mit Heil überschütten«* (Hosea 10,12).

Herrschaftssiegel

Dieses bei Megiddo gefundene Siegel stammt aus der Zeit Jerobeams II. (793-753 v. Chr.), unter dem das nördliche Königreich Israel den Gipfel seiner Macht erreichte (2 Könige 14,23-29). Nachdem Aram (Syrien) endlich besiegt war, herrschten Frieden und Wohlstand. Die religiösen Zentren waren voller Pilger. Allerdings hielten die Propheten dies für ein oberflächliches Phänomen, hinter dem sich Korruption, Ungerechtigkeit und Unmoral verbargen.

»Darum will ich dir all das antun, Israel, und weil ich dir all das antun werde, mach dich bereit, deinem Gott gegenüberzutreten« (Amos 4,12).

SIEHE AUCH
ASSYRIEN S. 59
ELIJA UND ELISCHA S. 54-55
PROPHEZEIUNG S. 39

So wie die Wächter von ihren Wachttürmen aus die Olivenhaine und Weinberge behüteten, so wirkten die Propheten als geistige Hüter, die über das Leben ihres Volkes wachten und ihm das Wort Gottes brachten.

Hinweise zum Verständnis der Propheten

Beim Lesen der Propheten sollte man immer den Charakter ihrer Botschaft bedenken.
Sie ist:

- **zeitgebunden** und bezieht sich auf Umstände und Dinge, die zu ihrer Zeit geschahen. Sie kritisiert also im Allgemeinen *ihre* und nicht *unsere* Zeit. Die Herausforderung besteht darin, ihre darüber hinaus gültige theologische Botschaft herauszuarbeiten und unsere Gegenwart mit ihr zu konfrontieren.
- **Dichtung**, da die Dichtkunst ein nützliches Mittel war, um den Menschen die Erinnerung an das Gelesene zu erleichtern. Wie alle Dichtwerke verwendet sie eine Menge Bilder, die der Interpretation bedürfen und nicht immer wörtlich genommen werden dürfen.
- eine **Sammlung** von Aussagen, die nicht alle zur selben Zeit gemacht wurden. Oft folgt sie keiner chronologischen Ordnung.

Eine Szene vom Schwarzen Obelisken des Königs Salmanassar II. (858-824 v. Chr.). König Jehu von Israel kniet vor dem assyrischen König.

Amos

Amos, ein Viehzüchter und Feigenpflanzer aus dem Südreich Juda, wurde nach Norden gesandt, um in Israel als Prophet zu wirken (Amos 7,14-15). Er ließ sich in Bet-El nieder und wirkte in der Regierungszeit Jerobeams II., einer Zeit des Friedens und Wohlstands – zumindest für einige. Die Reichen lebten in extravagantem Luxus, allerdings auf Kosten der Armen und indem sie das Recht beugten, was Amos ihnen auch furchtlos ins Gesicht sagte.

Aber seine Botschaft löste Empörung aus, er wurde aus dem Heiligtum von Bet-El vertrieben und angewiesen, nach Hause zurückzukehren. Amos warnte, dass der »Tag des Herrn« und damit das Gericht über Israel unmittelbar bevorstehe und das Volk bald in die Verbannung gehen müsse (Amos 6,7). Dies geschah tatsächlich, als 721 v. Chr. die Assyrer einmarschierten. Das Buch Amos zeigt, dass soziale Gerechtigkeit und das Los der Armen für Gott sehr wichtig sind, und dass ein echter Glaube sich dafür einsetzt.

Amos hatte den Jordan, wenn er viel Wasser führte, vor Augen, als er von Israel forderte, dass *»das Recht ströme wie Wasser, die Gerechtigkeit wie ein nie versiegender Bach«* (Amos 5,24).

Schlüsselbegriff: Umkehr

Im Zentrum der prophetischen Botschaft steht die Aufforderung zur Umkehr, die in der Abkehr von der Sünde und der Hinwendung zu Gott besteht. Der Ruf zur Umkehr richtet sich meist an das ganze Volk und zielt auf einen kollektiven Prozess der inneren Erneuerung durch das Halten der Tora. In der Tradition der Umkehrrufe der Propheten steht auch Johannes der Täufer.

Der Untergang des Nordreichs

DAS GERICHT BRICHT HEREIN

Niemand wünscht sich eine aggressive Großmacht direkt vor der eigenen Haustür, aber als Assyrien Aram (Syrien) erobert hatte, musste sich das Nordreich Israel mit genau dieser Situation auseinandersetzen. Viele Jahre lang hatten die Propheten Israel zur Umkehr aufgefordert, aber ihre Warnungen waren nicht gehört worden. Vor allem den Königen warfen sie vor, vom wahren JHWH-Dienst abgefallen zu sein. In der Geschichtstheologie der Königebücher ist das Nordreich aufgrund seiner Einrichtung von Kulten in Bet-El und Dan unter Jerobeam (»die Sünde Jerobeams«) von Anfang an dem Untergang geweiht. In dem assyrischen Feind sehen die Verfasser der Königebücher nun das angekündigte Gericht.

Das Leben im Nordreich

In der Geschichtssicht der Königebücher hat das Nordreich seinen Schutz preisgegeben, weil es JHWHs Bund und Gebote verwarf. Folgende Aspekte markieren die Eckpunkte seines Untergangs:

- **Politische Instabilität:** Verschiedene Dynastien folgten einander- oft unter Blutvergießen.
- **Religiöser Synkretismus:** Die Verehrung des »lebendigen Gottes« vermischte sich mit der Anbetung kanaanäischer Gottheiten. Dies wurde vor allem von den Propheten stark kritisiert.
- **Schlechte Staatsführung** durch schwache Könige. Selbst die beiden starken Könige Omri und Jerobeam II. werden vom Verfasser des Buchs der Könige wegen ihres gottlosen Verhaltens nur in ein paar Versen erwähnt.
- **Bündnisse mit ausländischen Mächten**, wodurch die Könige versuchten, ihre stetig schwächer werdende Nation zu sichern.

Der Untergang des Nordreichs wird als logische Folge des nicht gottgemäßen Verhaltens seiner Bewohner dargestellt. Zwar hatte Gott immer wieder seine Propheten geschickt, um das Volk zu ermahnen und zur Umkehr zu bewegen. Doch es hatte nicht auf ihn gehört. Die Eroberung durch die Assyrier wird nun als Folge auf das Verhalten des Volkes verstanden.

Assyriens Feldzüge in Israel und Umgebung

Israels letzte Jahre

Eine Darstellung auf den Wänden des Palasts von Nimrud. Zu sehen ist der assyrische König Tiglat-Pileser III., der in Israel einfiel.

Nach der Thronbesteigung Tiglat-Pilesers III. (745-727 v. Chr.) verfolgte Assyrien eine aggressive Eroberungspolitik und begann, sich auch gegen Israel zu wenden. Die Geschichte dieser Periode ist ziemlich kompliziert. Assyrien unterwarf Israel, Israel konnte sich kurzzeitig befreien, dann wurde es erneut von Assyrien unterworfen. Es ging hin und her, bis Assur schließlich genug hatte. Nach dem Tod Tiglat-Pilesers III. wandte sich König Hoschea von Israel an Ägypten um Hilfe. Dies brachte aber nur Assyriens neuen Herrscher Salmanassar V. dazu, Israels Hauptstadt Samaria zu belagern. Die Stadt widerstand drei volle Jahre, musste sich dann aber 722 v. Chr. Salmanassars Nachfolger Sargon II. ergeben. Ganz Israel wurde besetzt und seine Bewohner wurden in verschiedene Teile des Assyrischen Reichs deportiert, von wo sie niemals zurückkehren würden (2 Könige 17,3-6; 18,9-12). Die Geschichte der zehn nördlichen Stämme war zu Ende.

Sie übertraten alle Gebote des Herrn, ihres Gottes ... Darum wurde der Herr über Israel sehr zornig. Er verstieß es von seinem Angesicht, sodass der Stamm Juda allein übrig blieb (2 Könige 17,16-18).

SIEHE AUCH
EINE WELT VON SUPERMÄCHTEN S. 16-17
BABYLON S. 64
DIE PROPHETEN S. 62-67

Assyrien

Die Assyrer hatten sich gegen 2300 v. Chr. in Mesopotamien niedergelassen, wobei sie ihr Land und ihre Hauptstadt nach ihrem Gott Assur nannten. Ihre Hauptstadt Assur und ihre zweitwichtigste Stadt Ninive lagen am Tigris, wodurch eine gute Wasserversorgung und reichliche Ernten gewährleistet waren. Diesen natürlichen Reichtum vermehrten die Assyrer durch ihre Eroberungszüge, die vor allem im 9. und 8. Jahrhundert v. Chr. stattfanden. Die assyrische Armee war eine der grausamsten der gesamten Weltgeschichte. Das Leiden ihrer besiegten Gegner sollte andere abschrecken und einschüchtern. Im 7. Jahrhundert v. Chr. erstreckte sich das riesige Assyrische Reich von Ägypten bis Persien. Schließlich war es aber durch seine Größe nicht mehr erfolgreich zu verteidigen. 612 v. Chr. erhoben sich die Babylonier und zerstörten Ninive und das gesamte assyrische Imperium.

Als der Reichtum der Assyrer durch Kriegsbeute und die Abgaben der eroberten Völker mehr und mehr zunahm, errichteten die Könige immer prachtvollere Paläste und Tempel, deren Steinreliefs voller Stolz die Siege und die Macht des Königs zeigten. Diese Darstellung assyrischer Soldaten stammt aus Sanheribs Palast in Ninive.

In seinen eigenen Inschriften hielt König Sargon II. fest: »Am Anfang meiner Herrschaft eroberte ich Samaria. 27 290 Einwohner führte ich in die Gefangenschaft... Leute aus anderen Ländern, die noch nie Tribut gezahlt hatten, siedelte ich in Samaria an.«

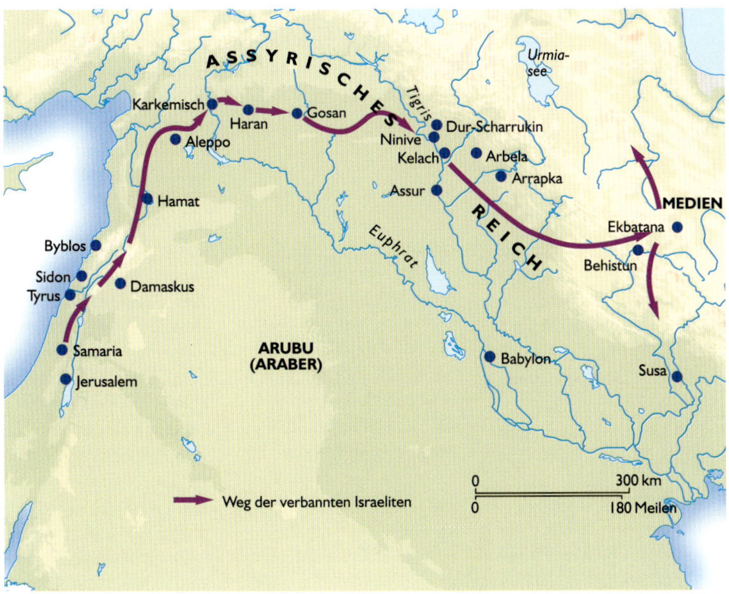

ISRAEL IM EXIL

Auch Massendeportationen gehörten zur brutalen assyrischen Kriegsmaschinerie. Viele Israeliten wurden in unterschiedlichste Teile des Assyrischen Reiches verschickt, während gleichzeitig andere besiegte Völker nach Israel gebracht wurden, um dadurch eine mögliche Widerstandsbasis gegen Assyrien zu beseitigen.
Über das Schicksal der zehn verlorenen Stämme Israels hat sich über die Jahrhunderte eine reichhaltige Mythologie entwickelt. Tatsächlich waren zwar einige anscheinend nach Juda geflüchtet, die riesige Mehrheit wurde aber entweder in alle Winde zerstreut (und wir wissen überhaupt nicht, was aus ihnen geworden ist) oder sie blieben in ihrer Heimat zurück, um sich dort mit den neu angekommenen Völkern zu vermischen.

Israels letzte Könige

■ **Menahem** (752-742 v. Chr.) zahlte den Assyrern einen ungeheuren Tribut, damit sie ihm »halfen, seine Herrschaft zu festigen« (2 Könige 15,17-22).

■ **Pekachja** (742-740 v. Chr.) wurde von Pekach, einem seiner Beamten, erschlagen (2 Könige 15,23-26).

■ **Pekach** (740-732 v. Chr.) verbündete sich mit Aram gegen Ahas von Juda, der seinerseits die Assyrer um Hilfe rief. Assyrien zerstörte daraufhin Damaskus und deportierte die Aramäer (2 Könige 15,29; 16,5-9). Im Austausch gegen diese Hilfe wurde Juda ein assyrischer Vasallenstaat.

■ **Hoschea** (732-722 v. Chr.) weigerte sich, an Assyrien Tribut zu zahlen und wandte sich an Ägypten um Hilfe. Assyrien belagerte daraufhin Samaria, nahm Hoschea gefangen und führte die Israeliten in die Verbannung (2 Könige 17,3-6; 18,9-12).

Schlüsselbegriff: Geschichtstheologie

Die Königebücher sind nicht als Geschichtsbücher im modernen Sinn zu lesen. Vielmehr gestalten sie anhand erzählter Geschichte und Geschichten ihre Theologie. In erster Linie wollen sie zeigen, dass nur JHWH wirklich Gott und Israels (Judas) alleiniger Gott ist. Das Aufgeschriebene bringt auch nachfolgende Generationen zum Nachdenken, zu den Leben schaffenden Wegen Gottes umzukehren und auf die größere Vergebungsbereitschaft Gottes zu setzen (1 Könige 8,46-51). In einem solchen Blick zurück auf die Geschichte mit Gott wird eine neue Zukunft möglich.

Zur gleichen Zeit im Süden …

RICHTIGER JHWH-DIENST BRINGT SEGEN

Auf den vorherigen Seiten haben wir die Geschichte des Nordreichs Israel verfolgt, von seiner Abspaltung nach Salomos Tod (930 v. Chr.) bis zu seiner Zerstörung und der Deportation seiner Bewohner (722 v. Chr.). Zur gleichen Zeit entfaltete sich im Südreich ein anderes Szenario. Mose hatte Gottes Volk mitgeteilt, dass sie gesegnet würden, wenn sie Gott gehorchten. Taten sie dies nicht, sollte ein Fluch auf ihnen liegen (Deuteronomium 28). Dieses Prinzip des Deuteronomiums ist das Grundthema des Buchs der Könige und prägt dessen Geschichtsdarstellung. In ihm wird berichtet, was Juda geschah, wenn seine Könige gehorsam waren, und was ihm zustieß, wenn sie ungehorsam waren.

Die Macht des Gotteslobs

Als König Joschafat in der Wüste von Tekoa (oben) den weit überlegenen Truppen der Moabiter und Ammoniter entgegentreten musste, rief er Gott um Hilfe an (2 Chronik 20,1-12). Von der Prophezeiung ermutigt, dass Gott sie erretten werde, »stellte Joschafat Sänger für den Herrn auf«, die vor seiner Armee hermarschieren und Gott preisen sollten. Als dies geschah, fielen ihre Feinde plötzlich übereinander her und töteten sich gegenseitig bis auf den letzten Mann. Juda konnte nun ihr Vieh, ihre Güter und Schätze als ungeheure Beute wegführen. Durch dieses Ereignis »erfasste der Schrecken Gottes« alle Nachbarvölker (2 Chronik 20,13-30).

DIE FRÜHEN KÖNIGE JUDAS

Rehabeam (930-913 v. Chr.) – baute wichtige Städte zu Festungen aus (2 Chronik 11,5-12); er versäumte es, der weiteren Ausbreitung der Baals-Verehrung Einhalt zu gebieten (1 Könige 14,22-24) und wurde von Schischak von Ägypten besiegt (1 Könige 14,25-28; 2 Chronik 12,1-12).

Abija (913-910 v. Chr.) – »Sein Herz war nicht ungeteilt beim Herrn, seinem Gott« (1 Könige 15,3).

Asa (910-869 v. Chr.) – »tat, was dem Herrn gefiel« (1 Könige 15,11); »er beseitigte alle Götzenbilder« (1 Könige 15,11-15; 2 Chronik 14,2-6; 15,1-9); er schlug durch sein Gottvertrauen die Kuschiter in die Flucht (2 Chronik 14,9-15), gab dann aber dieses Vertrauen zugunsten eines Bündnisses mit Aram (Syrien) gegen Israel auf, um den laufenden Konflikt zu einem Ende zu bringen (1 Könige 15,16-22; 2 Chronik 16,1-10).

Joschafat (872-848 v. Chr.) – »tat, was dem Herrn gefiel« (1 Könige 22,43); er sorgte dafür, dass dem Volk das Gesetz Gottes gelehrt wurde (2 Chronik 17,7-9); er baute seine Armee und Festungen aus (2 Chronik 17,10-19); er verbündete sich mit Israel gegen Aram (Syrien), was fast zu seinem Tod führte (1 Könige 22,1-36; 2 Chronik 18,1–19,3) und er besiegte Moab und Ammon durch eine Lobprozession (2 Chronik 20,1-30).

Joram (848-841 v. Chr.) – heiratete Atalja, die Tochter von Ahab und Isebel von Israel; er folgte schließlich deren üblen Wegen (2 Könige 8,16-24; 2 Chronik 21,1-20); er starb einen schrecklichen Tod, wie Elija es vorausgesagt hatte (2 Chronik 21,12-19); »er ging hin, von niemand bedauert« (21,20).

Ahasja (841 v. Chr.) – »tat, was dem Herrn missfiel« (2 Könige 8,27) und wurde in einer Schlacht tödlich verwundet, in der er zusammen mit Israel gegen Aram kämpfte (2 Könige 9,14-28; 2 Chronik 22,1-9).

Atalja (841-835 v. Chr.) – Jorams Frau und die einzige Königin in der Geschichte Judas; sie versuchte, die judäische königliche Familie auszurotten, um selbst an der Macht zu bleiben, wurde aber durch einen Staatsstreich abgesetzt und durch ihren Enkel Joasch ersetzt, wodurch König Davids Linie wieder den Thron innehatte (2 Könige 11,1-21; 2 Chronik 22,10–23,31).

Joasch (835-796 v. Chr.) – wurde mit sieben Jahren König; »er tat, was dem Herrn gefiel« (2 Könige 12,3); er ließ den Tempel ausbessern (2 Könige 12,1-21; 2 Chronik 24,1-14), wandte sich aber nach dem Tod seines Mentors Jojada unglücklicherweise dem Götzendienst zu (2 Chronik 24,17-27).

Amazja (796-767 v. Chr.) – »er tat, was dem Herrn gefiel, wenn auch nicht in der Weise seines Ahnherrn David« (2 Könige 14,3); er tolerierte die heidnische Religion; nach einem entsetzlichen Massaker an den Edomitern stellte er »deren Götter bei sich auf« (2 Könige 14,7-20; 2. Chronik 25,5-16); er forderte auf arrogante Weise Joasch von Israel heraus, der ihn angriff und den Tempel plünderte (2 Könige 14,8-14; 2 Chronik 25,17-24) und er wurde im Rahmen einer Verschwörung in Lachisch getötet.

Asarja (Usija) (792/767-740 v. Chr.) – regierte 52 Jahre lang (anfangs als Mitregent seines Vaters); »er tat, was dem Herrn gefiel« (2 Könige 15,3); er war erfolgreich, solange er Gott vertraute; er errang Siege über die Philister, Araber und Ammoniter; »er liebte den Ackerbau« (2 Chronik 26,10) und förderte ihn; aber dann brachte er Brandopfer dar, die nur von Priestern vollzogen werden durften, woraufhin ihn Gott mit Aussatz schlug, den er bis zu seinem Tod ertragen musste. Dies machte ihn »unrein«, so dass er nie mehr den Tempel betreten durfte (2 Chronik 26,16-23).

Jotam (750/740-735 v. Chr.) – »So wurde Jotam mächtig; denn er achtete in seinem Verhalten auf den Herrn, seinen Gott« (2 Chronik 27,6); er stärkte das Militär und war ein großer Bauherr.

»Alle diese Segnungen werden über dich kommen und dich erreichen, wenn du auf die Stimme des Herrn, deines Gottes, hörst ...«
(Deuteronomium 28,2).

SIEHE AUCH
JESAJA S. 62-63
PROPHETEN IM NORDEN S. 56-57
DIE LETZTEN TAGE VON ISRAEL S. 58-59
DIE GROSSE TEILUNG S. 52-53

Ahas (735-715 v. Chr.) – einer der schlechtesten Könige Judas; er förderte die Anbetung der kanaanäischen und assyrischen Götter; »er ließ sogar seinen Sohn durch das Feuer gehen« (2 Könige 16,3); er bat törichterweise die Assyrer um Hilfe gegen Aram und Israel, obwohl ihn Jesaja ermahnte, allein auf Gott zu vertrauen; er wurde dann tatsächlich von Assyrien gerettet, das Damaskus einnahm und dessen Einwohner deportierte; dafür musste er aber zu einem assyrischen Vasallen werden (2 Könige 16,7-18; 2 Chronik 28,16-25).

DIE NACHBARSTAATEN JUDAS

Gegend der Bergfestung Sela (das spätere Petra), von deren Höhe König Amazja 10 000 Edomiter in den Tod stürzen ließ.

Lepra, die große Heimsuchung

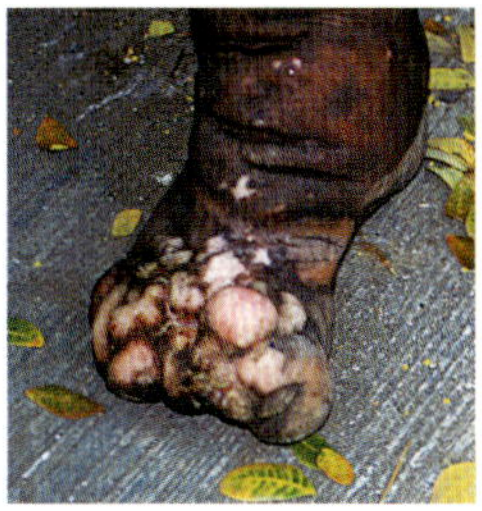

Lepra, in der Bibel Aussatz genannt, ist eine chronische Entzündungskrankheit, mit der Gott König Usija schlug. Sie war in biblischen Zeiten recht häufig. Kennzeichen sind krankhafte Hautflecken, der Verlust des Gefühls für Kälte, Wärme und Schmerz sowie Muskelschwäche. Sie kann durch unbeabsichtigte Verletzungen oder in fortgeschrittenem Stadium durch Wundbrand zu schweren Verstümmelungen führen. Die emotionalen und sozialen Folgen der Krankheit waren enorm, da sich die Aussätzigen von allen anderen Menschen fernhalten mussten (siehe z.B. Levitikus 13,45-46). Manche Wunder Jesu haben mit der Heilung von Leprakranken zu tun.

Die Gottesquelle

Die Gihonquelle war Jerusalems wichtigste Wasserversorgung und speiste auch die »Wasserleitung«, an der Jesaja König Ahas prophezeite: »Seht, die Jungfrau wird ein Kind empfangen, sie wird einen Sohn gebären und sie wird ihm den Namen Immanuel (Gott mit uns) geben« (Jesaja 7,14). Es gibt unterschiedliche Meinungen, wer mit diesem Immanuel gemeint ist. Das Neue Testament sieht in dieser Aussage eine Voraussage der Geburt Jesu (Matthäus 1,22-23).

Schlüsselbegriff: Segen

Während die Welt auf Glück hofft, verspricht die Bibel Segen – die Gegenwart und Gunst Gottes, die denen geschenkt wird, die ihm vertrauen und auf ihn hören. Texte wie Deuteronomium / 5 Mose 28,1-14 sprechen denjenigen Menschen Segen zu, die »auf die Stimme des Herrn, ihres Gottes hören und auf seinen Wegen gehen«.

GEN / 1 MOSE
EX / 2 MOSE
LEV / 3 MOSE
NUM / 4 MOSE
DTN / 5 MOSE
JOSUA
RICHTER
RUT
1 SAMUEL
2 SAMUEL
1 KÖNIGE
2 KÖNIGE
1 CHRONIK
2 CHRONIK
ESRA
NEHEMIA
ESTER
IJOB
PSALMEN
SPRÜCHE
KOHELET
HOHELIED
JESAJA
JEREMIA
KLAGELIEDER
EZECHIEL
DANIEL
HOSEA
JOËL
AMOS
OBADJA
JONA
MICHA
NAHUM
HABAKUK
ZEFANJA
HAGGAI
SACHARJA
MALEACHI
MATTHÄUS
MARKUS
LUKAS
JOHANNES
APG
RÖMER
1 KORINTHER
2 KORINTHER
GALATER
EPHESER
PHILIPPER
KOLOSSER
1 THESS
2 THESS
1 TIMOTHEUS
2 TIMOTHEUS
TITUS
PHILEMON
HEBRÄER
JAKOBUS
1 PETRUS
2 PETRUS
1 JOHANNES
2 JOHANNES
3 JOHANNES
JUDAS
OFFB

Jesaja und die Propheten

DAS KÖNNTE UNS NIE PASSIEREN!

2000 v.Chr.
1900 v.Chr.
1800 v.Chr.
1700 v.Chr.
1600 v.Chr.
1500 v.Chr.
1400 v.Chr.
1300 v.Chr.
1200 v.Chr.
1100 v.Chr.
1000 v.Chr.
900 v.Chr.
800 v.Chr.
700 v.Chr.
600 v.Chr.
500 v.Chr.
400 v.Chr.
300 v.Chr.
200 v.Chr.
100 v.Chr.
1 n.Chr.
100 n.Chr.

»Das könnte uns nie passieren!« So könnten viele Menschen in Juda gedacht haben. Aber die Dramaturgie der biblischen Geschichtsdarstellung widerlegt diesen Satz. Während der nördliche Nachbar Israel seinen Weg ins Verderben immer weitergegangen war, hatte Juda sicher und selbstzufrieden danebengestanden. Schließlich dachten viele, dass Israel an seinem Zusammenbruch selbst schuld sei, Juda dagegen durch seine Könige aus dem Hause David und den Tempel sicher sein könne. Die Propheten warnten jedoch, dass man sich auf diese Sicherheit nicht verlassen könne und dass Gott von den Menschen Judas verlange, ein gottgefälliges Leben zu führen. Wenn sie dies nicht täten, würden sie sich bald in derselben Lage wiederfinden wie Israel.

Das Sanherib-Prisma

König Sanherib hinterließ etliche Aufzeichnungen wie dieses 38 cm hohe so genannte »Taylor-Prisma« des Britischen Museums in London. Darauf ist zu lesen: *»Und was Hiskia vom Lande Juda angeht, der sich meinem Joch nicht gebeugt hatte, belagerte und eroberte ich 46 seiner festen, mit Mauem versehenen Städte, und die kleinen Städte in ihrer Umgebung ohne Zahl, durch Niedertreten mit Bohlenbahnen und durch Ansturm mit Belagerungsmaschinen, durch den Kampf der Fußtruppen, durch Einbruchsstellen, Breschen und Mauerbrecher. Ihn selbst schloss ich wie einen Käfigvogel inmitten der Stadt Jerusalem, der Stadt seines Königtums, ein.«*

Luftaufnahme des »Tells« (Ruinenhügels) von Lachisch, der Stadt, die von Sanherib zerstört wurde. Archäologen entdeckten Massengräber und Brandspuren auf den Stadtmauern.

SANHERIBS FELDZUG GEGEN JUDA

Als Hiskija 715 v. Chr. König von Juda wurde, war Assyriens neuer Großkönig Sargon II. mit Problemen an anderen Stellen seines Reichs beschäftigt, was Hiskija Zeit zum Handeln ließ. Er beseitigte assyrische Kultsymbole in Juda (weswegen er aus biblischer Perspektive positiv beurteilt wird), ordnete den Tempel und den Gottesdienst neu, befestigte seine Städte, bereitete für den Belagerungsfall die Wasserversorgung Jerusalems durch unterirdische Wassertunnel vor und schloss ein Bündnis mit Ägypten und Kusch (dem heutigen Nordsudan). Aber 701 v. Chr. wandte sich die Aufmerksamkeit von Sargons Nachfolger Sanherib wieder Juda zu.

1. Sanherib rückt in Phönizien ein.
2. Sanherib besiegt eine ägyptisch-kuschitische Armee bei Elteke.
3. Die Assyrer zerstören die befestigte Stadt Lachisch und 46 weitere Städte.
4. Die Assyrer beginnen mit der Belagerung Jerusalems. Hiskija betet zu Gott und Jesaja verspricht Rettung (2 Könige 18,17–19,34). *»In jener Nacht zog der Engel des Herrn aus und erschlug im Lager der Assyrer hundertfünfundachtzigtausend Mann«* (19,35).
5. Sanherib zieht ab und kehrt nach Ninive zurück. Trotzdem muss Juda eine hohe Tributzahlung leisten. Der Abzug Sanheribs wird in Jerusalem als wunderbare Rettung verstanden.

(Die Geschichte in 2 Könige 18-19 findet sich auch in 2 Chronik 32 und Jesaja 36-37).

»Darum wird der Herr die gewaltigen und großen Wasser des Euphrat [den König von Assur und seine ganze Macht] über sie dahinfluten lassen« (Jesaja 8,7).

SIEHE AUCH
ASSYRIEN S. 59
IM SÜDEN S. 60-61
JEREMIA S. 64-67

Der Prophet Jesaja

Unter dem Namen Jesaja sind Sprüche und Reden zusammengefasst, die zum einen auf die historische Figur des Propheten Jesaja zurückgehen, zum anderen von späteren Redaktoren weitergeschrieben wurden. Mehrere Jahrhunderte waren die Baumeister des Buches tätig. Gottes Worten, die durch den Propheten in geschichtlichen Situationen übermittelt wurden, wurde eine die Zeiten überdauernde Aktualität beigemessen. Deshalb wurden sie immer wieder ergänzt und neu formuliert.

Die nach Jesaja benannten Schriften, das längste prophetische Buch der Bibel, gliedern sich in drei Teile:

- Kapitel 1-39: Die Zeit vor Judas »Babylonischer Gefangenschaft«
- Kapitel 40-55: Das Ende dieser Verbannungszeit
- Kapitel 56-66: Die Zeit nach der Verbannung

Den Namen des Propheten Jesaja, der in Jerusalem in der zweiten Hälfte des 8. Jh. v. Chr. wirkte und in einer Zeit größter militärischer Bedrohung für das alleinige Vertrauen auf die Schutzmacht JHWHs plädierte, bauten die Tradenten des Buches Jesaja in mehreren Anläufen zu einem theologischen Programm aus.

In gewaltigen Bildern (es handelt sich hier wahrscheinlich um die bedeutendste Dichtung der Bibel) wird beschrieben, wie der »Heilige Israels« (ein Ausdruck, der 26-mal vorkommt) Rettung und Heil schafft.

Jesajas wichtigste Themen

- Kritik am Kult, der nur äußerlich vollzogen wird, aber nicht ethischem Handeln und gerechtem Tun entspricht (1,11-20)
- Nur auf Gott allein sollte man vertrauen (7,1-25; 37,1-38)
- Juda wird durch Babylon gerichtet werden (39,1-8)
- Der Herr wird sein Volk wiederaufrichten (40,1-31)
- Das Kommen des Messias und seines Reiches (11,1-9)
- Gottes neue Schöpfung (65,17–66,24)

Worte Jesajas, die das Neue Testament auf Jesus bezieht

- Die Verheißung eines königlichen Kindes mit dem heilvollen Namen Immanuel (7,14)
- Seine Göttlichkeit und königliche Herrschaft (9,5-6)
- Sein Leiden und Tod für die Menschheit (52,13–53,12)
- Sein Amt beruht auf der Macht des »Geistes Gottes« (61,1-3)

Dieses Relief aus Sanheribs Palast in Ninive zeigt seine erfolgreiche Belagerung von Lachisch.

Micha

Micha, ein Zeitgenosse Jesajas, prophezeite die Vernichtung Samarias (Micha 1,3-7) und sagte voraus, dass Juda dasselbe geschehen werde, wenn es sich nicht ändere. Er wandte sich gegen Götzendienst, Ungerechtigkeit und leere religiöse Rituale und tadelte die Führer des Volkes, weil sie kein gutes Vorbild für das Volk wären. Und doch gab es Hoffnung. Es würde eine Zeit kommen, da alle Juden und anderen Völker zusammen zum Berg des Herrn kommen würden, um sein Wort zu hören, denn Gott würde nicht auf Dauer zürnen. Eine Aussage im Buch Micha wurde im Neuen Testament auf die Ankunft Jesu bezogen, nämlich die Ankündigung, dass der messianische Herrscher in Betlehem, das »so klein« war »unter den Gauen Judas«, geboren werden würde (Micha 5,2).

Joël

Während wir über Joël nur wenig wissen, weisen seine Themen, die denen von Jesaja und Amos ähneln, darauf hin, dass er im 8. Jahrhundert v. Chr. lebte (obwohl ihn manche später ansetzen). Anlass seiner Botschaft war eine Heuschreckenplage, die das Land verwüstet hatte (Joël 1,1-4). Er hielt diese nicht für eine Naturkatastrophe, sondern einen Weckruf Gottes, eine prophetisches Zeichen, dass »der Tag des Herrn« nahe sei, der Gottes Gericht bringen werde, wenn die Menschen nicht Buße tun würden. Joël schreibt aber auch, dass Gott ihnen viel lieber seinen Segen und seinen Geist senden würde. »Danach aber wird es geschehen, dass ich meinen Geist ausgieße über alles Fleisch« (Joël 3,1). Das Neue Testament sieht diese Prophezeiung an Pfingsten erfüllt (Apostelgeschichte 2,14-21).

Schlüsselbegriff: Der Tag des Herrn

»Der Tag des Herrn« ist ein Thema, das sich bei neun der sechzehn Propheten findet. Sie sprechen von dem Tag, an dem Gott über die Sünde richtet, seine Feinde vernichtet und sein Volk befreit. Aber die Propheten mahnten auch, dass an diesem Tag enthüllt werde, ob das Volk Gottes wirklich ein Leben geführt habe, das sich von dem der anderen unterschied.

Jeremia und die Propheten

UNHEIL ZIEHT HERAUF

Die Assyrer hatten sich von Jerusalem zurückgezogen – was im Buch der Könige als wunderbare Rettung durch JHWH erzählt wird –, ihr Reich stand aber bald vor weit größeren Problemen, da ihr Nachbar Babylon die Muskeln spielen ließ. Juda fühlte sich als Gottes eigenes Volk dagegen sicher, obwohl Propheten wie Jeremia voraussagten, dass man kurz vor einer großen Katastrophe stehe.

Joschijas letzte Schlacht

1. Pharao Necho zog von Ägypten nach Karkemisch, das an den Ufern des Euphrat liegt, um Assyrien gegen Babylon zu helfen.

2. Joschija stellte sich mit seinen Truppen der ägyptischen Armee bei Megiddo in den Weg und fiel in der anschließenden Schlacht (2 Chronik 35,20-24).

3. Als Joschija besiegt aus Karkemisch zurückkehrte, nahm Necho Rache. Er setzte Joschijas Sohn Joahas ab und ersetzte ihn durch seinen proägyptischen Bruder Eljakim, dessen Namen gleichzeitig in Jojakim geändert wurde.

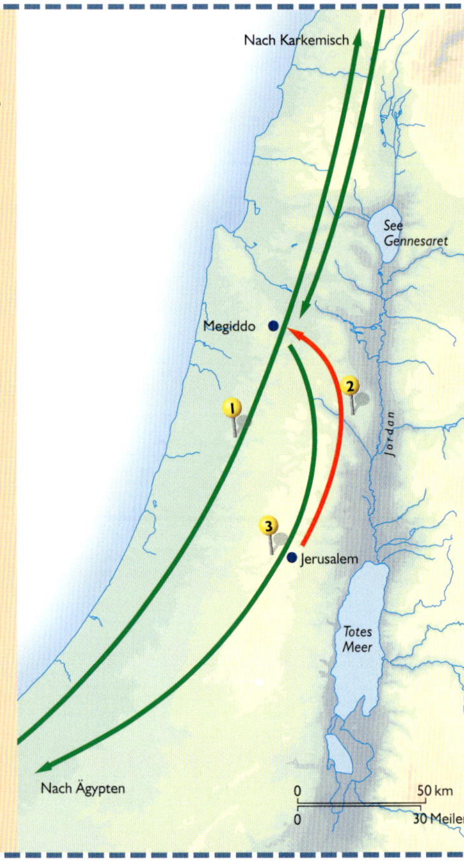

Gute und schlechte Könige

Nach Hiskijas Tod machte sein Sohn **Manasse** (697-642 v. Chr.) alle guten Werke seines Vaters rückgängig, als er in Juda wieder den Baalskult förderte. Er ließ im Tempel heidnische Altäre aufstellen und trieb Zauberei und Wahrsagerei, bestellte Totenbeschwörer und Zeichendeuter – alles Taten, die die Propheten heftig verdammten (2 Könige 21,1-18). Manasses Sohn **Amon** (642-640 v. Chr.) war so schlimm wie sein Vater und regierte nur zwei Jahre, bis er von seinen eigenen Beamten ermordet wurde (2 Könige 21,19-24).

Aber die Dinge nahmen mit **Joschija** (640-609 v. Chr.) eine völlig andere Wendung. Obwohl er bei seiner Thronbesteigung erst acht Jahre alt war, wird er als einer der besten Könige Judas geschildert. Da sein Vorbild König David war, beschloss er im Alter von sechzehn Jahren, Gott zu suchen, wie es David getan hatte, und begann, jede Spur der Baalsanbetung aus seinem Lande zu entfernen (2 Chronik 34,3-7). Bei Renovierungsarbeiten im Tempel wurde »das Gesetzbuch« gefunden (2 Könige 22; 2 Chronik 34), das eine Vorform für das Buch Deuteronomium lieferte. Als man Joschija dessen Worte vorlas, war er fassungslos, wie weit sich Juda bereits von Gott entfernt hatte (so dass es sogar schon einen Teil seiner Heiligen Schriften verloren hatte, ohne dies überhaupt zu bemerken). Er rief das Volk zusammen, um den Bund mit Gott zu erneuern und das Pessachfest zu feiern, das schon seit langem außer Gebrauch gekommen war. Unglücklicherweise fiel Joschija dann aber in einer Schlacht gegen die Ägypter.

Babylons Reichtum fand Ausdruck in seinen Bauten. Die Wände der Prozessionsstraße, die vom Ischtar-Tor in die Stadt führte, waren mit blau glasierten Ziegeln verkleidet, wie etwa diesem Löwen, der Babylons Stärke symbolisierte.

Babylons Aufstieg

Als Merodach-Baladan Hiskija besucht hatte (2 Könige 20,12-19), war Babylon nur ein Kleinstaat südlich von Assyrien gewesen. Im Buch Jesaja wird sein kommender Aufstieg beschrieben (Jesaja 39,5-7). Die Macht Babylons wuchs immer weiter an, als Nabopolassar eine neue babylonische Dynastie begründete und sich gegen seine assyrischen Oberherren erhob. 616 v. Chr. drang er in Assyrien ein und eroberte 612 v. Chr. Ninive. Als Babylon dann 605 v. Chr. die vereinigte assyrisch-ägyptische Armee bei Karkemisch besiegte, brach Assyrien endgültig zusammen und sein Reich und seine Reichtümer wurden dem Neubabylonischen Reich einverleibt.

Das antike Babylon. Mitten durch die Stadt floss der Euphrat, wobei eine Brücke die beiden Stadtteile verband. Seine inneren Hauptmauern waren 8 km lang und so breit, dass auf der Mauerkrone vierspännige Streitwagen wenden konnten.

»Von Norden her ergießt sich das Unheil über alle Bewohner des Landes« (Jeremia 1,14).

SIEHE AUCH
DER FALL JERUSALEMS S. 66-67
JESAJA UND DIE PROPHETEN S. 62-63
TURM ZU BABEL S. 14-15

Jeremia

Als Jeremia während Joschijas Regierungszeit von Gott zum Propheten berufen wurde, schreckte er erst einmal vor dieser Aufgabe zurück (Jeremia 1,4-19). Assyrien befand sich damals bereits im Niedergang, was die Menschen in Juda Hoffnung schöpfen ließ. Jeremia wusste allerdings, dass sich die Menschen in Juda trotz Joschijas Reformen immer mehr von den Geboten JHWHs entfernten.

Wir lesen, dass die Menschen sich immer noch auf äußerliche Riten verließen, statt eine echte Beziehung zu Gott einzugehen, die sich in einem gottgefälligen Umgang miteinander ausgedrückt hätte (Jeremia 7,1-15). Jeremia warnte sie, dass der Tag des Gerichts nahe sei, wenn sie sich nicht änderten. Judas Wohlstand ließ Jeremias Warnungen jedoch reichlich unwahrscheinlich erscheinen, vor allem nachdem Assyrien besiegt und Ninive gefallen war. Jeremias Botschaft wurde nicht beachtet und die Feindseligkeit ihm gegenüber ließ ihn manchmal sogar in Depressionen versinken.

Nach Joschijas Tod erschienen Jeremias Warnungen plötzlich viel wahrscheinlicher. Jojakim versuchte erfolglos, ihn zum Schweigen zu bringen. Als er den Tempel nicht mehr betreten durfte, ließ Jeremia seine Reden niederschreiben und den Menschen vorlesen. Er warnte, dass Jerusalem kurz vor einer Katastrophe stehe, dass der Tempel zerstört werden würde und dass man am besten vor Babylon kapitulieren sollte. Es überrascht nicht, dass Jojakim solche Reden für Hochverrat hielt.

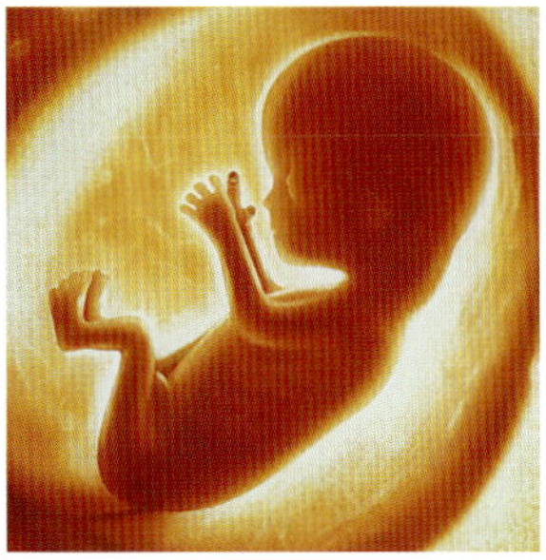

»Noch ehe ich dich im Mutterleib formte, habe ich dich ausersehen, noch ehe du aus dem Mutterschoß hervorkamst, habe ich dich geheiligt, zum Propheten für die Völker habe ich dich bestimmt« (Jeremia 1,5). Gottes Aufmunterung an Jeremia spiegelt die Sicht der Bibel wider, dass Gottes Pläne mit den Menschen sogar noch vor Empfängnis und Geburt zurückreichen (siehe auch Psalm 139,13-16).

»Kann ich nicht mit euch verfahren wie dieser Töpfer, Haus Israel?« – Spruch des Herrn. »Seht, wie der Ton in der Hand des Töpfers, so seid ihr in meiner Hand, Haus Israel« (Jeremia 18,6). Jeremia wollte damit ausdrücken, dass Gott mit seinem Volk frei und souverän umgehen kann, wie es der Töpfer mit dem Ton tat, und dabei ein misslungenes Gefäß auch neu gestalten konnte.

Weitere Propheten

Jeremia war nicht der Einzige, der zu dieser Zeit Gottes Botschaft verkündigte. Zefanja und Nahum wirkten ebenfalls während Joschijas Regierung als Propheten. Beide verkündeten Gottes kommendes Gericht.

Zefanja, der am Anfang von Joschijas Regierungszeit wirkte, konzentrierte sich auf das Gericht, das *Juda* bevorstand, weil es die Verpflichtungen aus seinem Bund mit Gott nicht erfüllt hatte.

Nahum, der etwas später auftrat, sprach vom Gericht, das *Assyrien* wegen seiner Grausamkeit und Unterdrückung bevorstand, und schilderte auf drastische Weise den zukünftigen Untergang Ninives.

Schlüsselbegriff: Gottes Zorn

Die Propheten beschreiben Gottes Zorn, der entbrennt, wenn menschliches Handeln sich gegen ihn und seine Tora richtet. Im Zorn Gottes wird deutlich, dass ihm das Verhalten der Menschen nicht gleichgültig ist, sondern dass er die Menschen auffordert, sich für ihn und damit für das Leben zu entscheiden. Ein starkes Bild ist der »Zornbecher« (so z. B. Jeremia 25,15-19), den Gott zum Trinken reicht und der betäubenden herben Wein enthält, der die Völker taumeln und stürzen lässt. Größer als der Zorn Gottes ist jedoch ein Erbarmen (Psalm 78,38, Jesaja 54,8).

2000 v.Chr.
1900 v.Chr.
1800 v.Chr.
1700 v.Chr.
1600 v.Chr.
1500 v.Chr.
1400 v.Chr.
1300 v.Chr.
1200 v.Chr.
1100 v.Chr.
1000 v.Chr.
900 v.Chr.
800 v.Chr.
700 v.Chr.
600 v.Chr.
500 v.Chr.
400 v.Chr.
300 v.Chr.
200 v.Chr.
100 v.Chr.
1 n.Chr.
100 n.Chr.

Der Fall Jerusalems

GOTTES VOLK WIRD INS EXIL GEFÜHRT

Lange Zeit hatten die Propheten das Volk Gottes aufgefordert, zum Herrn zurückzukehren. Als die prophetischen Mahnungen folgenlos blieben, war das Gericht Gottes unausweichlich – so interpretieren die biblischen Autoren im Rückblick die Geschichte vom Fall Jerusalems. Nachdem 722 v. Chr. das Nordreich Israel untergegangen war, traf es nun auch das Südreich Juda. Die Babylonier eroberten Jerusalem, zerstörten den Tempel und führten Gottes Volk in die Verbannung.

Der Anfang vom Ende

Nach der Niederlage der Ägypter bei Karkemisch hatte sich auch der judäische König Jojakim dem wachsenden Babylonischen Reich unterwerfen müssen. Nach drei Jahren versuchte er einen Aufstand. Die Babylonier zogen daraufhin im Jahr 598 v. Chr. mit einem großen Heer nach Juda. Im gleichen Jahr starb Jojakim. Sein Sohn und Nachfolger Jojachin konnte gerade einmal drei Monate Widerstand leisten. 597 v. Chr. wurde Jerusalem eingenommen und Jojachin und viele führende Bürger (einschließlich Ezechiel) nach Babylon gebracht, wo sie diejenigen vorfanden, die bereits 605 v. Chr. bei einer früheren Deportationsaktion verschleppt worden waren (zu denen u. a. Daniel gehörte). Auch der Palast- sowie der Tempelschatz wurden weggeführt.

Nebukadnezzar, der 605 v. Chr. in Babylon an die Macht gekommen war, ernannte Zidkija zum König, der aber ebenfalls nach einiger Zeit einen Aufstand wagte. Jetzt hatte Nebukadnezzar endgültig genug. 588 v. Chr. zogen die Babylonier nach Jerusalem und belagerten es zwei Jahre lang, bis es 586 v. Chr. fiel. Seine Mauern wurden niedergerissen, jedes wichtige Gebäude einschließlich des Tempels zerstört und die Bevölkerung nach Babylon in die Verbannung geführt (2 Könige 25,1-21; 2 Chronik 36,15-21; Jeremia 52,1-30). Zidkija, der versucht hatte zu entkommen, wurde gefangen. Seine Söhne wurden vor seinen Augen getötet, er selbst wurde geblendet und »in Fesseln« nach Babylon gebracht. Judas Geschichte schien zu Ende zu sein.

Dieses Tontäfelchen gehört zur *Babylonischen Chronik*, in der die Ereignisse der Jahre 605-594 v. Chr. aufgezeichnet sind. Sie berichtet über die Thronbesteigung Nebukadnezzars II., seine Schlacht gegen die Ägypter bei Karkemisch und die Einnahme von Jerusalem.

DAS BABYLONISCHE REICH

Jeremias weiteres Wirken

Trotz vieler Hindernisse verkündete Jeremia den Menschen bis an sein Lebensende das Wort Gottes:

- Er diktierte Baruch seine Prophezeiungen, als man ihm den Zutritt zum Tempel verbot. Jojakim zerschnitt seine Schriftrolle und warf sie ins Feuer, womit er seine Verachtung für Gottes Wort zeigte (Jeremia 36,1-31).
- Er schrieb an die Verbannten und ermunterte sie, sich ein neues Leben in Babylon aufzubauen, da Gott sie erst in siebzig Jahren heimführen werde (Jeremia 29,1-23).
- Er prophezeite, dass Gott sein Volk nicht nur wieder in die Heimat bringen, sondern auch einen neuen Bund mit ihm schließen werde, der anders als der alte Bund den Menschen ins Herz geschrieben sei, sodass sie ihn halten können. (Jeremia 31,31-34).
- Als der König von Babylon Jerusalem belagerte, kaufte er sich ein Feld (Jeremia 32,1-44) – nach menschlichen Maßstäben nicht gerade die beste Zeit für einen Grundstückskauf! Es war ein prophetischer Ausdruck seines Glaubens, dass das Volk Gottes tatsächlich zurückkehren werde.
- Er forderte Zidkija auf, sich Babylon zu unterwerfen (Jeremia 21,1-7), was dieser allerdings ablehnte. Zidkijas Aufstand führte dann zu Nebukadnezzars Belagerung. Jeremia wurde schließlich von den Judäern wegen Verrats ins Gefängnis geworfen (Jeremia 37,1-21).
- Er gewann die Gunst eines babylonischen Generals und wurde zurückgeschickt, um Gedalja, den neuen Statthalter Judas, zu unterstützen (Jeremia 40,1-6). Gedalja wurde von Aufständischen ermordet (41,1-5), die danach nach Ägypten flohen, wohin sie Jeremia mitnahmen (Jeremia 41,16–43,7). Dort starb er wahrscheinlich, ohne seine Heimat jemals wiedergesehen zu haben.

> *Weil der Herr über Juda und Jerusalem erzürnt war, kam es so weit, dass er sie von seinem Angesicht verstieß*
> (2 Könige 24,20).

SIEHE AUCH
DIE BUNDESLADE S. 30
BABYLON S. 64-65
TURM ZU BABEL S. 14-15
GOTTES VERHEISSUNG AN DAVID S. 43
JEREMIA S. 64-65

Seine Gegner warfen Jeremia in eine Zisterne wie die hier abgebildete, in der Hoffnung, dass er darin sterben würde (Jeremia 38,1-13). Zisternen waren Wasserspeicher für die Trockenzeit. Glücklicherweise war in Jeremias Zisterne »kein Wasser, sondern nur Schlamm«.

»Denn ich, ich kenne meine Pläne, die ich für euch habe« – Spruch des Herrn -, »Pläne des Heils und nicht des Unheils; denn ich will euch eine Zukunft und eine Hoffnung geben« (Jeremia 29,11). Dieser Vers fasst Jeremias tiefes Gottvertrauen zusammen, obgleich die Bibel auch Jeremias Klagen und Zweifel überliefert.

Die verlorene Bundeslade

Nach der Zerstörung des Tempels verschwand die Bundeslade aus der Geschichte. Da sie in den späteren Tempeln in Jerusalem nicht wieder auftauchte (obwohl die zurückgekehrten Verbannten viele Tempelgeräte wieder zurückgebracht hatten), wurde sie möglicherweise zerstört, als die Babylonier den Tempel plünderten. Um ihr Verschwinden bildeten sich viele Legenden. Einer jüdischen Überlieferung nach versteckte Jeremia sie in einer Höhle, während eine äthiopische Überlieferung behauptet, dass die Königin von Saba sie nach Äthiopien gebracht habe, wo sie noch immer in einer Kirche in Axum aufbewahrt werde. Inzwischen bieten mehrere Romane und Filme noch eine ganze Reihe anderer Versionen.
Jeremia kündigte an, dass in der kommenden Heilszeit die Bundeslade niemanden mehr interessieren werde (Jeremia 3,16), da Gott selbst gegenwärtig sei und die Gebote JHWHs ins Herz der Menschen geschrieben seien. Deshalb seien alle Versuche, die Bundeslade aufzuspüren, wenig bedeutsam.

»Zwar blüht der Feigenbaum nicht, an den Reben ist nichts zu ernten, der Ölbaum bringt keinen Ertrag, die Kornfelder tragen keine Frucht; im Pferch sind keine Schafe, im Stall steht kein Rind mehr. Dennoch will ich jubeln über den Herrn und mich freuen über Gott, meinen Retter« (Habakuk 3,17-18).

Schlüsselbegriff: Züchtigung

Die Bibel spricht an manchen Stellen von Gott auch als Vater, der seine Kinder erzieht und sie dabei auch bestraft (im Bibeldeutsch: »züchtigt«), wenn sie etwas Falsches tun – nicht weil er sie nicht liebt, sondern gerade *weil* er sie liebt. Die Verbannung Judas, die seinem Volk Zeit gab, über die Verhärtung ihrer Herzen und ihre Entfremdung von Gott nachzudenken, wurde als eine solche Strafe empfunden. *»Denn wen der Herr liebt, den züchtigt er«* (Hebräer 12,6).

Weitere Propheten

Obadja – Dieses prophetische Buch wurde möglicherweise zu der Zeit verfasst, als Edom sich hämisch über Babylons Einfall in Juda freute. Obadja kündigte an, dass diejenigen, die sich über das Unglück anderer freuen, eines Tages selbst gerichtet werden.

Habakuk – Er wirkte möglicherweise in Jojakims Regierungszeit und befasste sich mit der ewigen Frage, warum Gott die »Macht des Bösen« gewähren lässt. Wieso wurde Juda für relativ geringfügige Sünden bestraft, während Babylon ungestraft die schlimmsten Dinge tun konnte? Wie schon Ijob lange vor ihm, so bekam auch Habakuk darauf keine klaren Antworten. Doch Gott offenbarte sich ihm und prophezeite den Menschen eine helle Zukunft: *»Ja, das Land wird erfüllt sein von der Erkenntnis der Herrlichkeit des Herrn, so wie das Meer mit Wasser gefüllt ist«* (Habakuk 2,14).

Ezechiel und das Exil

DIE KATASTROPHE VERSTEHEN

2000 v.Chr.
1900 v.Chr.
1800 v.Chr.
1700 v.Chr.
1600 v.Chr.
1500 v.Chr.
1400 v.Chr.
1300 v.Chr.
1200 v.Chr.
1100 v.Chr.
1000 v.Chr.
900 v.Chr.
800 v.Chr.
700 v.Chr.
600 v.Chr.
500 v.Chr.
400 v.Chr.
300 v.Chr.
200 v.Chr.
100 v.Chr.
1 n.Chr.
100 n.Chr.

Für die Menschen in Juda brach eine Welt zusammen. Jerusalem war ausgeplündert, der Tempel zerstört und die Bewohner nach Babylon in die Verbannung geführt worden. Wo war Gott? Hatte er sie verlassen? Waren Babylons Götter vielleicht doch mächtiger als er? Dies waren die Fragen, die sich das Volk Gottes stellte. Es fand darauf sehr überraschende Antworten, die die Menschen veranlassten, ihr religiöses Leben neu zu gestalten. Dies ist die Geburtsstunde des Judentums. Nicht mehr das Opfer, sondern das Studium der heiligen Schriften wurde vermutlich als Gottesdienst verstanden. Große jüdische Zentren und Lehrhäuser entstanden.

Das Leben in Babylon

Im Gegensatz zu den Assyrern mit ihrer Politik, besiegte Völker völlig zu zerstreuen, konnten sie unter den Babyloniern ihre Identität weitgehend behalten. Die Verbannten folgten deshalb Jeremias Rat (Jeremia 29,5-7) und begannen, sich Häuser zu bauen und Geschäfte zu gründen, bewahrten dabei aber ihre Sitten und Gebräuche, obwohl sie das Aramäische, die Sprache der Babylonier, annahmen. Viele wurden wohlhabend und einige wie Daniel und Nehemia stiegen sogar in hohe Staatsämter auf.

»An den Strömen von Babel, da saßen wir und weinten, wenn wir an Zion dachten« (Psalm 137,1). Die Verbannten wurden entlang der assyrisch-persischen Grenze zwischen Euphrat und Tigris angesiedelt. Während diese Flüsse Babylons Wohlstand und Macht symbolisierten, verbanden die Judäer mit ihnen nur Niederlage und Verzweiflung, wenn sie sich an Jerusalem erinnerten.

DIE ENTWICKLUNG DES JUDENTUMS

Die Zerstörung des Tempels war ein schwerer Schlag für das Volk Gottes. Doch allmählich erkannte es, dass sein Glaube nicht an einen bestimmten Ort oder ein Gebäude gebunden war. Stattdessen konzentrierte es sich nun auf diejenigen Aspekte seiner Glaubenswelt, die überall praktiziert werden konnten. So bekam zum Beispiel die Beschneidung eine ganz neue Bedeutung. Auch andere Änderungen setzten sich immer mehr durch:
Statt eines besonderen Ortes (Jerusalem) wurde jetzt ein besonderer Tag (der Sabbat) wichtig, auf dessen Einhaltung man besonderen Wert legte.
Statt des Tempels gab es jetzt die Synagoge, in der gebetet und die Tora gelesen wurde.
Statt den Priestern gab es jetzt Schreiber (die die heiligen Bücher abschrieben) und Rabbiner (die »Gesetzeslehrer«), die zu entscheidenden Figuren in der Entwicklung des Judentums wurden.
Die Menschen begannen auch, darüber nachzudenken, warum sie in diese Verbannung geraten waren. Waren sie denn nicht das Volk Gottes und hatte Gott ihnen nicht all die überlieferten Versprechen gegeben? Was war schief gelaufen? Sie begannen, das Exil als Folge ihres wiederholten Ungehorsams zu begreifen. Dieses Thema – dass nämlich Gehorsam Segen und Ungehorsam Fluch mit sich bringt – spiegelt sich in den Geschichtsdarstellungen des Alten Testaments wider, und wahrscheinlich erhielten nun auch die Bücher Josua, Richter, Samuel und Könige (die die Geschichte von der Ankunft des Gottesvolkes im Gelobten Land bis zu seiner Verbannung erzählen) ihre endgültige Form.

So spricht Gott, der Herr: »Auch wenn ich sie weit weg unter die Völker geführt und in alle Länder zerstreut habe, so bin ich doch in den Ländern, wohin sie gekommen sind, beinahe zum Heiligtum für sie geworden« (Ezechiel 11,16).

SIEHE AUCH
BABYLON S. 64-66
DANIEL UND ESTER S. 74-75

Ezechiel und seine Zukunftshoffnung

Ezechiel sollte wie sein Vater Priester werden, bevor er in die Verbannung geführt wurde. Als er 30 Jahre alt wurde und damit normalerweise sein Priesteramt angetreten hätte, berief ihn Gott stattdessen zu seinem Propheten.

DIE BOTSCHAFT EZECHIELS

Kapitel 1–3: Berufung zum Propheten

Ezechiel hatte eine mächtige Erscheinung der Herrlichkeit Gottes (1,1-3,27). Als er sah, dass Gottes Thron sich auf Rädern in jede gewünschte Richtung bewegen konnte, begriff er, dass Gott »beweglich« und nicht auf Jerusalem beschränkt war und deshalb überall gefunden werden konnte.

Kapitel 4–24: Botschaften für Jerusalem

Mit Hilfe von Gleichnissen, Allegorien, einer Art göttlichem Drama und Prophezeiungen sagte Ezechiel den Untergang Jerusalems voraus, das er vier Jahre zuvor verlassen hatte.

Kapitel 25–32: Drohsprüche gegen andere Völker

Auch den heidnischen Nachbarvölkern Judas, die sich über dessen Unglück hämisch freuten, kündigte Ezechiel das Gericht an.

Kapitel 33–39: Hoffnung für die Zukunft

Als der Tempel schließlich zerstört war, änderte sich der Ton von Ezechiels Botschaften: Er sprach den Judäern im Exil Trost zu, denn er war überzeugt, dass Gott, »der Hirte Israels« (Kapitel 34), seine »Schafe« erretten, ihnen »ein neues Herz schenken« (36,25-27) und aus ihren alten »ausgetrockneten Knochen« ein neues Volk schaffen würde (37,1-14). Zudem gab er der Hoffnung auf den Messias, auf einen neuen David Ausdruck (34,23-24).

Kapitel 40–48: Visionen von einem neuen Tempel

Ezechiel sah einen neuen Tempel, in den »die Herrlichkeit des Herrn« zurückkehren (43,1-5) und aus dem der »Fluss des Lebens« herausströmen würde (47,1-12).

LINKS: Die Judäer im Exil begriffen allmählich, dass sie sich überall versammeln konnten- nicht nur im Tempel, der ja jetzt zerstört war. Dies war die Geburtsstunde der »Synagoge« (das griechische Wort bedeutet »Versammlung«), in der sie beteten und die Heilige Schrift lasen. Vermutlich mehr als jede andere Einrichtung half die Synagoge, das Judentum in seiner gegenwärtigen Form zu schaffen. Sie steht in den jüdischen Gemeinden auch heute noch im Mittelpunkt des gesellschaftlichen und religiösen Lebens.

RECHTS: Ein jüdischer Schreiber kopiert sorgfältig die Heilige Schrift. Es entwickelten sich sehr strikte Regeln, um beim Abschreiben äußerste Genauigkeit zu gewährleisten. Wenn ein Schreiber einen Fehler machte, wurde die ganze Pergamentseite vernichtet; wenn auf einer Seite drei Fehler gemacht wurden, musste das ganze Manuskript zerstört und noch einmal von vorne angefangen werden, um für genaue Abschriften zu sorgen.

Das Tote Meer ist so salzig, das keine Lebewesen darin existieren können. Aber Ezechiel sah einen Fluss, der vom Tempel in dieses »Salzmeer« herabströmte, dessen Wasser süß machte und an seinen Ufern Leben ermöglichte. Dieses beeindruckende Bild wurde von Johannes in seiner Offenbarung wiederaufgenommen (Offenbarung 22,1-2).

Schlüsselbegriff: Der »Rest«

Die Propheten betrachteten das Überleben eines »Restes« – einer kleinen Gruppe des Gottesvolks – als Beweis der Treue und Liebe Gottes. Egal, wie schlimm die Lage sein mochte, egal, wie klein das Gottesvolk geworden sein mochte, Gott sorgte als Hirte für seine Schafe und ließ sie nicht im Stich.

Das Ende des Exils

DIE HEIMKEHR

2000 v.Chr.
1900 v.Chr.
1800 v.Chr.
1700 v.Chr.
1600 v.Chr.
1500 v.Chr.
1400 v.Chr.
1300 v.Chr.
1200 v.Chr.
1100 v.Chr.
1000 v.Chr.
900 v.Chr.
800 v.Chr.
700 v.Chr.
600 v.Chr.
500 v.Chr.
400 v.Chr.
300 v.Chr.
200 v.Chr.
100 v.Chr.
1 n.Chr.
100 n.Chr.

Da Babylon unbesiegbar schien, schwand die Hoffnung der Verbannten auf eine Heimkehr. Aber die Geschichte zeigt immer wieder, dass große Imperien schnell fallen können. Babylon machte hier keine Ausnahme. Als sich Persien als neue Macht im Süden zu entwickeln begann, sah plötzlich alles ganz anders aus. Die Menschen erinnerten sich an die Worte der Propheten und schöpften neue Hoffnung.

Der »Kyrus-Zylinder« überliefert Kyrus' eigenen Bericht über die Eroberung Babylons. Kyrus veränderte den Lauf des Euphrat, damit seine Armee durch das trockene Flussbett in die Stadt gelangen konnte. Die Bewohner der Stadt, die von ihren schwachen Herrschern genug hatten, hießen ihn willkommen, so dass er die Stadt ohne Gewalt einnehmen konnte.

Kyrus: Eine neue Politik

Nachdem Kyrus von Persien im Oktober 539 v. Chr. Babylon erobert hatte, herrschte er plötzlich über ein riesiges Reich. Im Gegensatz zu den Herrschern vor ihm nahm er gegenüber den besiegten Völkern eine weit liberalere und humanere Haltung ein, gewährte ihnen ein gewisses Maß an Autonomie und förderte lokale Gebräuche und Religionen. Er ließ verbannte Völker sogar mit finanzieller Unterstützung des persischen Staates in ihre Heimat zurückkehren. Im Rahmen dieser Politik gab er 538 v. Chr. einen Erlass heraus, der es den Juden erlaubte, heimzukehren und den Tempel wieder aufzubauen. Kyrus gab ihnen sogar die Geräte zurück, die Nebukadnezzar aus dem Tempel entfernt hatte (wobei die Bundeslade nicht mehr erwähnt wird). Die meisten der Verbannten zeigten allerdings keine übertriebene Eile heimzukehren, da viele von ihnen sich inzwischen so gut in ihrer neuen Heimat eingelebt hatten, dass sie diese nur ungern wieder aufgaben.

DAS PERSISCHE REICH

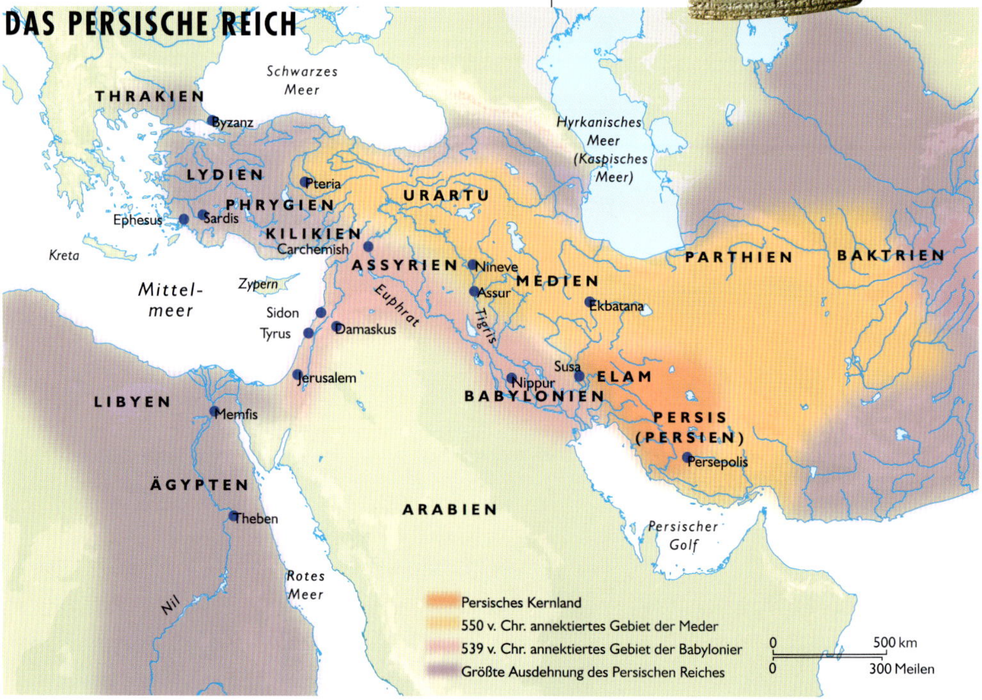

Kerndaten der jüdischen Geschichte

605 v. Chr. Erste Verbannung.
597 v. Chr. Zweite Verbannung.
586 v. Chr. Endgültige Verbannung.
539 v. Chr. Kyrus erobert Babylon.
538 v. Chr. Die Juden kehren nach Jerusalem zurück.
536-516 v. Chr. Wiederaufbau des Tempels.
520 v. Chr. Ermutigung durch die Propheten Haggai und Sacharja.
458 v. Chr. Esra trifft in Jerusalem ein.
445 v. Chr. Nehemia kehrt nach Jerusalem zurück und baut die Stadtmauer wieder auf.

Regierungszeiten der persischen Könige

559-530 v. Chr.	Kyrus
530-522 v. Chr.	Kambyses (in der Bibel nicht erwähnt)
522-486 v. Chr.	Darius I.
486-464 v. Chr.	Xerxes I.
464-423 v. Chr.	Artaxerxes I.

Zwischen der Verschleppung der ersten Verbannten nach Babylon 605 v. Chr. und ihrer Rückkehr 538 v. Chr. lagen fast 70 Jahre – genau so hatte es Jeremia prophezeit.

Im ersten Jahr des Königs Kyrus von Persien sollte sich erfüllen, was der Herr durch Jeremia gesprochen hatte. Darum erweckte der Herr den Geist des Königs Kyrus von Persien und Kyrus ließ in seinem ganzen Reich mündlich und schriftlich den Befehl verkünden ... (Esra 1,1).

SIEHE AUCH
DANIEL S. 74
DIASPORA S. 74
ESRA UND NEHEMIA S. 72-73

DIE RÜCKKEHR DER VERBANNTEN

1. Daniel kündigte Nebukadnezzar an, dass sein Reich kurz vor dem Zusammenbruch stehe (539 v. Chr.)
2. König Jojachins Enkel Serubbabel führte 538-537 v. Chr. die erste Gruppe aus dem Exil zurück und begann, den Tempel wieder aufzubauen.
3. Haggai und Sacharja riefen mit Unterstützung von König Darius dazu auf, die Arbeiten am Tempel fertig zu stellen (520 v. Chr.)
4. Ester heiratet König Xerxes (ca. 460 v. Chr.) und beschützt die noch im Exil lebenden Israeliten.
5. Esra kehrte mit einer zweiten Gruppe nach Jerusalem zurück (458 v. Chr.).
6. Nehemia kehrte mit einer dritten Gruppe zurück und baute die Stadtmauern von Jerusalem wieder auf (445 v. Chr.)

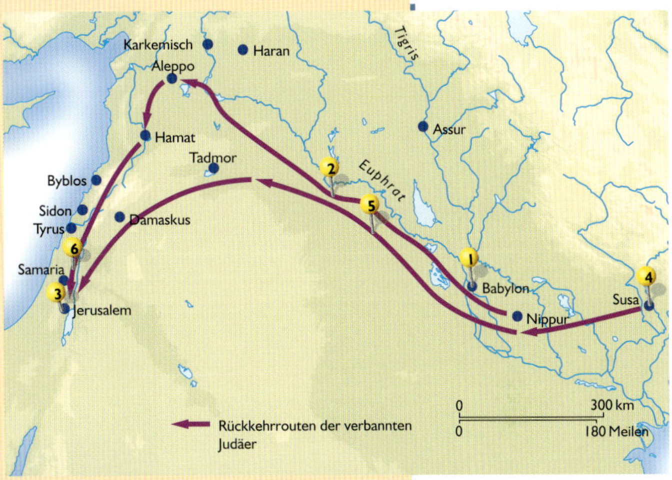

Nach Kyrus' Tod bestieg sein Sohn Kambyses den Thron. Kambyses wurde schließlich durch einen Staatsstreich gestürzt und Darius, einer seiner Generäle, ergriff die Macht. Darius, der zu einem der mächtigsten Könige der persischen Geschichte wurde, kehrte zu Kyrus' Politik zurück, die Rückführung der Verbannten zu fördern. Die Ruinen seiner riesigen Palastanlage in Persepolis (Bild oben), die von Artaxerxes I. vollendet wurde, vermitteln eine Ahnung von der Großartigkeit seiner Planungen.

Der zweite Tempel

Wenn ein Unternehmen länger dauert als erwartet, verfliegt der anfängliche Enthusiasmus oft schnell. Genau dies war auch bei den aus dem Exil Zurückgekehrten der Fall. Sie begannen, mit großem Eifer den Tempel wieder aufzubauen, aber die Sorge für ihre alltäglichen Grundbedürfnisse ließ ihr Aufbauwerk bald in den Hintergrund treten. Darüber hinaus gab es beträchtlichen Widerstand von Seiten der örtlichen Bevölkerung.

Dies führte dazu, dass die Arbeiten am Tempel fünfzehn Jahre lang vollkommen ruhten. Sie wurden erst wiederaufgenommen, als die Propheten **Haggai** und **Sacharja** die Menschen tadelten, weil sie ihre eigenen Häuser bauten, während Gottes Haus noch in Trümmern lag. Es sei deshalb nicht überraschend, dass auf allem noch kein Segen liege. Mit königlicher Autorität ausgestattet, brachten die beiden Propheten ihr Volk dazu, den Wiederaufbau zu vollenden. Vier Jahre später (516 v. Chr.) konnte der fertige Tempel Gott geweiht werden.

Wir wissen sehr wenig über diesen zweiten Tempel, der vermutlich dem Vorbild des Salomonischen Tempels folgte, auf dessen Fundamenten er errichtet war. Trotzdem reichte er bei weitem nicht an die Pracht des früheren Tempels heran. Er wurde immer wieder ausgebessert und umgebaut, bis ihn König Herodes der Große schließlich durch einen neuen Tempel ersetzte. Dies war der Tempel, den auch Jesus kannte.

Kyrus in der Bibel

Weil Kyrus die Heimkehr der Juden aus dem Exil und die Rückgabe der Tempelschätze angeordnet hatte, ist das Bild, das die alttestamentlichen Texte von ihm zeichnen, entsprechend positiv. In Jesaja 45,1 wird er sogar »Gesalbter (Messias) JHWHs« genannt: »So spricht der Herr zu Kyrus, seinem Gesalbten, den er an der rechten Hand gefasst hat, um ihm die Völker zu unterwerfen, um die Könige zu entwaffnen, um ihm die Türen zu öffnen und kein Tor verschlossen zu halten: Ich selbst gehe vor dir her und ebne die Berge ein. Ich zertrümmere die bronzenen Tore und zerschlage die eisernen Riegel. Ich gebe dir verborgene Schätze und Reichtümer, die im Dunkel versteckt sind. So sollst du erkennen, dass ich der Herr bin, der dich bei deinem Namen ruft, ich, Israels Gott« (Jesaja 45,1-3). Hier wird es so dargestellt, dass nicht der babylonische Gott Marduk Kyros als Eroberer Babylons geführt habe, wie es im Kyrus-Zylinder heißt, sondern JHWH.

Schlüsselbegriff: Das Unmögliche

Serubbabel stand vor einer unmöglichen Aufgabe, als er den Auftrag zum Tempelbau erhält. Aber ein Gotteswort gibt ihm die Zusage, dass er das begonnene Werk vollenden wird. Ihm wird versprochen: »Nicht durch Macht, nicht durch Kraft, allein durch meinen Geist!« (Sacharja 4,6). Mit JHWHs Hilfe werde er also den Berg von Schwierigkeiten abbauen und den Schlussstein des Tempelgebäudes setzen.

GEN / 1 MOSE
EX / 2 MOSE
LEV / 3 MOSE
NUM / 4 MOSE
DTN / 5 MOSE
JOSUA
RICHTER
RUT
1 SAMUEL
2 SAMUEL
1 KÖNIGE
2 KÖNIGE
1 CHRONIK
2 CHRONIK
ESRA
NEHEMIA
ESTER
IJOB
PSALMEN
SPRÜCHE
KOHELET
HOHELIED
JESAJA
JEREMIA
KLAGELIEDER
EZECHIEL
DANIEL
HOSEA
JOËL
AMOS
OBADJA
JONA
MICHA
NAHUM
HABAKUK
ZEFANJA
HAGGAI
SACHARJA
MALEACHI
MATTHÄUS
MARKUS
LUKAS
JOHANNES
APG
RÖMER
1 KORINTHER
2 KORINTHER
GALATER
EPHESER
PHILIPPER
KOLOSSER
1 THESS
2 THESS
1 TIMOTHEUS
2 TIMOTHEUS
TITUS
PHILEMON
HEBRÄER
JAKOBUS
1 PETRUS
2 PETRUS
1 JOHANNES
2 JOHANNES
3 JOHANNES
JUDAS
OFFB

Esra und Nehemia

GEISTIGE UND MATERIELLE ERNEUERUNG

2000 v.Chr.
1900 v.Chr.
1800 v.Chr.
1700 v.Chr.
1600 v.Chr.
1500 v.Chr.
1400 v.Chr.
1300 v.Chr.
1200 v.Chr.
1100 v.Chr.
1000 v.Chr.
900 v.Chr.
800 v.Chr.
700 v.Chr.
600 v.Chr.
500 v.Chr.
400 v.Chr.
300 v.Chr.
200 v.Chr.
100 v.Chr.
1 n.Chr.
100 n.Chr.

Der Wiederaufbau des Tempels war beendet. Trotzdem blieb noch viel zu tun. Das geistige Leben der Menschen bedurfte der Erneuerung und die Tora sollte wieder neu ins Zentrum der Gesellschaft rücken. Auch auf materieller Ebene gab es noch einiges zu tun, z.B. die Wiedererrichtung der Stadtmauern. Diese Aufgabe trieb Nehemia energisch voran, der von den Persern als Statthalter eingesetzt worden war. Die Perser billigten diesen Plan des Wiederaufbaus. Historischer Hintergrund ist wahrscheinlich die persische Politik, den untergebenen Völkern eine gewisse Autonomie zu gewähren, aber von den durch sie eingesetzten Statthaltern Loyalität zu erwarten.

Esra, der Schriftgelehrte

458 v. Chr. reiste Esra zurück nach Jerusalem. Er war nicht nur ein Priester und direkter Nachkomme Aarons, sondern auch »ein Schriftgelehrter, kundig im Gesetz des Mose«. Er wurde deshalb beauftragt, Gottes Gesetz zu lehren, Opfer darzubringen und mit der Vollmacht des Königs Artaxerxes »Rechtskundige und Richter« zu bestellen.
Esra war entsetzt über die Lage in seinem Land. Mischehen mit Heiden waren selbst in führenden Kreisen an der Tagesordnung und der Prophet Maleachi berichtet sogar, dass einige sich von ihren jüdischen Frauen getrennt hätten, um eine örtliche Heidin heiraten zu können. Da solche Mischehen Israel schon einmal ins Unglück geführt hatten, zeigte das aus Sicht der Bibel, wie wichtig es war, bei der Neubildung des Gottesvolkes nach dem Exil den Zusammenhalt durch jüdische Eheschließungen zu fördern. Esras Bußgebet (Esra 9,5-15) berührte das Gewissen der Menschen. Drei Tage später versammelten sich die Betroffenen im strömenden Regen, taten Buße und trennten sich schließlich von ihren »fremden Frauen«.
Zehn Jahre später treffen wir Esra beim Erledigen angenehmerer Aufgaben wieder. Er lehrte das Gesetz Gottes und die Menschen hörten ihm aufmerksam zu, ein weiterer Schritt auf dem Weg der Juden zum »Volk des Buches«.

Die Bücher Esra und Nehemia beschreiben den äußerlichen und inneren Neuaufbau Israels im 6. Jh. v. Chr. Entstanden sind sie erst ab 350 v. Chr. Diese historische Distanz zum Geschehen zeigt, dass die Bücher (theologische) Deutung von Geschichte sind und keine Augenzeugenberichte.

Esra las nach dem Bau der neuen Mauern Jerusalems dem Volk »vom frühen Morgen bis zum Mittag« aus der Schriftrolle mit dem »Buch des Gesetzes« (den ersten fünf Büchern der Bibel) vor (Nehemia 8,3).
Teile des Buchs Esra (4,8-6,18; 7,12-26) sind nicht auf Hebräisch, sondern auf Aramäisch, der damaligen internationalen Sprache, verfasst. Esra schrieb offizielle Dokumente und Briefe eher ab, als sie zu übersetzen. Das Aramäische sollte schließlich das Hebräische als Alltagssprache der Juden ablösen.

UNTEN: Eine »Bar Mizwa« (»Sohn des Gebots«)–Feier, bei der ein jüdischer Junge eine Torarolle trägt, aus der er dann später vorlesen wird. Mit seinen dreizehn Jahren ist er jetzt alt genug, um den Text zu verstehen und seine Forderungen zu erfüllen. So hatte es Esra den Menschen in Erinnerung gerufen, als er ihnen das Gesetz vorlas (Nehemia 8,1-18).

»Gehen wir daran und bauen wir die Mauern Jerusalems wieder auf! So machen wir unserer Schande ein Ende«
(Nehemia 2,17).

SIEHE AUCH
DANIEL UND ESTER S. 74-75
DAS ENDE DES EXILS S. 70-71

Nehemia, der Statthalter

445 v. Chr. erhielt Nehemia äußerst schlechte Nachrichten aus Juda: die aus dem Exil Zurückgekehrten lebten dort »in großer Not und Schmach« (Nehemia 1,3). Nach vierwöchigem Fasten und Beten bekam Nehemia die Gelegenheit, den persischen König von der verzweifelten Lage dort zu informieren. Dieser ernannte ihn daraufhin zum Statthalter Judas und schickte ihn nach Jerusalem, um die Mauern der Stadt wieder aufzubauen.
Nach einer geheimen nächtlichen Inspektion forderte Nehemia die Juden auf, die zerstörten Mauern endlich wieder aufzubauen. Jede Familie erklärte sich bereit, das Mauerstück gegenüber ihrem Haus instand zu setzen, nachdem Nehemia an ihren Stolz und ihr Sicherheitsbedürfnis appelliert hatte. Auf diese Weise konnte die Mauer in nur 52 Tagen vollendet werden (Nehemia 6,15). Jerusalem war wieder sicher und die Mauern wurden mit einer großen Prozession Gott geweiht.
433 v. Chr. ging Nehemia nach Persien zurück. Da die Juden aber in seiner Abwesenheit wieder in ihr altes sündiges Leben verfielen, kehrte er ein zweites Mal zurück, um die Verhältnisse erneut in Ordnung zu bringen (Nehemia 13,6-31).

Ich war nämlich Mundschenk beim König (Nehemia 1,11). Als Mundschenk war es eine von Nehemias Pflichten, den Wein für den König auszuwählen und vorzukosten, eine gefährliche Aufgabe in einer Zeit, in der Hofintrigen und Giftanschläge nichts Ungewöhnliches waren. Es bestand deshalb ein Vertrauensverhältnis zwischen König und Mundschenk, das vielleicht erklärt, warum Artaxerxes Nehemia schätzte und eine Zeitlang nach Jerusalem gehen ließ. Dieses kostbare persische Trinkgefäß stammt aus Nehemias Zeit.

Maleachi

Als sich die Versprechen von Haggai und Sacharja nicht erfüllten, verloren die Menschen den Mut, was sich auch in ihrer halbherzigen Gottesverehrung widerspiegelte. Maleachi, ein Prophet, der ungefähr zu Nehemias Zeit wirkte, wies ihre Zweifel an Gottes Liebe zurück, tadelte ihre Gottlosigkeit und wollte sie zum Glauben bewegen, dass »der Tag des Herrn« nahe sei. Gott würde ihnen zuvor einen »Boten« schicken, der ihm den »Weg bahnen« sollte (Maleachi 3,1), ein Versprechen, das das Neue Testament in der Gestalt Johannes des Täufers erfüllt sieht.

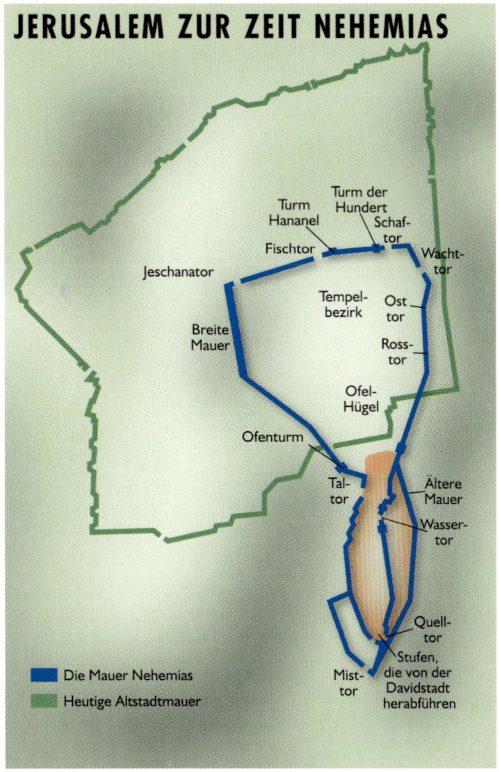

Das Fasten

Fasten ist der Verzicht auf Nahrung, durch das der gewohnte Lebensrhythmus unterbrochen wird. Fasten dient in der Bibel dem Umgang mit Schicksalsschlägen, der Umkehr und der Vorbereitung auf eine Offenbarung. Viele Personen fasten in der Bibel, so etwa Daniel, Ester, Esra, Nehemia, Paulus und auch Jesus.

In der Bibel werden drei Arten des Fastens erwähnt:

- *Das gewöhnliche Fasten* – der eintägige Verzicht auf feste Nahrung, aber nicht auf Wasser (Richter 20,26; Levitikus 23,32)
- *Das teilweise Fasten* – der Verzicht auf ganz bestimmte Speisen für eine gewisse Zeit (Daniel 1,8-20; 1,3)
- *Das absolute Fasten* – der Verzicht auf feste Speisen *und* Wasser unter außergewöhnlichen Umständen (Exodus 34,28; Ester 4,15-16; Matthäus 4,1-11).

Das Fasten spielt im Leben vieler Christen, aber auch in Judentum und Islam auch heute noch eine wichtige Rolle. Es soll die Beziehung zu Gott vertiefen.

Trotz einigen Widerstands konnte Nehemia die Menschen dazu bewegen, die Mauern Jerusalems, die fast 150 Jahre in Trümmern gelegen hatten, in nur 52 Tagen wieder aufzubauen. Das Bild zeigt einen Teil der Stadtmauer Jerusalems. Unterschiedliche Bauzeiten und Baumeister haben deutliche Spuren hinterlassen.

Schlüsselbegriff: Der Zehnte

»Bringt den ganzen Zehnten ins Vorratshaus ... Ja, stellt mich auf die Probe damit ... und wartet, ob ich euch dann nicht die Schleusen des Himmels öffne ...« (Maleachi 3,10). Die Abgabe von zehn Prozent des landwirtschaftlichen Ertrags wird im Lauf der Zeit mit verschiedenen Intentionen verbunden. In der Königszeit begegnet der Zehnte sowohl als staatliche Steuer sowie als Tempelsteuer in Bet-El. Unter Joschija wandelt sich seine Funktion: Er soll von den Wallfahrern selbst am Tempel verzehrt werden, jedes dritte Jahr jedoch den ortsansässigen Armen gegeben werden. In der Perserzeit dient der Zehnte erneut der Finanzierung des Tempels (Nehemia 10,38f).

Daniel und Ester

GOTT DIENEN IN DER FREMDE

Während einige der Verbannten nach Juda zurückkehrten, konnte und wollte ihnen nicht jeder ihrer Schicksalsgenossen folgen. Einige hatten sich so gut in ihrem neuen Leben eingerichtet, dass sie entschieden, dort zu bleiben, wo sie waren; andere zogen in verschiedene Teile Persiens weiter. Die Erfahrungen von Menschen in einer Diasporasituation verarbeiten Erzählungen wie zum Beispiel diejenigen von Daniel oder Ester. Wir erfahren, wie sich diese Menschen im Herzen der babylonischen und persischen Reiche wiederfanden und dort, und nicht in Juda, als Erwählte Gottes handeln konnten.

Beide Figuren stehen als Beispiel dafür, wie die Mitglieder des Gottesvolks andere Kulturen zu beeinflussen vermochten, auch wenn sie sich von ihrer eigenen sehr unterscheiden.

Daniel

Das Buch Daniel hat drei Teile:

- **Kapitel 1–6: Erzählteil.** In ihm wird die Geschichte Daniels erzählt, eines jungen Mannes, der bereits bei der ersten Verbannung 605 v. Chr. aus Juda nach Babylon verschleppt wurde, wo er dann aber durch die ihm von Gott verliehene Weisheit und die Fähigkeit, Träume zu deuten, bis ins Ministeramt aufstieg. Allerdings begegnete er dabei auch großem Widerstand – er wurde einmal in eine Löwengrube geworfen und seine Freunde in einen Feuerofen gesteckt –, aber Gott beschützte ihn zu jeder Zeit. Die Bibel unterstreicht Daniels Weigerung, falsche Kompromisse zu schließen, und seine Entschlossenheit, Alternativen zu finden, die Gott gefallen. Er bewies, dass es möglich ist, Gott treu zu bleiben und doch ein Segen für eine Gesellschaft zu sein, die den Gott Israels nicht verehrt.
- **Kapitel 7–12: Visionsteil.** In ihm wird in symbolischen Bildern die Zukunft offenbart und unterstrichen, dass Gott zu allen Zeiten und unter allen Umständen den Lauf der Dinge bestimmt und sein Volk retten wird. Uns heutigen Menschen ist diese apokalyptische Bilderwelt fremd geworden, in biblischen Zeiten waren die Menschen jedoch mit ihr vertraut.
- **Kapitel 13–14: Weiterer Erzählteil.** Die Erzählung von der Rettung der Susanna durch Daniel wurde der Daniel-Überlieferung erst nach Abschluss des hebräisch-aramäischen Danielbuchs in den griechischen Übersetzungen hinzugefügt. Nach evangelischer Tradition zählt sie zu den sogenannten Apokryphen / Deuterokanonischen Schriften.

Daniel kehrte niemals nach Juda zurück. Er diente fast siebzig Jahre mehreren Königen in höchsten Stellungen und starb, vermutlich fast 90-jährig, in Babylon.

Daniels Zukunftsvisionen

In einer Reihe von Visionen zeigte Gott Daniel, dass jedes große Reich schließlich zerfallen werde und am Ende das ewige Reich Gottes anbrechen werde (Daniel 2,44). Die nebenstehende Tabelle führt die Visionen, ihre Bilder und die Reiche, die sie symbolisieren, auf.

KAPITEL 2 GEWALTIGES STANDBILD	KAPITEL 7 VIER WILDE TIERE	KAPITEL 8 KAMPF ZWISCHEN WIDDER UND ZIEGENBOCK	SYMBOLISIERTE REICHE	UNTERGANG IM JAHRE
Kopf aus Gold	Löwe		Babylon	539 v. Chr.
Brust und Arme aus Silber	Bär	Widder	Medien-Persien	330 v. Chr.
Körper und Hüften aus Bronze	Panther	Ziegenbock	Griechenland	63 v. Chr.
Beine aus Eisen	Tier mit zehn Hörnern		Rom	476 n. Chr.*

* In diesem Jahr setzt man üblicherweise den Untergang des Römischen Reiches an.

»Immer noch hatte ich die nächtlichen Visionen: Da kam mit den Wolken des Himmels einer wie ein Menschensohn ... Seine Herrschaft ist eine ewige, unvergängliche Herrschaft. Sein Reich geht niemals unter« (Daniel 7,13-14).

Vor dem Hintergrund aufsteigender und niedergehender Reiche sah Daniel den »Menschensohn«, der ein ewiges Reich regierte, ein Titel, der in den Evangelien auf Jesus bezogen wird.

Die Diaspora

Wissenschaftler schätzen, dass nur 50 000 Juden aus der Babylonischen Gefangenschaft heimkehrten, eine geringe Zahl, verglichen mit denen, die Jahrzehnte früher ins Exil gehen mussten. Viele blieben, wo sie waren, oder zogen in andere Teile Persiens weiter. Diese Diaspora (griechisch: »Verstreutheit«) beförderte die schnelle Ausbreitung des Judentums und schließlich auch des Christentums, da die missionierenden Christen ihre Predigten des Evangeliums oft in den örtlichen Synagogen hielten.

»Wer weiß, ob du nicht gerade dafür in dieser Zeit Königin geworden bist?« (Ester 4,14).

SIEHE AUCH
BABYLON S. 64
TRÄUME UND VISIONEN S. 25
DAS ENDE DES EXILS S. 70-71
DAS FASTEN S. 73

Ester

Das Buch Ester – eines der wenigen biblischen Bücher, die nach einer Frau benannt wurden (die anderen sind Rut und Judit) – erzählt, wie eine jüdische Waise in der Verbannung zur Königin von Persien aufstieg und ein Komplott vereitelte, das vorsah, alle Juden zu töten.
Die Geschichte spielt in der königlichen Winterhauptstadt Susa. Dort verstößt der Perserkönig, der in der hebräischen Bibel den Namen Achaschwerosch, in der griechischen den Namen Artaxerxes trägt (gedacht ist vermutlich an Xerxes), in einem Wutanfall während eines Festmahls seine Frau (Kapitel 1). Durch eine Art Schönheitswettbewerb soll ihre Nachfolgerin gefunden werden. Ester gefällt dem Großkönig am besten und wird Königin. Achaschwerosch weiß nicht, dass sie Jüdin ist (Kapitel 2). Vier Jahre später beschließt Haman, der oberste Beamte des Königs, Persien von allen Juden zu säubern, da Mordechai, ein Jude, ihm seiner Ansicht nach nicht angemessen gehuldigt hatte (Kapitel 3). Mordechai, der Esters Adoptivvater ist, bittet sie, einzugreifen, und vermutet, dass Gott sie vielleicht deshalb zur Königin gemacht habe (Kapitel 4). Durch einen bemerkenswerten Gang der Ereignisse wird Haman schließlich an genau dem Galgen aufgehängt, den er für Mordechai vorbereitet hatte (Kapitel 5-7). Sein Amt wird nun an Mordechai übertragen, der sofort einen Erlass herausgibt, der den Juden die Selbstverteidigung erlaubt. Auf diese Weise wird ein jüdischer Holocaust vermieden und das Ganze endet mit einem großen Fest (Kapitel 8-9). Bemerkenswert am Buch Ester ist, dass Gott niemals erwähnt wird, obwohl natürlich klar ist, dass er hinter dem Geschehen steht.

König Belschazzar zeigte seine Verachtung für Gott, indem er aus dem Tempel geraubte Gefäße bei einem seiner Gelage als Trinkbecher benutzte. Da erschien an der Wand eine geschriebene Botschaft Gottes, in der ihm sein Untergang geweissagt wurde, eine Prophezeiung, die bereits am nächsten Tag eintreffen sollte (Daniel 5,1-30). Dieser Silberbecher ist Teil des Oxus-Schatzes, der aus dieser Periode der persischen Geschichte stammt.

DAS PURIMFEST

Purim ist ein wichtiges jüdisches Fest, das an die Errettung der Juden vor Hamans Mordversuch erinnert. Es findet im Monat Adar statt. Durch die karnevalistischen Festbräuche werden die komischen Züge der Erzählung unterstrichen. Bei diesem Freudenfest wird die *Megilla Ester* (»Die Esterrolle«) verlesen, die Leute verkleiden sich, wobei sie durch ihre Masken und Kostüme die Hauptfiguren der Ester-Geschichte darstellen, und nehmen gemeinsam ein Festmahl ein.

Die Geschichten von Daniel und Ester spielen in den prachtvoll geschmückten Palästen Babylons und Persiens. Diese Bogenschützen stammen aus dem Palast von Susa, wo die Erzählung spielt, in der Ester als persische Königin ihr Volk retten konnte.

Schlüsselbegriff: Diaspora

Seit der Antike werden unter »Diaspora« die außerhalb Palästinas lebenden Jüdinnen und Juden verstanden. Daniel und Ester sind Beispiele für das Leben in den Diasporagemeinden, die zeigen, dass auch hier im Namen Gottes Einfluss genommen werden konnte. Gott schweigt auch in der Fremde nicht, sondern denkt an sein Volk und steht ihm bei.

Zwischen Altem und Neuem Testament

ZEUGNISSE DES HELLENISMUS

Wenn man vom Propheten Maleachi, dem letzten Buch des Alten Testaments, weiterblättert zu Matthäus, dem ersten Buch des Neuen Testaments, übersieht man schnell, dass dazwischen eine kulturelle Wende liegt. Alexander der Große hatte die Herrschaft der Perser beendet und den Vorderen Orient politisch-kulturell neu orientiert, ihm ein »westlicheres« Gesicht gegeben. Griechisch wurde neue Weltsprache, Architektur und Lebensart der Griechen galten als chic. Die »westliche« Kultur wurde im Judentum nur ansatzweise übernommen und meist von einem traditionsorientierten Standpunkt aus abgelehnt.

Eine neue Leserschaft und eine neue Übersetzung

Da immer mehr Juden außerhalb des Landes Israel lebten, verloren viele die Fähigkeit, Hebräisch zu sprechen. Das bedeutete, dass sie Gottes Wort nicht mehr verstehen konnten. Als Griechisch zur neuen »Weltsprache« avancierte, wurde ab dem 3. Jh. v. Chr. das Alte Testament ins Griechische übersetzt, in Alexandria, einer von Alexanders neugegründeten nordafrikanischen Städten. Diese Übersetzung wurde bekannt als die *Septuaginta* (manchmal abgekürzt mit den römischen Ziffern LXX), weil der Legende nach siebzig Gelehrte daran gearbeitet haben sollen. Die katholischen Bibelausgaben folgen der Septuaginta, während Martin Luther seiner Übersetzung die hebräische Fassung zugrunde legte. Dieses Fragment, ein Auszug aus der Übersetzung des Deuteronomiums, stammt aus dem 2. Jh. v. Chr.

Nach Alexanders Tod wurden seine riesigen Gebiete unter seinen Generälen aufgeteilt. Zwei feindliche Reiche entstanden: das Reich der Ptolemäer in Nordafrika und das Reich der Seleukiden im Westen Asiens. Palästina, die verbindende Landbrücke, war immer wieder Schauplatz erbitterter Schlachten, wurde aber 198 v. Chr. letztlich dem Seleukidischen Reich zugeteilt.

Der Aufstieg Griechenlands

Bis dahin eine schwache und geteilte Nation, erlebte Griechenland unter Alexander dem Großen einen ungeheuren Aufschwung. 334 v. Chr. setzte der 20-jährige Alexander nach Kleinasien über. Danach eroberte er zwölf Jahre lang – bis er einer Krankheit erlag – Zug um Zug Asien, Syrien, Ägypten, Persien. Er überquerte sogar den Indus und drang bis nach Indien vor. Sein Reich war das größte, das die Welt je erlebt hatte. Aber Alexanders Ziel war es nicht nur, ein Weltreich zu erschaffen, sondern auch eine neue Lebensart zu etablieren. Er wollte die griechische Kultur verbreiten (den »Hellenismus«, von *Hellas*, dem ursprünglichen Wort für Griechenland), und hinterließ ein unvergessliches Erbe. Griechische Kultur, Architektur, Brauchtum und Philosophie blühten und Griechisch wurde zur allgegenwärtigen internationalen Sprache.

Die Ruinen des Theaters von Skythopolis (Bet Shean), zeitweise Hauptstadt der »Dekapolis« (»Zehn-Städte-Bund«), südöstlich des Sees von Gennesaret. Das griechische Reich hinterließ überall Arenen, Theater und Stadien.

DIE REICHE DER PTOLEMÄER UND SELEUKIDEN

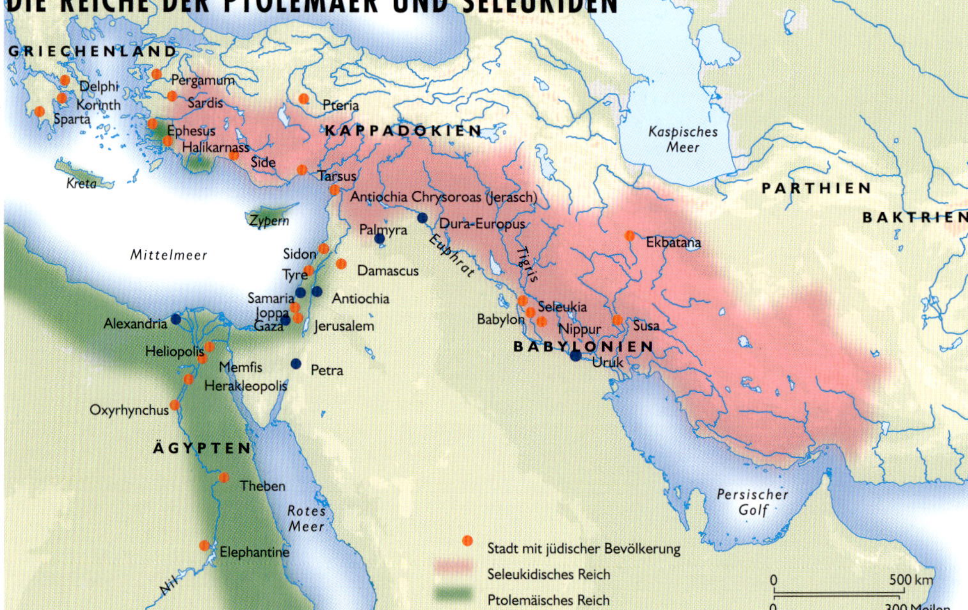

Seit Menschengedenken hat man noch nie vernommen, / kein Ohr hat gehört, kein Auge gesehen, dass es einen Gott gibt außer dir, / der denen Gutes tut, die auf ihn hoffen (Jesaja 64,3).

SIEHE AUCH:
DANIEL S. 74
JESUS UND SEIN VOLK S. 86-87
QUMRAN S. 81

Zwei Kulturen im Konflikt

Die Konzentration auf den Menschen im Hellenismus musste zu einem unmittelbaren Zusammenprall mit dem Judentum und dessen Ausrichtung auf ein gottbetontes Leben führen. Zwei Hauptmerkmale des griechischen Lebens, Theater und Sport, waren typische Beispiele dafür. Die Theater, die oft hocherotische Stücke zeigten, und die Stadien, in denen die Athleten nackt auftraten, erschienen in den Augen der Juden als Missbrauch der von Gott verliehenen Sexualität und Moralität. Zusammen mit dem griechischen Polytheismus und der Götzenverehrung schien ein zukünftiger Konflikt unvermeidbar.
Dieses Photo zeigt das Stadion von Delphi auf dem griechischen Festland.

Der Makkabäeraufstand

Unter den Ptolemäern hatten die Juden Toleranz erlebt, als aber die Syrer die Macht übernahmen, änderte sich ihre Lage. Jeder Aspekt ihres Lebens, auch ihre Religion, wurde stark »hellenisiert«. Als Antiochus IV. Epiphanes im Jahre 168 v.Chr. eine Zeusstatue im Tempel von Jerusalem aufstellen ließ, war dies für die Juden die endgültige Provokation. Der Hohe Priester Mattatias rebellierte, und ein Aufstand brach aus. Heidnische Altäre wurden zerstört, Überläufer zum Heidentum getötet und jüdische Jungen zwangsbeschnitten (viele Familien hatten die Beschneidung aufgegeben, weil die Griechen darin eine Körperverletzung sahen). 164 v.Chr. eroberte Mattatias' Sohn Judas Makkabäus den Tempel zurück und ließ ihn neu weihen.
Der Freiheitskampf sollte noch Jahre andauern, und erst 128 v.Chr. sicherte Mattatias' Enkel Johannes Hyrkanos die Freiheit, und Israel wurde wieder unabhängig. Je mehr die Macht der Seleukiden abnahm, desto mehr Nachbargebiete Judäas konnten annektiert werden, sodass es beinahe seine alten Grenzen wieder erreichte.

LINKS: Ein Münze mit dem Bildnis von Antiochus IV.

Schriften aus dieser Periode

Eine Reihe von Schriften, die dieser »zwischentestamentlichen« Zeit entstammen, geben uns einen Einblick in das Leben jener Epoche. Bekannt als die »deuterokanonischen« (d.h. »zweiter« oder »weiterer Kanon«) Schriften oder »Apokryphen« (»verborgene« Schriften), die auf Griechisch verfasst sind, bildeten sie nie einen Bestandteil der jüdisch-hebräischen Schriften. Zu ihnen gehören z. B. die Bücher Judit, Tobit, Jesus Sirach, Stücke zu den Büchern Ester und Daniel und die Makkabäerbücher. Einige christlichen Traditionen (die römisch-katholische, koptische, östlich-orthodoxe) erkennen sie als Autorität an und nahmen sie ins Alte Testament auf, in anderen (meist protestantischen) Kirchen gelten sie nicht als maßgeblich und werden deshalb entweder ganz ausgeschlossen oder zwischen dem Alten und Neuen Testament als eigenständiger Abschnitt eingefügt.

Das Chanukka-Fest (»Tempelweihe«) feiert die Wiedereinweihung des Tempels durch die Makkabäer. Nach der Überlieferung hatten sie nur noch Öl für einen Tag gefunden, um die Menora, den siebenarmigen Leuchter im Tempel, zu entzünden. Wie durch ein Wunder brannte das Öl acht Tage und gab ihnen genug Zeit, um neues zu besorgen. Heute feiern Jüdinnen und Juden acht Tage lang Chanukka und entzünden jeden Abend eine weitere Kerze, um an das Wunder der acht Tage zu erinnern.

RECHTS: Eine ähnliche Statue des griechischen Gottes Zeus wurde 168 v. Chr. im Tempel des Antiochus IV. Epiphanes aufgestellt. Dies betrachtete man als das von Daniel vorausgesagte »Verderben, das über den Verwüster kommt« (Daniel 9,27; 11,31; 12,11). Es löste den Makkabäeraufstand aus.

Griechenland weicht Rom

Das Griechische Reich fiel Stück für Stück in die Hände der Römer; 86 v. Chr. wurde Athen erobert. Pompeius, ein römischer General, fiel in Palästina ein und machte es 63 v. Chr. zur römischen Provinz. So wie die Griechen ihre Sprache und Kultur verbreitet hatten, so brachten die Römer ihren »Frieden«, Recht und Ordnung, und gute Verkehrswege mit – was schließlich für die Verbreitung der christlichen Botschaft sehr wichtig werden sollte.

Schlüsselbegriff: Kulturelle Identität

Mit dem Siegeszug Alexander des Großen breiteten sich die griechische Kultur und Sprache schnell im Vorderen Orient und in Ägypten aus. Im Judentum führte dies zur Suche nach der eigenen kulturellen Identität. Maßnahmen der Anpassung (vor allem durch die Sprache, die auch eine andere Denkweise mit sich bringt) und gleichzeitige Angst vor Überfremdung standen sich in dieser Zeit gegenüber.

Die Evangelien

VIER BILDER, EIN CHRISTUS

Wer immer sich mit dem Christentum befasst, beginnt hier: bei den vier Evangelien, mit ihren Berichten von Christi Geburt, Leben, Tod und Auferstehung. Ihre Autoren wollten den Leserinnen und Lesern bewusst machen, dass Jesus Christus zwar einerseits ein Mensch, andererseits aber weit mehr war: In ihm kam Gott selbst auf die Erde, um sein Volk zu retten. Die Evangelien sind Zeugnisse des Glaubens und wollen die Bedeutung Jesu für das Leben der Leser erschließen.

Das Evangelium ist eine gute Nachricht!

»Evangelium« (vom griechischen Wort *Euangelion*) heißt einfach »gute Nachricht«. Heute ein religiöses Wort, hatte es ursprünglich eine weltliche Bedeutung. Wenn der Herrscher gute Neuigkeiten hatte, sandte er Boten auf Plätze der Ortschaften überall im Land und ließ sie rufen »*Euangelion! Euangelion!*« und alle kamen herbeigerannt. »Genau das haben wir«, sagten die frühen Christen, »Gute Nachrichten! Kommt und hört!« Nie zuvor war ein Buch ein *euangelion* genannt worden, aber für das, was die Autoren über Jesus zu sagen hatten, gab es keine herkömmliche literarische Kategorie. Die Evangelien sind Erzählungen des Lebens Jesu, aber doch mehr als nur Biographien, sie sind detailgenau, aber nicht neutral. Und da die Botschaft in keine bestehende Kategorie passte, entwickelten die Evangelisten eine eigene Form, um der »guten Nachricht« gerecht zu werden.

Die Gegend um den See Genesaret bildete einen wichtigen Ort, wo Jesus die »gute Nachricht« verkündete.

Die Entstehungsgeschichte der Evangelien

Da die Evangelien den Beginn des Neuen Testaments bilden, könnte man annehmen, dass sie auch als erste geschrieben worden seien, aber so verhält es sich nicht. Sie entstanden in mehreren zeitlichen Etappen.

■ Nach Jesu Tod wurde »die gute Nachricht« anfangs mündlich überliefert. Dies war keineswegs ein Mangel, denn im Judentum wurde man von klein auf dazu erzogen, mündlich Überliefertes akkurat zu behalten, und Jesu anschaulicher Lehrstil und seine bildliche Redeweise erleichterten die Weitergabe.

■ Mit dem Verbreiten der christlichen Botschaft wuchs die Forderung nach praktischer Unterweisung für das Leben im christlichen Glauben. So entstanden die »Briefe« (Episteln), die zum größten Teil vor den Evangelien geschrieben wurden.

■ Es wurde rasch offensichtlich, dass die Geschichte Jesu niedergeschrieben werden musste, damit sie späteren Generationen nicht verloren gehen würde, und aus diesem Grunde wurden die Evangelien verfasst.

Warum vier?

Genau wie verschiedene Medien unterschiedliche Bilder desselben Geschehens wiedergeben können, haben alle vier Evangelien ihre eigene Ausrichtung. Matthäus, Markus und Lukas zeigen Parallelen, sind gut vergleichbar und werden deshalb die »synoptischen« Evangelien genannt (nach dem griechischen Wort *synoptein* = zusammenschauen). Sie stimmen inhaltlich, sprachlich und in ihrer Reihenfolge stark miteinander überein. Johannes nähert sich der Person Jesu von einer ganz eigenen Seite. Die meisten Wissenschaftler sind der Auffassung, dass das Markusevangelium als erstes geschrieben wurde und Matthäus und Lukas es als Grundlage ihres Werks benutzt und erweitert haben. Was heute als »Kopieren« angesehen würde, galt zu jener Zeit als eine legitime Vorgehensweise, durch die die benutzte Vorlage geradezu gewürdigt wurde. Johannes hingegen schrieb seinen Bericht unabhängig von den drei anderen Evangelien.

Anfang des Evangeliums von Jesus Christus, dem Sohn Gottes (Markus 1,1).

SIEHE AUCH
JESUS S. 84-101
DIE BIBEL S. 8-9

Merkmale der vier Evangelien

	Matthäus	Markus	Lukas	Johannes
Autor:	judenchristlicher Lehrer, Schüler der Apostel	unbekannt; nach kirchlicher Tradition ein Mitarbeiter des Paulus und später auch des Petrus	unbekannt; nach altkirchlicher Überlieferung ein konvertierter nicht-jüdischer Arzt; reiste mit Paulus	unbekannt; nach altkirchlicher Überlieferung einer der zwölf Apostel
Zeit:	um 80 n. Chr	um 70 v. Chr.	80-90	ca. 90-100 n.Chr.
Leserschaft:	Judenchristen	heidenchristlich (nicht-jüdisch)	gebildete Heiden und Heidenchristen	Juden und Nichtjuden
Stil:	Lehre Jesu wird in größeren Abschnitten präsentiert (z.B. Bergpredigt)	vorwärtsdrängend, handlungsbetont, einfaches Griechisch	Gut recherchiert, detailgenau (1,1-4)	spirituell-philosophisch, lange Lehrpassagen und Diskussionen
Jesus als:	◗ der verheißene Messias, der die Verheißungen des Alten Testaments bestätigt ◗ Sohn Gottes ◗ vollmächtiger Lehrer ◗ größer als Mose	◗ Menschensohn, der für uns leidet ◗ Gottessohn, der die Macht des Bösen überwindet ◗ der verheißene Messias ◗ Lehrer (Rabbi)	◗ Mann des Geistes ◗ der verheißener Nachkomme König Davids	◗ Mensch gewordener Gottessohn ◗ der Sohn, der eine einzigartige Beziehung zum Vater hat.
Geburtsgeschichte:	ja	nein	ja	Keine klassische Geburtsgeschichte, sondern ein Prolog, wonach Jesus schon immer bei Gott war.
Schlüsselgedanken:	◗ Jesus, der große Lehrer, der die Tora aktualisiert ◗ Konflikt mit den Pharisäern ◗ das Himmelreich ◗ Jüngerschaft ◗ die Wiederkunft Jesu	◗ Das Reich Gottes ist da. ◗ Die Vollmacht des Gottessohns (ein Drittel des Evangeliums beschreibt Wunder). ◗ Jüngerschaft (aber auch Ablehnung) ◗ »Messiasgeheimnis«. Jesus hält zu Lebzeiten geheim, dass er der Messias ist.	◗ Sorge um die Erniedrigten und Benachteiligten ◗ das Werk des Heiligen Geistes ◗ Heilungen ◗ Gebet ◗ das Evangelium ist für alle da ◗ die neue Gemeinschaft	◗ sieben »Zeichen« und sieben »Reden«, die darauf hindeuten, wer Jesus wirklich ist ◗ sieben »Ich bin«-Worte ◗ sein Verhältnis zu Gott, dem Vater ◗ enthält einige der bekanntesten Verse der Bibel
Leser/innen können ...	erkennen, wie über Jesus in der Sprache und mit Motiven des Alten Testaments erzählt wird.	beginnen, Jesus kennen zu lernen.	mehr von Jesu Mitleiden mit den Bedürftigen erfahren.	tiefer (oder reflektierter) über Jesus nachdenken

Die frühe Kirche sah eine Parallele zwischen den vier Evangelisten und den vier Wesen, die Ezechiel (Ezechiel 1,10) und Johannes (Offenbarung 4,7) gesehen hatten. Hier werden sie auf einer Seite des *Book of Kells* dargestellt:

■ Ein Mensch (Matthäus) spiegelt Jesu wirkliches Menschsein wider.

■ Ein Löwe (Markus) steht für Jesu Stärke und königliche Kraft.

■ Ein Ochse (Lukas) steht für Jesus als Opfer für die gesamte Menschheit und als Träger der Lasten der Menschen.

■ Ein Adler (Johannes) spiegelt den Geist wider, der über Jesus schwebt.

Wussten Sie ... ?

... dass mehr alte Ausgaben des Neuen Testaments erhalten blieben als von irgendeinem anderen antiken Text? Zeitgenössische Kopien der Werke von Herodot, Tacitus und Cäsar kann man an zwei Händen abzählen, aber vom Neuen Testament gibt es aus den ersten Jahrhunderten über 5000 griechische Texte, 10 000 lateinische und 9 300 Texte in anderen Sprachen (viele von ihnen allerdings lückenhaft). Die zeitliche Lücke zwischen dem Original und der ersten überlieferten vollständigen Ausgabe beträgt bei Herodot 1300 Jahre, beim Neuen Testament gerade einmal 300 Jahre.

Schlüsselbegriff: Wahrheit

In der Bibel heißt es: »Denn wir sind nicht irgendwelchen klug ausgedachten Geschichten gefolgt, als wir euch die machtvolle Ankunft Jesu Christi, unseres Herrn, verkündeten, sondern wir waren Augenzeugen seiner Macht und Größe« (2 Petrus 1,16). Die Verfasser der biblischen Schriften glauben demnach, dass die Evangelien die Wahrheit bezeugen. Allerdings wollen sie nicht Tatsachenberichte sein, sondern Verkündigung der Macht und Größe Gottes, die in der Lehre und im Geschick Jesu offenbar werden.

Johannes der Täufer

WEGBEREITER

2000 v.Chr.
1900 v.Chr.
1800 v.Chr.
1700 v.Chr.
1600 v.Chr.
1500 v.Chr.
1400 v.Chr.
1300 v.Chr.
1200 v.Chr.
1100 v.Chr.
1000 v.Chr.
900 v.Chr.
800 v.Chr.
700 v.Chr.
600 v.Chr.
500 v.Chr.
400 v.Chr.
300 v.Chr.
200 v.Chr.
100 v.Chr.
1 n.Chr.
100 n.Chr.

Das Neue Testament beginnt seine Geschichte nicht mit Jesus von Nazaret, sondern stellt zuvor eine andere Figur vor: Johannes den Täufer. Er war den Evangelisten wichtig als Lehrer, Täufer und Vorläufer Jesu. Er predigte in der Wüste und taufte seine Anhänger im Jordan. Er steht in der langen Reihe der biblischen Propheten. Von Jesus erwartet er die Taufe mit Feuer (Markus 3,10f.). Vor diesem endzeitlichen Feuer bewahrt allein eine radikale Änderung der Lebensweise (Buße), deren Zeichen die Wassertaufe im Jordan ist. Die Bibel bringt Johannes mit Elija in Verbindung, dessen Wiederkunft auf die Erde für die Endzeit erwartet wurde. Mit Johannes bricht demnach das Reich Gottes an.

Die Geburt des Johannes

Johannes' Eltern Zacharias und Elisabet waren kinderlos und hochbetagt, also konnten sie es kaum glauben, als der Engel Gabriel Zacharias verkündete, dass sie nicht nur einen Sohn bekommen würden, sondern dass dieser einen besonderen Auftrag hätte: dem Herrn den Weg zu bereiten, wie Maleachi es vorhergesagt hatte (Maleachi 3,1; Lukas, 1,5-18). Zur Strafe für seine Zweifel wurde Zacharias mit Stummheit bestraft, bis er neun Monate später seinen Sohn bei der Beschneidungszeremonie Johannes nannte, wie der Engel es ihm befohlen hatte (im Gegensatz zu der üblichen Praxis, den Sohn nach dem Vater zu benennen). Zacharias fand seine Sprache wieder und die Leute, die ahnten, dass Gott hier am Werke sei, fragten sich, was aus diesem Kind werden würde. Vom Heiligen Geist erfüllt, lobte Zacharias Gott und besang die Bedeutung seines Sohnes als Wegbereiter des Herrn (Lukas 1,67-79). Dieser Lobgesang, nach seinem Anfangswort im Lateinischen »Benediktus« genannt, ist heute noch in vielen Kirchen gebräuchlich.

Die Botschaft des Johannes

Johannes mahnte diejenigen zur Umkehr, die sich dank ihrer Abstammung von Abraham fraglos für Mitglieder des Volkes Gottes hielten. Johannes stellte diese Ansicht in Frage und erinnerte seine Zuhörer daran, dass Gott wolle, dass sie »Frucht hervorbrächten«. Wenn sie sich weigerten, würde Gottes Axt kommen und sie umhauen (Matthäus 3,7-10). Dadurch, dass Johannes die Menschen taufte, erhielt er den Beinamen »der Täufer«. Johannes sah seine Aufgabe darin, die Welt auf Gottes Messias vorzubereiten, auf jemanden weit größeren als er selbst. »Ich taufe euch nur mit Wasser (zum Zeichen) der Umkehr. Der aber, der nach mir kommt, ist stärker als ich und ich bin es nicht wert, ihm die Schuhe auszuziehen. Er wird euch mit dem Heiligen Geist und mit Feuer taufen« (Matthäus 3,11). Als er Jesus sah, nannte er ihn »das Lamm Gottes, das die Sünde der Welt hinwegnimmt« (Johannes 1,29).

Verschiedene Wüsten haben in der jüdischen Geschichte eine Rolle gespielt, und die Propheten sprachen davon, der Messias würde aus der Wüste kommen (Jesaja 40,3-5). Es war daher nicht verwunderlich, dass viele Menschen sich aufmachten, Johannes zu sehen, als er in der Wildnis von Judäa zu predigen begann (Matthäus 3,5).

Die Taufe

Johannes hat die Taufe nicht erfunden. Die Juden führten rituelle Waschungen durch als Symbol der Reinigung sowie zum Taufen von Konvertiten. Johannes' Taufe unterschied sich insofern, als sie den Neuanfang mit Gott symbolisierte und damit rasch zu *dem* äußerlichen Zeichen eines neuen Lebens nach dem Willen Gottes wurde (Apostelgeschichte 2,38-41).
Die Taufe des Neuen Testaments bedeutete ein komplettes Eintauchen in Wasser, nicht ein einfaches Besprenkeln oder Begießen, wie es später üblich wurde. Das Eintauchen war besonders geeignet, die Bedeutung der Taufe zu symbolisieren: die Reinigung von Sünden, das Ende des alten Lebens und der Beginn eines neuen Lebens mit Jesus.
Zwar gibt es im Neuen Testament keine ausdrücklichen Hinweise darauf, dass bereits Säuglinge getauft wurden. Jedoch ist mitunter von der Taufe eines ganzen »Hauses« die Rede, ein Ausdruck, der Kleinkinder einschließen dürfte.

Eine Taufe der Baptisten in der modernen Taufstelle im Jordan.

Eine Stimme ruft in der Wüste: »Bereitet dem Herrn den Weg! Ebnet ihm die Straßen!« (Matthäus 3,3).

SIEHE AUCH
ZWISCHEN ALTEM UND NEUEM TESTAMENT S. 76-77
ELIJA S. 54-55
UMKEHR S. 57

Die Essener

Die Essener, eine Gruppe, die in der Bibel nicht erwähnt wird, waren eine Sekte, die die griechische Kultur mied. Sie lebten in kleinen Gruppen in Galiläa und Judäa, lange galt Qumran am Toten Meer als ein zentraler Ort der Essener. Sie lebten asketisch und nannten sich in Erwartung des wahren Messias »Söhne des Lichts«. Johannes steht ihnen in mancher Hinsicht nahe.

Eines der Gefäße, in denen die Schriftrollen versteckt waren.

Die Schriftrollen vom Toten Meer

Die Schriftrollen vom Toten Meer wurden 1947 zufällig gefunden, als ein Beduine eine entlaufene Ziege suchte. Sie wurden nach dem Beginn des jüdisch-römischen Krieges (66 n. Chr.) in diesen einzigartigen zylindrischen Tongefäßen versiegelt und in Höhlen oberhalb der Ruinen von Qumran versteckt. Lange wurde angenommen, dass die Schriftrollen von den Essenern stammen. Heute ist das genaue Verhältnis der Schriftrollen, der Siedlung in Qumran und der Gemeinschaft der Essener wieder umstritten. Neue Theorien z. B. interpretieren die archäologischen Funde in Qumran als landwirtschaftliche Anlage. Die in den Höhlen gefundenen Schriftrollen beinhalten biblische Schriften, aber auch nichtbiblische religiöse Dokumente. Für die Überlieferungsgeschichte des Alten Testaments sind die Rollen äußerst kostbar, denn hier liegen Handschriften vor, die teilweise 1000 Jahre älter sind als alles bisher Bekannte. Sie zeigen, wie genau die Heilige Schrift über Jahrhunderte kopiert worden ist.

Eine der Höhlen bei Qumran, in der die Schriftrollen 1947 entdeckt wurden. Die Rollen enthalten Teile aller Bücher des Alten Testaments mit Ausnahme des Buches Ester.

DIE FESTUNG DES HERODES

Die Palast-Festung von Machärus, wo Johannes der Täufer möglicherweise von Herodes Antipas gefangengehalten wurde, weil dieser in ihm einen Aufrührer sah. Johannes hatte ihn öffentlich wegen seines Verhaltens getadelt, was dem König gar nicht gefiel. Der Täufer wurde schließlich enthauptet, nachdem Herodes' Frau Herodias ihren Mann dazu gebracht hatte, den Kopf des Johannes ihrer Tochter Salome zum Geschenk zu machen (Matthäus 14,3-12).
Das Volk begann sich dann zu erzählen, Jesus sei der von den Toten auferstandene Johannes (Matthäus 16,13-14). Selbst der von seinem schlechten Gewissen getriebene Herodes begann dies zu glauben (Markus 6,14-16).

Schlüsselbegriff: Umkehr

Johannes Aufforderung »Bringt Frucht hervor, die eure Umkehr zeigt« (Matthäus 3,8) enthält eine zentrale Mahnung der Bibel, die auch schon die alttestamentlichen Propheten aussprachen. Das in der Bibel gebrauchte griechische Wort für »Umkehr« bedeutet wörtlich »Sinnesänderung« und meint ein verändertes Denken über Gott und das eigene (Fehl-) Verhalten sowie die praktische Konsequenz der Bekehrung, die Lebensänderung.

Maria

DIE MUTTER JESU

Die Kirchentradition hat bei Maria immer zwischen zwei Extremen geschwankt. Man hat ihr entweder einen weitaus bedeutenderen Platz zugewiesen als den, der ihr nach der Bibel gebührt, oder man hat sie vollkommen vernachlässigt. Während tatsächlich im Neuen Testament relativ wenig über Maria geschrieben steht, zeigt das Wenige jedoch eine Frau voller Vertrauen und Glaubenskraft. Vom Geheimnis der Geburt Jesu bis zu seinem grausamen Tod lesen wir, dass Maria mutig war, die von Gott geschenkte Rettung zu ergreifen.

Maria und Josef lebten in Nazaret (rechts), das zur damaligen Zeit ein unbekannter Ort in Galiläa mit nur 200 Einwohnern war. Nirgendwo wird der Name in der Zeit vor Jesus erwähnt. Erst Jesus führt den Ort in die Weltgeschichte ein. Die 1969 fertiggestellte katholische Verkündigungskirche (oben) wurde über Resten einer byzantinischen Kirche gebaut, die ihrerseits an der Stelle eines noch älteren Heiligtums gebaut worden war.

Die frühe Kirche sah die jungfräuliche Geburt als Erfüllung von Jesajas Prophezeiung an: »Seht, die Jungfrau wird ein Kind empfangen, sie wird einen Sohn gebären und sie wird ihm den Namen Immanuel (Gott mit uns) geben« (Jesaja 7,14; Matthäus1,23).

Die Verkündigung

Die Menschen im ersten Jahrhundert wussten genauso gut wie wir, wie Kinder entstehen. Deswegen reagierte Maria, als der Erzengel Gabriel ihr erschien, um ihr zu sagen, dass sie schwanger werden und Gottes Sohn gebären würde, mit der verständlichen Frage: »Wie soll das geschehen, da ich keinen Mann erkenne?« (Lukas 1,34). Und aus diesem Grund beschloss Joseph, der dachte, Maria sei untreu gewesen, die Verlobung ohne großes Aufheben zu lösen (Matthäus 1,18-19). In beiden Fällen lesen wir von Offenbarungen Gottes, um die beiden vom Unmöglichen zu überzeugen. In Josefs Fall war es ein Traum, in dem ihm gesagt wurde, dass Marias Kind vom Heiligen Geist stammt und nicht von einem Mann (Matthäus 1,20-21). Und Maria sah es als ein Zeichen an, dass ihre unfruchtbare Verwandte Elisabet auch schwanger geworden war.

Die jungfräuliche Geburt

Die Geburt des Erlösers Jesus Christus wird in Matthäus 1,18-25 kunstvoll erzählt. Wer diesen Bibeltext nur unter biologischen Fragestellungen liest, verbaut sich den Zugang dazu. Die Jungfrauengeburt ist nicht das Hauptmotiv und bereitet uns Heutigen vermutlich größere Probleme als den antiken Leserinnen und Lesern. In der Religionsgeschichte findet sich die Vorstellung der jungfräulichen Geburt eines göttlichen Kindes schon in Ägypten. Das hellenistische Judentum hat sie wohl übernommen. Sie bringt zum Ausdruck: Der Ursprung des ersehnten Heilands liegt jenseits der biologischen Erklärungsmöglichkeiten. Die von Gott verheißene Rettung ist nicht vom Menschen machbar, sondern ganz und gar Geschenk Gottes. Das greift die matthäische Erzählung auf: Jesus ist der Messias, weil er von Anfang an von Gott her kommt. Die geistgewirkte Entstehung ist die Legitimation Jesu.
Im Gegensatz zu späteren Auslegungen enthält das Neue Testament übrigens keine Andeutung, dass Maria für den Rest ihres Lebens Jungfrau geblieben sei. Sie berichtet nur über Josef: »Er erkannte sie aber nicht, bis sie ihren Sohn gebar« (Matthäus 1,25). Tatsächlich gibt es Hinweise auf Jesu natürliche Brüder und Schwestern (Matthäus 12,46; 13,55-56).

Da sagte Maria: »Ich bin die Magd des Herrn; mir geschehe, wie du es gesagt hast« (Lukas 1,38).

SIEHE AUCH
ADAM UND EVA S. 12-13
HANNA S. 39
JESUS: SEINE GEBURT S. 84-85
JOSEF S. 84-85

Engel

Engel erscheinen oft in Schlüsselszenen der Bibel. Während sie von Künstlern oft in langen Roben und mit Flügeln dargestellt werden, sind sie in der Bibel viel menschlicher, manchmal werden sie von ihrem Gegenüber sogar fälschlicherweise für Menschen gehalten. Das Wort »Engel« bedeutet »Bote«. Es sind himmlische Wesen, die Gottes Botschaften bringen, Gottes Weisungen erfüllen und seinem Volk helfen.

Das Magnifikat

Nach dem Besuch des Engels suchte Maria Elisabet auf und entdeckte, dass sie tatsächlich schwanger war. Da begann Maria, Gott zu loben (Lukas 1,46-55). Ihr Lobgesang ähnelt dem der Hanna unter ähnlichen Umständen (1 Samuel 2,1-10) und wird nach dem lateinischen Eröffnungswort »Magnifikat« genannt.

ANDERE AUSSAGEN ÜBER MARIA

Nach der Geburtsgeschichte gibt es überraschend wenige Hinweise auf Maria. Sie alle beschreiben sehr menschliche Züge an Maria.

- Sie hat Angst, ihren 12 Jahre alten Sohn Jesus zu verlieren, als sie wegen des Paschafests Jerusalem besuchen (Lukas 2,41-51).
- Sie fordert Jesus zum Handeln auf, da der Wein bei einer Hochzeit knapp wird. Dies führt zu seinem milden Tadel, dass er nur auf Drängen seines himmlischen Vaters handeln könne, nicht auf den Wunsch seiner irdischen Mutter (Johannes 2,1-11).
- Sie hat Angst um Jesus, da sie denkt, er werde sich überarbeiten und zusammenbrechen (Markus 3,20-21).
- Sie erlebt die Kreuzigung mit und wird der Obhut des Johannes anvertraut, ein Hinweis, dass Josef zu dieser Zeit wahrscheinlich gestorben war (Johannes 19,25-27).
- Sie betet mit den Jüngern nach Christi Himmelfahrt im »Obergemach« (Apostelgeschichte 1,14).

HEIRAT

Eine jüdische Heirat fand in zwei Schritten statt. Zuerst kam die »Verlobung«, die bereits so bindend war wie die Ehe selbst und die ebenfalls nur durch eine Scheidung wieder gelöst werden konnte. Ein Jahr später fand die Eheschließung statt, um die man oft kein großes Aufheben macht, und der Bräutigam brachte seine Frau nach Hause. In diesem einen Jahr entdeckte Josef, dass Maria schwanger war. Zu dem Zeitpunkt war sie wahrscheinlich ungefähr 14 Jahre alt.

Spätere Vorstellungen über Maria

Viele spätere Kirchentraditionen, die um die Person Maria entstanden, haben keinen direkten Anhalt am Neuen Testament. Dazu gehören:

- Unbefleckte Empfängnis – bereits Maria wurde, wie Jesus, »ohne Sünde« empfangen und hat »ohne Sünde« gelebt.
- Immerwährende Jungfräulichkeit – sie blieb ihr ganzes Leben lang Jungfrau.
- Himmelfahrt – ihr Körper und ihre Seele stiegen nach dem Tode in den Himmel auf.
- Fürsprache an der Seite der Heiligen – sie bittet bei Gott für unsere Anliegen.

Die Schmerzensreiche

Als Maria und Josef Jesus zum Tempel brachten, um ihn Gott zu weihen (Lukas 2,22-24), prophezeite Simeon nicht nur Jesu künftiges Wirken, sondern auch Marias zukünftigen Schmerz, und sagte ihr: »dir selbst aber wird ein Schwert durch die Seele dringen«. Maria wird also tief in den Konflikt um ihren Sohn hineingezogen werden. Das Bild vom Schwert prägte das Bild der »Mater dolorosa«, der »schmerzensreichen Mutter«.

Schlüsselbegriff: Vertrauen

Gottes Bote kommt nicht zu den Mächtigen und Reichen, sondern zu einer jungen Frau, die nichts vorzuweisen hat als ihr Vertrauen und ihre Hingabe an Gott. Gottes Kommen in diese Welt gibt denen Hoffnung, die am Rande stehen, den Armen und Kranken, den Geschlagenen und Gefangenen (Lukas 4,18).

Jesus: Geburt und Kindheit

DER ANFANG VON ETWAS GROSSEM

Die Weihnachtsgeschichte ist eine der bekanntesten Geschichten der Welt, aber eine der am wenigsten verstandenen. Jedes Jahr begeistern als Hirten oder Engel verkleidete Kinder die Verwandtschaft mit Krippenspielen. Aber hinter der scheinbar so einfachen Geschichte steht die tiefe Erkenntnis, dass Gott durch Jesus unter den Menschen Heil schaffen will.

Eine erstaunliche Ankunft

Und sie gebar ihren Sohn, den Erstgeborenen. Sie wickelte ihn in Windeln und legte ihn in eine Krippe, weil in der Herberge kein Platz für sie war (Lukas 2,7).

■ Die Krippe, ein Futtertrog, war vielleicht aus Stein, wie hier abgebildet. Mit frischem Stroh ausgelegt, war sie als Kinderbett geeignet.

■ Neugeborene wurden üblicherweise mit Tüchern umwickelt.

■ Das Wort für »Herberge« bedeutet wahrscheinlich »Gästeraum«. Wegen der Volkszählung war jedes Zimmer belegt und kein Raum für Maria und Josef frei. Daher war eine nahegelegene Höhle, sonst Lagerraum und Stall, ein warmer, ungestörter Ort für die Geburt.

Die Geburt und die ersten Tage Jesu

1. Nazaret

Engel verkündeten die wundersame Empfängnis Jesu (Matthäus 1,18-25; Lukas 1,26-38). Kurz vor der Geburt begaben sich Josef und Maria nach Betlehem zur Volkszählung (Lukas 2,1-5).

2. Betlehem

Jesus wurde geboren (Lukas 2,6-7) und Engel wiesen Hirten den Weg zum neugeborenen Heiland (Lukas 2,8-20).

3. Jerusalem

Jesus erhielt seinen Namen und wurde beschnitten, als er acht Tage alt war (Lukas 2,21). Fünf Wochen später wurde er Gott im Tempel geweiht, wo Simeon und Anna über ihn weissagten (Lukas 2,22-38).

4. Betlehem

»Sterndeuter aus dem Osten«, vielleicht aus Persien, die von einem ungewöhnlichen Stern angezogen waren, brachten symbolische Geschenke (Matthäus 2,1-12). Sie erkennen die weltverändernde Bedeutung dieses rettenden Kindes.

5. Flucht nach Ägypten

Durch die Weisen auf die Geburt des Königs der Juden aufmerksam gemacht, beseitigte Herodes sämtliche möglichen Rivalen, indem er jedes männliche Kind unter zwei Jahren in Betlehem umbringen ließ. Josef, Maria und Jesus jedoch flohen zur Sicherheit nach Ägypten (Matthäus 2,13-18).

6. Nazaret

Nach Herodes' Tod kehrten sie zurück, zunächst nach Judäa, dann nach Nazaret in Galiläa (Matthäus 2,19-23). Dort verbringt Jesus seine Kindheit und Jugend.

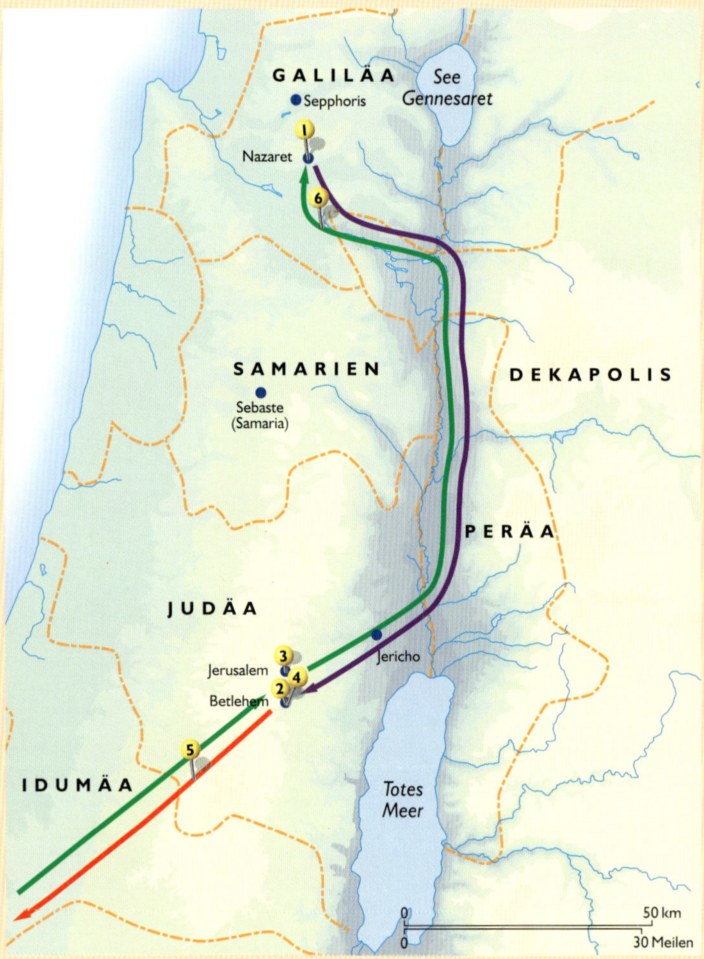

2000 v.Chr. · 1900 v.Chr. · 1800 v.Chr. · 1700 v.Chr. · 1600 v.Chr. · 1500 v.Chr. · 1400 v.Chr. · 1300 v.Chr. · 1200 v.Chr. · 1100 v.Chr. · 1000 v.Chr. · 900 v.Chr. · 800 v.Chr. · 700 v.Chr. · 600 v.Chr. · 500 v.Chr. · 400 v.Chr. · 300 v.Chr. · 200 v.Chr. · 100 v.Chr. · 1 n.Chr. · 100 n.Chr.

Als aber die Zeit erfüllt war, sandte Gott seinen Sohn ...
(Galater 4,4).

SIEHE AUCH
VERKÜNDIGUNG S. 82
JESUS UND SEIN VOLK S. 86-87
MARIA S. 82-83
JUNGFRÄULICHE GEBURT S. 82

Betlehem

»Aber du, Betlehem-Efrata, / so klein unter den Gauen Judas, / aus dir wird mir einer hervorgehen, / der über Israel herrschen soll.
Sein Ursprung liegt in ferner Vorzeit, / in längst vergangenen Tagen« (Micha 5,1).
Noch einmal sollte also aus dem kleinen Betlehem ein Herrscher hervorgehen. Auch David stammte aus Betlehem. Man vermutet, dass die Geburt Jesu, dessen eigentliche Vaterstadt Nazaret war, von den Evangelien bewusst in Betlehem lokalisiert wurde, um die Bedeutung des Kindes als neuer David und ersehnter Retter zu betonen.

Jesus: Ewig beim Vater

Die Bibel formuliert die theologische Auffassung, Jesus habe von Beginn der Schöpfung an bei Gott existiert. Die Tabelle unten benennt einige Schlüsselstellen aus dem Neuen Testament, die diese ewige Präexistenz des Sohnes beim Vater und seine Menschwerdung auf Erden zusammenfassen:

	Jesus: ewige Präexistenz	Jesus: Menschwerdung auf Erden
JOHANNES-EVANGELIUM	Im Anfang war das Wort, und das Wort war bei Gott, und das Wort war Gott. Im Anfang war es bei Gott (Johannes 1,1-2).	Und das Wort ist Fleisch geworden und hat unter uns gewohnt (Johannes 1,14).
PAULUS	Er war Gott gleich, hielt aber nicht daran fest, wie Gott zu sein ... (Philipper 2,6).	... sondern er entäußerte sich und wurde wie ein Sklave und den Menschen gleich (Philipper 2,7).
HEBRÄERBRIEF	Der Sohn ist der Abglanz von Gottes Herrlichkeit und das Abbild seines Wesens; er trägt das All durch sein machtvolles Wort (Hebräer 1,3).	Da nun die Kinder Menschen von Fleisch und Blut sind, hat auch er in gleicher Weise Fleisch und Blut angenommen ... (Hebräer 2,14).

Symbolische Geschenke

Die Geschenke der »Magier«, wie sie im Griechischen heißen (keine Zauberer oder Weisen, sondern Astrologen), werden manchmal als Symbole für Jesu späteres Leben und Wirken gedeutet:

- Gold, das wertvollste Metall, deutete auf sein Königreich hin.
- Weihrauch, zur Anbetung verbrannt, stand für seine Rolle als Priester.
- Myrrhe, genutzt zum Einbalsamieren, repräsentierte seinen Tod für die Menschheit.

Aus diesen drei Gaben erwuchs die Tradition der drei Weisen aus dem Morgenland (später: Heilige Drei Könige), obwohl die Bibel ihre Zahl nicht ausdrücklich benennt. An ihren Besuch wird jährlich am 6. Januar mit dem Epiphaniefest gedacht (vom griechischen Wort *epiphaneia* = erscheinen).

Die stillen Jahre

Außer einem Besuch in Jerusalem, als Jesus 12 Jahre alt war (Lukas 2,41-52), wissen wir nichts über ihn als Kind. Er wurde wahrscheinlich in der örtlichen Synagoge erzogen und von seinem Vater zum »Zimmermann« ausgebildet (Markus 6,3) – obwohl das griechische Wort allgemein »Bauherr« bedeutet.
Sepphoris, eine Stadt von 30.000 Einwohnern, nur 8 km von Nazaret entfernt, wurde gerade bevorzugt von Herodes Antipas als Hauptstadt ausgebaut. Vielleicht waren Josef und auch Jesus dort an Bauprojekten beschäftigt.
Josef muss wohl jung gestorben sein, was erklären könnte, warum Jesus zu Hause geblieben ist, bis er 30 war, denn somit war er wohl der Hauptverdiener, bis seine Brüder und Schwestern älter geworden waren.

Schlüsselbegriff Inkarnation

Die Bibel spricht davon, dass in Jesus Christus die Herrlichkeit Gottes im Fleisch aufgestrahlt ist. Dieses Wunder nennt man »Inkarnation« = Fleischwerdung (von lateinisch *in carne* = im Fleisch).
Fleisch ist (auch in Johannes 1,14) Ausdruck für das menschliche Sein als irdisches, hinfällig-vergängliches Sein im Unterschied zum unvergänglichen Sein Gottes. Dass Gott sich auf diese Ebene einlässt und gerade dort Heil schafft, ist das Besondere des christlichen Bekenntnisses und erschien schon früh dem religiösen Denken im Umkreis des Evangeliums als unsinnig.

GEN / 1 MOSE
EX / 2 MOSE
LEV / 3 MOSE
NUM / 4 MOSE
DTN / 5 MOSE
JOSUA
RICHTER
RUT
1 SAMUEL
2 SAMUEL
1 KÖNIGE
2 KÖNIGE
1 CHRONIK
2 CHRONIK
ESRA
NEHEMIA
ESTER
IJOB
PSALMEN
SPRÜCHE
KOHELET
HOHELIED
JESAJA
JEREMIA
KLAGELIEDER
EZECHIEL
DANIEL
HOSEA
JOËL
AMOS
OBADJA
JONA
MICHA
NAHUM
HABAKUK
ZEFANJA
HAGGAI
SACHARJA
MALEACHI
MATTHÄUS
MARKUS
LUKAS
JOHANNES
APG
RÖMER
1 KORINTHER
2 KORINTHER
GALATER
EPHESER
PHILIPPER
KOLOSSER
1 THESS
2 THESS
1 TIMOTHEUS
2 TIMOTHEUS
TITUS
PHILEMON
HEBRÄER
JAKOBUS
1 PETRUS
2 PETRUS
1 JOHANNES
2 JOHANNES
3 JOHANNES
JUDAS
OFFB

Jesus: Palästina zu seiner Zeit

WAHRER MENSCH UND WAHRE WELT

2000 v.Chr. 1900 v.Chr. 1800 v.Chr. 1700 v.Chr. 1600 v.Chr. 1500 v.Chr. 1400 v.Chr. 1300 v.Chr. 1200 v.Chr. 1100 v.Chr. 1000 v.Chr. 900 v.Chr. 800 v.Chr. 700 v.Chr. 600 v.Chr. 500 v.Chr. 400 v.Chr. 300 v.Chr. 200 v.Chr. 100 v.Chr. 1 n.Chr. 100 n.Chr.

Jesus wurde in eine konkrete geschichtliche Situation hineingeboren. Er lernte Freud und Leid des Lebens kennen wie alle anderen, und von beidem gab es im Palästina des ersten Jahrhunderts reichlich. Die Evangelien spiegeln diese soziale Realität. Zu ihr gehören Unterdrückung durch eine Besatzungsmacht, unterschiedliche soziale Klassen, Armut und harte Arbeit zum Broterwerb.

Das Geld

Pilger mussten ihr Geld in lokale Währung umwechseln, besonders um Tempelsteuern zu bezahlen und um Opfertiere zu kaufen. Deshalb wurden Geldwechsler gebraucht, aber sie waren oft korrupt und erhoben zuviel Gebühr von ihren Kunden. Jesus verwies sie des Tempels – aus Ärger, dass sie ihn als Wechselstube missbrauchten.
Noch korrupter waren die Steuereintreiber. Indem sie den Römern die Steuern im voraus bezahlten, erwarben sie das Recht, in einem bestimmten Bezirk Steuern einzutreiben, machten dann aber durch überhöhte Forderungen riesige Profite. Dabei wurden sie von römischen Soldaten unterstützt. Jesus versuchte, diese verhasste soziale Gruppe mit seiner Botschaft zu erreichen, wurde sogar bekannt als ein «Freund der Steuereintreiber und Sünder«. Sowohl Matthäus als auch Zachäus waren Steuereintreiber.

Die *Pax Romana*

Das Römische Reich war riesig. Es erstreckte sich über Europa, Griechenland, Kleinasien und Nordafrika. Die eiserne Hand der Römer hatte Frieden und Stabilität gebracht; überall gab es gerechte Gesetze und eine effektive Verwaltung; alle Städte waren mit Straßen verbunden; der Handel blühte; Latein und Griechisch waren internationale Sprachen und der römische Dinar war die universale Währung. Es entstand dafür der Begriff der »Pax Romana« (Römischer Frieden).
Aber der Frieden hatte seinen Preis. Palästina stand bereits seit 63 v. Chr. unter römischer Herrschaft, und während manche die Vorteile, die dies mit sich brachte, zu schätzen wussten, lehnte die Mehrheit die Anwesenheit »gottloser Heiden« ab. In den siebzig Jahren, die auf den Tod von Herodes dem Großen 4 v.Chr. folgten, gab es zahlreiche Aufstände, in denen selbsternannte Erlöser (»Messiasse«) versuchten, die Fremdherrschaft zu beenden und ein jüdisches Königreich zu errichten. Es war daher nicht verwunderlich, dass Pilatus, der neue römische Statthalter, unruhig wurde, als Jesus behauptete, König der Juden zu sein.

Ein Silberdenar aus der Zeit des Kaisers Augustus, der 14 n. Chr. starb. Der Denar war die gebräuchlichste Münze und der Tageslohn für einen Arbeiter. Jesus bezog sich in seinen Lehren häufig auf damals gebräuchliche Münzen, was vielleicht zeigt, dass Geld damals eine ebenso große Rolle spielte wie heute.

Palästina zur Zeitenwende

Nach dem Tod Herodes' des Großen 4 v. Chr. wurde sein Reich in drei Teile aufgeteilt, die von seinen drei Söhnen beherrscht wurden; aber der unfähige Herodes Archelaus wurde 6 n. Chr. abgesetzt. Sein Gebiet wurde von da an durch einen römischen Statthalter verwaltet. Von 26-36 v. Chr. hatte Pilatus dieses Amt inne, unter dem später Jesus gekreuzigt wurde (Matthäus 27,11-26).

Römische Straßen

Mehr als 75.000 Kilometer Straßen erstreckten sich über das Römische Reich. Gepflastert und gewölbt (damit das Wasser abfließen konnte), ermöglichten sie das Reisen bei jedem Wetter. Hauptsächlich sollten sie die schnelle Verschiebung ganzer Armeen erleichtern, gleichzeitig eröffneten sie dem Handel riesige Möglichkeiten, die durch die hoch entwickelte römische Seefahrt noch vergrößert wurden.

Und das Wort ist Fleisch geworden und hat unter uns gewohnt
(Johannes 1,14).

SIEHE AUCH
ZWISCHEM ALTEM UND NEUEM TESTAMENT S. 76-77
JESUS: SEIN WIRKEN AUF ERDEN S. 88-89
JESUS: SEINE GEGNER S. 94-95
DAS GELOBTE LAND S. 34-35

Die Wirtschaft Palästinas

Die Wirtschaft war zu jener Zeit weitestgehend landwirtschaftlich orientiert, und die meisten Familien arbeiteten auf ihrem eigenen Land. Weizen wurde in den Tälern des Nordens und der Küstenebene angebaut, Gerste im Süden; Schafe, Ziegen und Rinder wurden im Hügelland gehalten und Feigen, Datteln und Trauben an den Hängen angepflanzt. In der Gegend des Sees Gennesaret war die Fischerei ein wichtiger Industriezweig, und bei vielen Gleichnissen, die Jesus erzählte, geht es um Ackerbau und Fischfang.
Die römischen Straßen und der Schiffsverkehr förderten den internationalen Handel. Eingeführt wurden Gewürze aus Griechenland und Persien, Myrrhe aus Arabien, Äpfel aus Kreta, Käse aus Bithynien und Pergament aus Ägypten. Exportiert wurden Gemüse, Getreide, Olivenöl, Honig, gesalzener Fisch und Bitumen. Jerusalem entwickelte sich in neutestamentlicher Zeit zu einem größeren Handelszentrum mit sieben verschiedenen Märkten. Auf ihnen wurden unter anderem 118 ausländische Luxuswaren wie zum Beispiel Juwelen, Seide oder Glaskugeln angeboten.

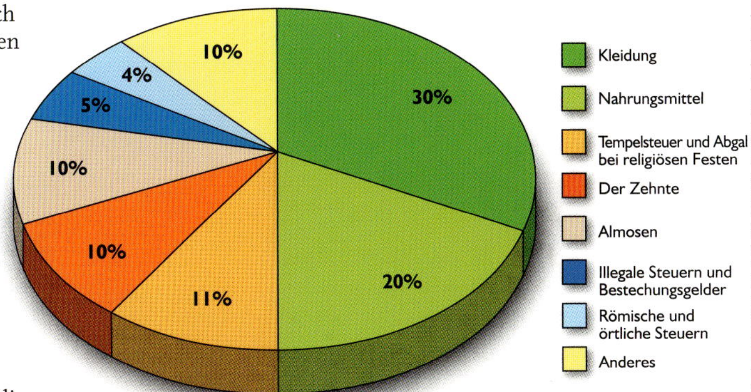

Ernährung

Brot, jeden Tag frisch gebacken, gehörte unabdingbar zu jeder jüdischen Mahlzeit. Tatsächlich bedeutet der hebräische Ausdruck »Brot essen« »eine Mahlzeit zu sich nehmen«. Ihre Ernährung war hauptsächlich vegetarisch, denn Fleisch (vor allem Lamm, selten Rind) war teuer und besonderen Gelegenheiten vorbehalten. Wasser, Milch und Wein (oft mit Wasser verdünnt) waren die üblichen Getränke.
Gemeinsames Essen war ein Ausdruck von Freundschaft, und Gastfreundschaft war sehr wichtig. Die jüdischen Essensgesetze besagten aber auch, dass Juden nicht mit Nichtjuden zusammen essen durften. Viele fromme Juden würden außerdem nicht mit anderen Juden essen, wenn diese ihre Handwaschungsrituale nicht ausgeführt oder ihre Essensgefäße nicht entsprechend gereinigt hatten. Aber Jesus aß gerne mit jedermann, auch wenn er sich damit den Ärger der Pharisäer zuzog.

Der jüdische Glaube

Von jedem Juden und jeder Jüdin wurde erwartet, dass sie jeden Morgen, Nachmittag und Abend das »Achtzehn-Bitten-Gebet« beteten. Jede Bitte begann mit der Segnung »Gesegnet bist Du, Herr, König des Alls ...« Ein Segensgebet wurde auch vor jedem Mahl gesprochen. Die fern von Jerusalem lebenden Juden gingen am Sabbat zur Synagoge, um die Schrift zu hören und zu beten, und drei Mal im Jahr sollten sie zum Tempel von Jerusalem zu den großen jährlichen Festtagen pilgern.
Jesu Konflikte entstanden nicht mit dem jüdischen Glauben. Vom alttestamentlichen Gesetz sagte er, er sei nicht gekommen, um es abzuschaffen, sondern um es zu vollenden. Konflikte gab es mit der Interpretation des Gesetzes durch die religiösen Führer, die nach Jesu Auffassung viele einfachen Leute von Gott fernhielten.

In dieser Gestalt kann man sich eine Zimmermannswerkstatt zur Zeit Jesu vorstellen.

Schlüsselbegriff: Arbeit

Indem er sich, bevor er mit 30 Jahren als charismatischer Prophet an die Öffentlichkeit trat, ganz normaler täglicher Arbeit widmete, betonte Jesus, dass Arbeit nicht im Widerspruch zum spirituellen Leben stehe, sondern normaler Bestandteil des Lebens sei. Die Arbeit wird in der Bibel grundsätzlich positiv und als für das Mensch-Sein konstitutiv beurteilt. Die qualvolle Mühe um das tägliche Brot kann aber auch als Fluch interpretiert werden (vgl. Genesis 3,17-19).

Jesus: Sein Wirken auf Erden

DIE BOTSCHAFT VOM REICH GOTTES

2000 v.Chr. · 1900 v.Chr. · 1800 v.Chr. · 1700 v.Chr. · 1600 v.Chr. · 1500 v.Chr. · 1400 v.Chr. · 1300 v.Chr. · 1200 v.Chr. · 1100 v.Chr. · 1000 v.Chr. · 900 v.Chr. · 800 v.Chr. · 700 v.Chr. · 600 v.Chr. · 500 v.Chr. · 400 v.Chr. · 300 v.Chr. · 200 v.Chr. · 100 v.Chr. · 1 n.Chr. · 100 n.Chr.

Im Alter von dreißig Jahren begann Jesus sein öffentliches Wirken. Er zog in Galiläa umher, berief die ersten Jünger, lehrte in den Synagogen, verkündete das Evangelium vom Reich Gottes und heilte im Volk Krankheiten und Leiden. Diese Phase dauerte insgesamt nur drei Jahre, welche aber dramatisch und ereignisreich waren. In Jerusalem, mit seinen politischen und religiösen Interessen, hatte Jesus es schwer, Gehör zu finden. Aber in Galiläa waren die Leute aufgeschlossener für seine Botschaft, dass das Reich Gottes hereingebrochen sei – in seinen Worten und Taten, in seiner Botschaft, in seiner Person.

Jesu Wirken beginnt

Jesus beginnt sein öffentliches Auftreten, indem er sich von Johannes im Jordan taufen lässt, um »alle Gerechtigkeit zu erfüllen«. Taufe ist der Auftakt zu einem Leben, in dem man sich ganz der kommenden Gottesherrschaft unterstellt und Gottes Willen vollkommen erfüllt. Hierin sieht Jesus den Auftrag des Vaters an ihn. Nach seiner Taufe, sagt die Bibel, »öffnete sich der Himmel und der Heilige Geist kam sichtbar in Gestalt einer Taube auf ihn herab, und eine Stimme aus dem Himmel sprach: Du bist mein geliebter Sohn, an dir habe ich Gefallen gefunden« (Lukas 3,21-22).
Jesus verbrachte danach vierzig Tage mit Fasten und Beten in der Wüste Juda, wo ihn der Teufel in Versuchung führte (Matthäus 4,1-11; Markus 1,12-13; Lukas 4,1-13). Er schlug Jesus vor, seine Gottessohnschaft durch spektakuläre Wunder zu beweisen. Aber Jesus wusste, dass dies nicht seinem Auftrag entsprach. Er verstand seine Herrschaft anders. Er antwortete dem Teufel argumentativ mit Zitaten aus der Heiligen Schrift.

Die Jünger

Erst nach der Hinrichtung Johannes des Täufers kehrte Jesus nach Galiläa zurück und begann eine Gruppe von zwölf Jüngern um sich zu sammeln. Die Zahl Zwölf wurde von den Evangelisten als Symbolzahl gedeutet. Indem Jesus genau zwölf wählte, bezog er sich auf Jakobs zwölf Söhne, die die Stämme Israels gegründet hatten, und bezeugte, dass er sowohl ein neues Volk als auch ein neues Königreich gründen wollte. »Jünger« heißt »Schüler« oder »Lehrling« – einer, der sich jemandem anschließt, um Fertigkeiten zu lernen – und Jesus ernannte zwölf Schüler, »die bei ihm sein würden und die er aussenden würde, damit sie predigten und mit seiner Vollmacht Dämonen austrieben« (Markus 3,14-15).

Die Jünger waren eine ausgesprochen gemischte Gruppe:

- **Simon Petrus**, ein hitzköpfiger Fischer aus Kafarnaum
- **Jakobus**, ein Sohn des Zebedäus, ebenfalls ein Fischer aus Kafarnaum
- **Johannes**, Fischer und der Bruder von Jakobus (Petrus, Jakobus und Johannes waren Jesu engste Freunde)
- **Andreas**, ein Fischer und Bruder des Simon Petrus
- **Philippus**, aus Betsaida in Galiläa, vielleicht griechischer Herkunft
- **Bartholomäus**, wahrscheinlich auch Natanël genannt, ein einfacher Mann
- **Matthäus**, Zöllner
- **Thomas**, bekannt dafür, dass er Jesu Auferstehung anzweifelte
- **Jakobus**, Sohn des Alphäus, über den sehr wenig bekannt ist
- **Thaddäus**, auch bekannt als Judas, Sohn des Alphäus
- **Simon Zelotes**, früheres Mitglied einer Unabhängigkeitsbewegung
- **Judas Iskariot**, der Schatzmeister der Zwölf, verriet Jesus für Geld.

Neben diesem inneren Kern hatte Jesus eine größere Gruppe von Anhängern, darunter Frauen (höchst ungewöhnlich zu jener Zeit, für einige Zeitgenossen gar skandalös), von denen einige sein Wirken auch finanziell unterstützten.

Jesus und Jerusalem

Überragt wurde die ganze Stadt vom Tempel des Herodes. Im Süden lag die Unterstadt, in der die Armen hausten, mit ihren engen Straßen, vollgepackten Häusern und geschäftigen Märkten. Zum Westen hin, überragt vom Palast des Herodes, lag die Oberstadt mit den Villen der Reichen.
Mit Ausnahme der Tage seines Leidens wirkte Jesus in Jerusalem kaum, denn die religiösen Führer widersetzten sich seiner Botschaft, ja schickten sogar Repräsentanten nach Galiläa, um ihn abzufangen.

Jesus war etwa dreißig Jahre alt, als er zum ersten Mal öffentlich auftrat (Lukas 3,23).

SIEHE AUCH
PETRUS S. 104
JESUS: SEINE LEHRE S. 90-91
JESUS: SEINE WUNDER S. 92-93
JOHANNES DER TÄUFER S. 80-81

Der See Gennesaret

Umgeben von Hügeln, die als Windtunnel wirkten und die daher heftige Stürme erzeugten, war der Frischwassersee voller Fisch. An seinen Ufern finden sich die Ruinen von zwölf Städten. Kafarnaum an der Via Maris (die wichtigste internationale Handelsstraße) war ein Handelszentrum und eine wichtige Zollstation. Nachdem Jesus in Nazaret auf Ablehnung gestoßen war, war Kafarnaum für ihn sein wichtigster Aufenthaltsort, während er »in ganz Galiläa umherzog, in den Synagogen lehrte, das Evangelium vom Reich Gottes verkündete und im Volk alle Krankheiten und Leiden heilte« (Matthäus 4,23).

Hoffnung für jedermann

Jesus wandte sich an alle Menschen:

- Männer und Frauen (Lukas 8,1-3)
- Erwachsene und Kinder (Markus 10,1;13-15)
- Religiöse und Nicht-Religiöse (Lukas 7,36-50)
- Juden und Heiden (Matthäus 8,1-13)

Jesu Predigten in Galiläa

Jesus fand in Galiläa eine wesentlich offenere Zuhörerschaft – mit Ausnahme seiner Heimatstadt Nazaret, deren Einwohner ihn nach seiner ersten Predigt fast von einer Klippe gestoßen hätten! In jener Predigt bezog er die Ankündigung des Propheten Jesaja, dass ein vom Geist gesalbter Befreier kommen werde, auf sich selbst und sagte, dass Gott nicht nur die Juden, sondern auch die Nicht-Juden retten wolle (Lukas 4,16-30).

Die Ruinen der Synagoge von Kafarnaum aus dem 4. Jh. Ausgrabungen brachten Teile des Originalgebäudes aus der Zeit Jesu ans Licht, das aus schwarzem Basalt errichtet und von einem römischen Zenturio bezahlt worden war.

Jesu Wirken in Galiläa

1. Kafarnaum

- Er heilte den von Dämonen besessenen Mann in der Synagoge (Markus 1,21-28).
- Er heilte die Schwiegermutter des Petrus (Markus 1,29-31).
- Er vergab dem Gelähmten seine Sünden und heilte ihn (Markus 2,1-12).
- Er heilte den Diener des Hauptmanns (Matthäus 8,5-13).
- Er erweckte die Tochter eines Synagogenvorstehers von den Toten (Matthäus 9,18-26).

2. Chorazin

- Nicht näher bezeichnete Wunder trotz der Kleingläubigkeit der dortigen Bewohner (Matthäus 11,20-24).

3. Betsaida

- Die Speisung der Fünftausend (Lukas 9,10-17)

4. und 5. See Gennesaret

- Der Gang auf dem Wasser (Matthäus 14,22-33)
- Der Sturm auf dem See (Matthäus 8,23-27)

6. Gadara

- Jesus lässt die Dämonen in die Schweine fahren (Matthäus 8,28-34).

7. Magdala

- Jesus wird von Pharisäern und Sadduzäern auf die Probe gestellt (Matthäus 16,1-12).

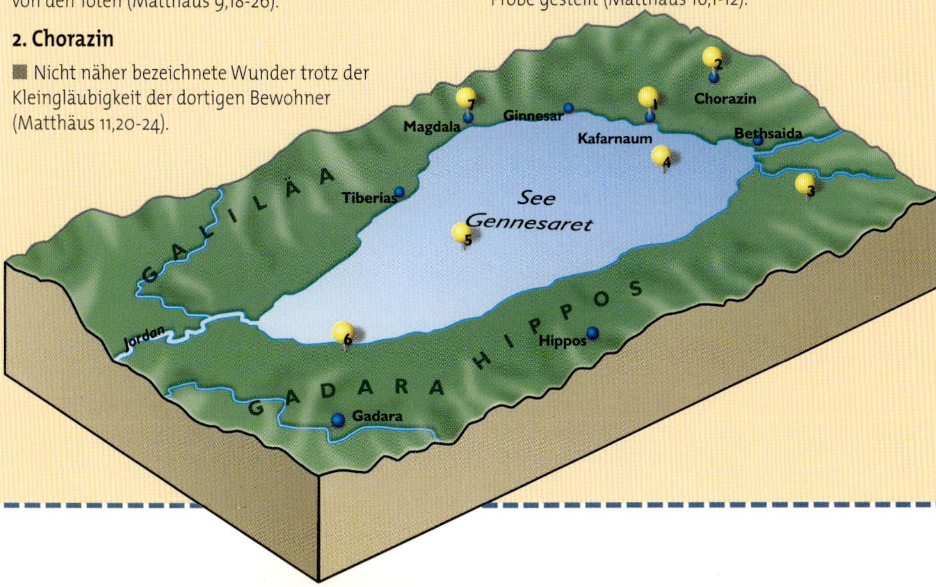

Schlüsselbegriff: Messias

Zu Zeiten des Neuen Testaments erwarteten viele die Ankunft des »Messias« (griechische Bezeichnung: »Christus«), der – wie von den Propheten angekündigt – Gottes Herrschaft bringen werde. Aber laut Bibel verwirklicht Jesus die Herrschaft Gottes nicht mit dem Schwert (wie allgemein erwartet wurde), sondern durch seine Verkündigung und sein zeichenhaftes Handeln.

Jesus: Seine Lehre

WORTE, DIE JEDER VERSTEHT

Die griechischen Philosophen Sokrates, Plato und Aristoteles lehrten über vierzig Jahre, Jesus nur drei, dennoch kann man behaupten, dass sein Einfluss ihren übertrifft. Das Besondere an Jesu Worten ist, dass er nicht einfach interessante Gedanken vermitteln will, sondern dass er mit seiner Lehre Herz und Hände erreichen will. Die Menschen sollen auch *tun*, was sie für ihr Leben als bedeutsam erkannt haben. Außerdem spricht Jesus besonders den Armen und Verfolgten, den Zukurzgekommenen und Unterdrückten das Reich Gottes zu.

»Womit soll ich das Reich Gottes vergleichen? Es ist wie der Sauerteig, den eine Frau unter einen großen Trog Mehl mischte, bis das Ganze durchsäuert war« (Lukas 13,20-21). Laut Bibel ähnelt Gottes Reich der Hefe, deren Wirkung ja völlig unproportional zu ihrer tatsächlichen Menge ist. Ausgehend von unbedeutenden Anfängen wird das Gottesreich eines Tages alles durchdringen.

Das Reich Gottes

Jesu Lehre handelt nicht, wie viele denken, hauptsächlich von der Liebe, sondern vom Reich Gottes (oder dem Himmelreich, wie es im Matthäusevangelium oft genannt wird, um die Erwähnung von Gottes Namen zu vermeiden). Menschen von heute verstehen »Königreich« als konkreten Ort. Doch Jesus meinte etwas anderes. Das griechische Wort bedeutet eher »Herrschaft« als »Reich« und Gottes Königreich ist Gottes Herrschaft im geistigen Sinn, weniger im geographischen. Jesus sagte, dass sich alles ändere, wenn Gott seine Herrschaft antrete und wenn die Menschen Gottes befreiende Weisung in ihrem Leben verwirklichen.

Jesus sagte auch, dass diese Gottesherrschaft zwar »nahe« sei, aber die Menschen dennoch nach ihr suchen müssten, und wenn sie sie endlich gefunden hätten, alles dafür aufgeben müssten (Matthäus 13,44-46). Sie sollten in diese Gottesherrschaft eintreten und Gott vertrauen, so wie Kinder ihren Eltern vertrauen (Matthäus 18,3). Manchen von den religiösen Führern war diese Botschaft suspekt, aber die Armen und Benachteiligten sprach sie unmittelbar an, denn Gott schien plötzlich auch für sie erreichbar zu sein.

Obwohl die Gottesherrschaft bereits in Jesu Taten und Worten angebrochen sei, erwartet die Bibel ihre Vollendung erst, wenn er am Ende der Geschichte wiederkehren werde.

Jesus benutzte oft einfache Alltagsbeispiele, um das Reich Gottes zu versinnbildlichen. Er beschrieb es als einen Samen, der zwar klein anfange, aber schnell wachse. Und seine Anhänger seien »das Licht der Welt«, das die Dunkelheit vertreibe.

Die Bergpredigt

Eine der berühmtesten Reden Jesu ist die »Bergpredigt« (Matthäus 5-7; vgl. die »Feldrede« Lukas 6,17-49). Sie enthält:

- die »Seligpreisungen« (5,3-12),
- ethische Richtlinien (5,13-20; 7,1-6.13-23),
- Jesu Interpretation der alttestamentlichen Tora (5,21-48),
- Lehren über das Almosengeben, Beten und Fasten (6,1-18; 7,7-12),
- Ermahnungen, Gott den ersten Platz einzuräumen und ihm in allem zu vertrauen (6,19-34),
- die Aufforderung, Gottes Wort nicht nur zu hören, sondern auch danach zu handeln (7,24-29).

Der Berg der Seligpreisungen (rechts), am Ufer des Sees Gennesaret wird heute als Schauplatz der Bergpredigt gezeigt. Der Ort ist jedoch willkürlich gewählt, keine Pilgertradition ist mit ihm verbunden.

Und die Menschen waren sehr betroffen von seiner Lehre; denn er lehrte sie wie einer, der (göttliche) Vollmacht hat, nicht wie die Schriftgelehrten (Markus 1,22).

SIEHE AUCH
JÜNGER S. 88
EVANGELIEN S. 78-79
MESSIAS S. 89
JESUS: SEINE WUNDER S. 92-93

Liebe Gott und deinen Nächsten

Die Straße von Jericho nach Jerusalem durch das Wadi Kelt in der Wüste Juda gilt als Schauplatz für das Gleichnis vom Barmherzigen Samariter (Lukas 10,30-37). Ein Gesetzeslehrer, der Jesus auf die Probe stellen wollte, hatte gefragt: »Wer ist mein Nächster?« Die Antwort von Jesus schockiert: Jeder, der dich braucht oder dir helfen wird, und sei es ein Samariter (dabei verachteten die Juden die Samariter!), kann dir zum Nächsten werden.

Jesu Lehre über sich selbst

Es ist eine Besonderheit der Lehre Jesu, dass sie neben ethischen Aussagen viel über *ihn selbst* sagt. Die Evangelien stellen Jesus dar als jemand, der nicht lauthals kundtat, wer er war (aus Angst, die Menschen könnten missverstehen, als welche Art Messias er gekommen war). Dennoch streichen die Evangelien seinen Anspruch klar heraus: Er war niemand anderer als Gott selbst.

Dies spiegelt sich wieder in:

- seiner Verwendung von Aussprüchen mit »Ich bin«, in denen er Titel und Funktionen von Gott für sich in Anspruch nimmt,
- seiner Bezeichnung als »Herr« und »Gott«,
- der Vergebung von Sünden – etwas, das nur Gott alleine kann.

Jesu Gleichnisse

Jesu Gleichnisse waren Alltagsgeschichten mit tieferer Bedeutung – manchmal offenkundig, manchmal erst auf den zweiten Blick durchschaubar. Bei Gleichnissen kommt es darauf an, jeweils den Vergleichspunkt oder »springenden Punkt« zu finden; es müssen (und dürfen) aber nicht alle Einzelzüge des Bildes ausgedeutet werden. Gleichnisse zu analysieren ähnelt oft dem Versuch, einen Witz zu erklären – doch zerstört man damit oft seine Pointe.

Jesu Einstellung zum Alten Testament

Für Jesus waren die Schriften des Alten Testaments seine »Bibel«, die ihm heilig war. In den Evangelien zitiert er daraus mindestens vierzigmal und macht siebzig weitere Anspielungen, um bestimmte Situationen zu deuten. Seine Kritik richtet sich auf bestimmte Auslegungen anderer religiöser Führer. »Denkt nicht, ich sei gekommen, um das Gesetz und die Propheten aufzuheben«, sagte er. »Ich bin nicht gekommen, um aufzuheben, sondern um zu erfüllen« (Matthäus 5,17) – das heißt, »den Worten ihre volle Bedeutung zu geben«. Leserinnen und Leser sollten also nicht in die Falle tappen, eine Trennung zwischen dem Alten und dem Neuen Testament zu ziehen. Eine solche Trennung würde Jesus nicht gutheißen.

Jesu Lehrstil

Er brachte seine Hörer zum Nachdenken. Jesus verlangte nicht, seine Lehre einfach hinzunehmen, sondern wollte, dass seine Hörerinnen und Hörer selbständig dachten. Also stellte er ihnen Fragen, brachte sie zum Nachdenken, arbeitete mit Sprachspielen und erzählte Gleichnisse – um mit den Menschen in einen Dialog zu kommen und sie zum Nachdenken zu bringen.

Er erreichte jeden. Jesus konnte mit Gelehrten debattieren, aber ebenso zogen seine Gleichnisse und Geschichten ganz einfache Leute in ihren Bann.

Er hatte Autorität. Seine Lehre bestand nicht wie die vieler Lehrer einfach aus »Worten«. Alles, was er sagte, wurde durch sein gesamtes Auftreten und Leben gestützt und bestärkt.

Einige bekannte Gleichnisse	Matthäus	Markus	Lukas
Vom Haus auf dem Felsen	7,24-27		6,47-49
Der barmherzige Samariter			10,25-37
Das Beispiel von der falschen Selbstsicherheit des reichen Mannes			12,13-21
Das Gleichnis vom Sämann	13,1-23	4,1-20	8,4-15
Das Gleichnis vom Senfkorn	13,31-32	4,30-32	13,18-19
Das Gleichnis vom verlorenen Schaf	18,12-14		15,3-7
Das Gleichnis vom verlorenen Sohn			15,11-32
Das Beispiel vom reichen Mann und vom armen Lazarus			16,19-31
Das Gleichnis vom unbarmherzigen Gläubiger	18,23-35		
Das Gleichnis vom königlichen Hochzeitsmahl	22,1-14		
Das Gleichnis von den zehn Jungfrauen	25,1-13		
Das Gleichnis vom anvertrauten Geld	25,14-30		19,11-27
Vom Weltgericht	25,31-46		

Schlüsselbegriff: Lehrer

Jesus wurde oft ›Lehrer‹ oder ›Rabbi‹ genannt. Er selbst legte Werte darauf, dass man seiner Lehre nicht nur zuhört, sondern sie auch in die Tat umsetzt (Lukas 6,46).

GEN / 1 MOSE
EX / 2 MOSE
LEV / 3 MOSE
NUM / 4 MOSE
DTN / 5 MOSE
JOSUA
RICHTER
RUT
1 SAMUEL
2 SAMUEL
1 KÖNIGE
2 KÖNIGE
1 CHRONIK
2 CHRONIK
ESRA
NEHEMIA
ESTER
IJOB
PSALMEN
SPRÜCHE
KOHELET
HOHELIED
JESAJA
JEREMIA
KLAGELIEDER
EZECHIEL
DANIEL
HOSEA
JOËL
AMOS
OBADJA
JONA
MICHA
NAHUM
HABAKUK
ZEFANJA
HAGGAI
SACHARJA
MALEACHI
MATTHÄUS
MARKUS
LUKAS
JOHANNES
APG
RÖMER
1 KORINTHER
2 KORINTHER
GALATER
EPHESER
PHILIPPER
KOLOSSER
1 THESS
2 THESS
1 TIMOTHEUS
2 TIMOTHEUS
TITUS
PHILEMON
HEBRÄER
JAKOBUS
1 PETRUS
2 PETRUS
1 JOHANNES
2 JOHANNES
3 JOHANNES
JUDAS
OFFB

Jesus: Seine Wunder

SEHEN IST GLAUBEN

Wenn Jesu Gleichnisse Beschreibungen des Reiches Gottes waren, dann waren seine Wunder dessen Zeichen. Mit ihnen zeigte er, was geschieht, wenn Gottes Herrschaft anbricht. Fünfunddreißig Wunder sind in den Evangelien aufgeführt, dazu noch summarische Erwähnungen weiterer Wunder. Allerdings führten diese Wunder nicht unbedingt immer zum Glauben, sondern manchmal auch zu Ablehnung. Aber für alle, die tiefer als bis zur Oberfläche sahen, schien zu gelten: Wer sieht, der glaubt.

Die sieben »Zeichen« bei Johannes

Im Johannesevangelium sind nur sieben »Zeichen« Jesu notiert, obwohl der Evangelist viel mehr kannte (Johannes 20,30; 21,25). Er wählte die Siebenzahl, weil sie für Juden eine perfekte und komplette Zahl versinnbildlichte. Er benutzte nicht das Wort »Wunder« wie die anderen Evangelisten, sondern »Zeichen«, weil er die Zeichenhaftigkeit vor die Demonstration von Macht stellen wollte. An den »Zeichen« sollte erkannt werden: In Jesus ist die Heilszeit angebrochen, die endgültige Zuwendung Gottes zu den Menschen ist in ihm Wirklichkeit geworden.

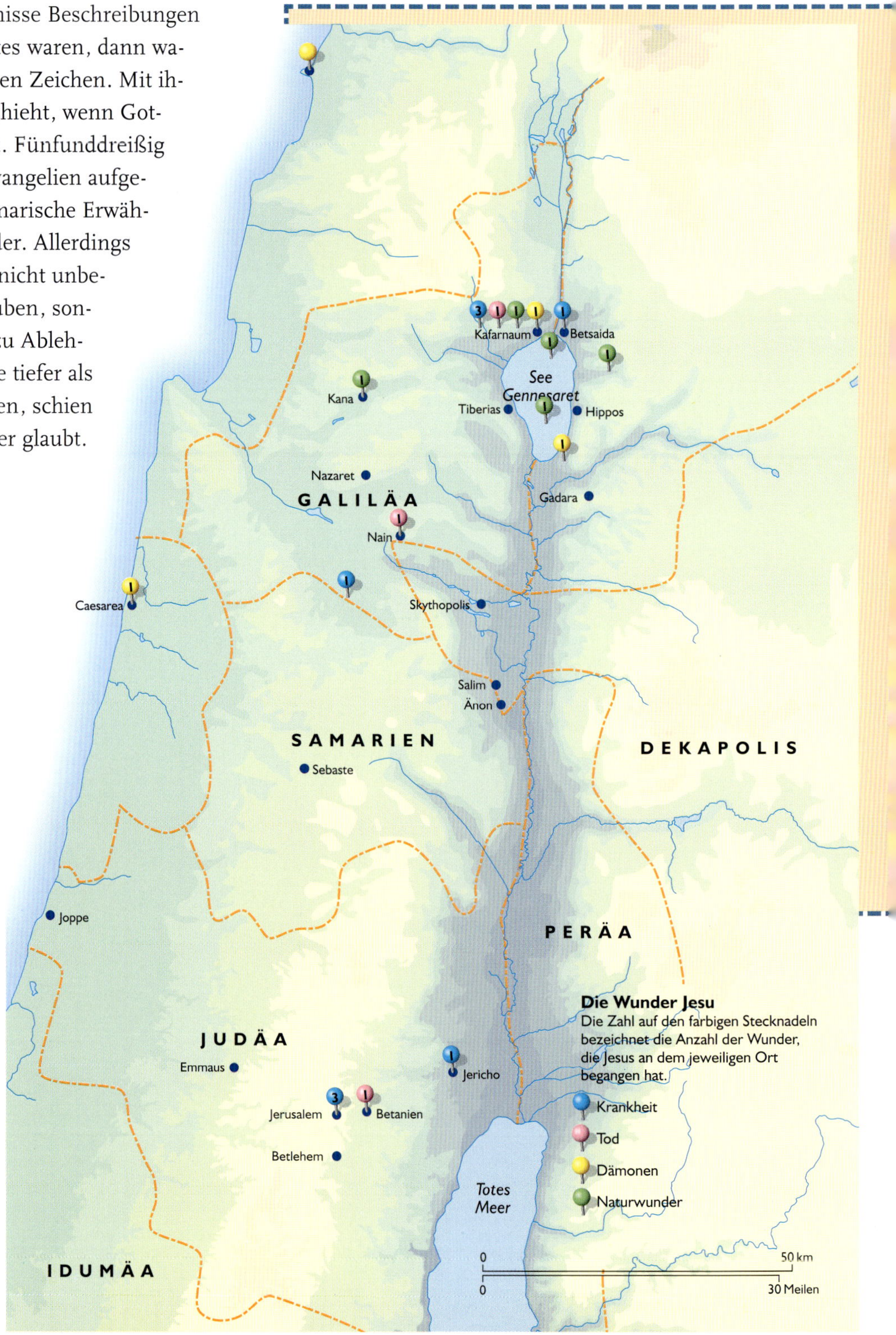

Glaubt mir doch, dass ich im Vater bin und dass der Vater in mir ist; wenn nicht, glaubt wenigstens aufgrund der Werke!
(Johannes 14,11).

SIEHE AUCH
PFINGSTEN S. 100-101
INKARNATION S. 85
JESUS: SEIN WIRKEN AUF ERDEN S. 88-89
GLEICHNISSE S. 91

Einige der Wunder Jesu

Kafarnaum

Er heilte den Diener des Hauptmanns von Kafarnaum (Matthäus 8,5-13).
Er heilte Petrus' Schwiegermutter (Matthäus 8,14-17).
Er heilte einen Gelähmten (Matthäus 9,1-8).
Er erweckte ein Mädchen von den Toten (Matthäus 9,18-26). Er befreite einen besessenen Mann von seinen Dämonen (Markus 1,21-28).
Er forderte zu einem wunderbaren Fischfang auf (Lukas 5,1-11).

Betsaida und die Gegend um den See Gennesaret

Er heilte einen Blinden (Markus 8,22-26).
Er speiste 5.000 Menschen (Johannes 6,1-15).
Er beruhigte den Sturm (Matthäus 8,23-27).
Er ging auf dem Wasser (Matthäus 14,22-25).
Er heilte einen Besessenen (Markus 5,1-20).

Bei Tyrus

Er heilte ein von Dämonen besessenes Mädchen (Matthäus 15,21-28).

Caesarea Philippi

Er heilte einen besessenen Jungen (Lukas 9,37-45).

Kana

Er verwandelte Wasser in Wein (Johannes 2,1-11).

Nain

Er erweckte einen jungen Mann von den Toten (Lukas 7,11-17). Er heilte zehn Aussätzige (Lukas 17,11-19).

Jericho

Er heilte einen blinden Bettler (Lukas 18,35-43).

Betanien

Er erweckte Lazarus von den Toten (Johannes 11,1-44).

Jerusalem

Er heilte das abgeschlagene Ohr eines Dieners (Lukas 22,47-51). Er heilte einen Gelähmten (Johannes 5,1-15).
Er heilte einen Blindgeborenen (Johannes 9,1-41).

Wasserkrüge, wie sie im Judentum für rituelle Waschungen benutzt wurden. Jesu erstes Wunder war das Verwandeln von Wasser in solchen Krügen zu Wein während einer Hochzeit in Kana in Galiläa (Johannes 2,1-11). Peinlicherweise war der Wein sehr früh knapp geworden (Hochzeiten konnten ein Woche dauern, und das ganze Dorf musste mit Essen und Trinken versorgt werden). Jesus rettete nicht nur die Situation, sondern zeigte, wie die kommende Heilszeit in Israel im Bild einer Hochzeit geschaut werden konnte.

Die Ruinen des Teiches von Betesda in Jerusalem, ein quellengespeistes Becken, an dem sich Kranke versammelten. Sie hofften, dass der erste, der hineintauchen würde, sobald das Wasser in Wallung geriete, geheilt würde. Jesus heilte hier einen Mann, der 38 Jahre gelähmt war.

Gebete und Wunder

Wir haben gelesen, dass Jesus ein Leben im Gebet führte und so in der Lage war, aus der Kraft des Heiligen Geistes zu leben. Es war ihm sehr wichtig, immer wieder in aller Stille mit seinem Vater Zwiesprache halten zu können. Als Juden beteten seine Jünger oft, wobei sie bemerkten, dass Jesus in einer neuen Weise betete. Jesus benötigte in der Regel keine bestimmten Worte, Zeiten, Orte und Formen, wenn er mit seinem himmlischen Vater sprach. Als sie ihn baten, ihnen das Beten beizubringen, lehrte er sie das Vaterunser (Matthäus 6,9-13; Lukas 11,2-4). Es war wahrscheinlich nicht als Gebet zum auswendig Aufsagen gedacht, sondern als Vorbild für das eigene Beten.

Wie wirkte Jesus seine Wunder?

Jesus war kein »Supermann« mit verborgenen Kräften. Die Bibel sagt sogar, dass er, als er den Himmel verließ, seine göttliche Macht ablegte und ein menschliches Wesen »wie du und ich« wurde. Er vertraute vollständig Gott und verließ sich auf den Heiligen Geist, der durch ihn handelte.
Daher konnte er seine Apostel aussenden, um zu predigen, zu heilen und Dämonen auszutreiben, denn derselbe Geist, der in Jesus war, war auch in ihnen. Er versprach sogar, dass sie noch größere Dinge vollbringen würden als er selbst, wenn er erst zum Vater zurückgekehrt sei (Johannes 14,12). Die frühe Kirche betrachtete Heilung als einen Bestandteil ihres geistlichen Amtes, wie wir in der Apostelgeschichte lesen. Auch heute noch beten viele Menschen um Heilung im Namen Jesu und dürfen sie auch erfahren. Letztlich sind Wunder aber keine Gottesbeweise, sondern Zeichen der Macht und Freundlichkeit Gottes. Ohne den Glauben können Wunder daher nicht angemessen wahrgenommen werden.

Das Brot des Lebens

Die Speisung der Fünftausend ist das einzige Wunder, das von allen vier Evangelisten berichtet wird (Matthäus 14,13-21; Markus 6,30-44; Lukas 9,10-17; Johannes 6,1-15). Allerdings schreibt nur Johannes, dass die fünf Brotlaibe und zwei Fische (siehe dieses Mosaik) einem kleinen Jungen gehörten – wahrscheinlich waren sie sein eingepacktes Mittagessen und nicht einmal sehr groß! Dennoch konnte Jesus alle Zuhörer davon speisen und noch etliches übrig behalten. In diesem Wunder kommt zum Ausdruck, dass er »das Brot des Lebens« ist (Johannes 6,25-59).

Glaube und Wunder

Obwohl es natürlich eine Verbindung zwischen Wunder und Glaube gibt, ist es dennoch wichtig zu bedenken:

- Wunder waren nicht unbedingt *abhängig* vom Glauben. Manchmal hatten die Menschen nur geringes Vertrauen in ihre Heilung (Johannes 5,6-9), manchmal großes (Matthäus 9,21).
- Die Wunder *führten* nicht unbedingt zum Glauben, wie die Geschichte von den zehn Aussätzigen zeigt (Lukas 17,11-19), von denen nach der Heilung nur einer umkehrt und Gott lobt.

Schlüsselbegriff: Herrschaft

Herrschaft Gottes ist die wörtlichere Übersetzung für »Reich Gottes« und zentraler Begriff in der Verkündigung Jesu. In Wundern als Zeichenhandlungen wird gezeigt, dass die Herrschaft Gottes in dieser Welt schon angebrochen ist. Die Herrschaft Gottes ist kein statisches Reich, sondern eine aktiv-dynamische Größe und Inbegriff von Gottes liebender und heilvoller Zuwendung.

GEN / 1 MOSE
EX / 2 MOSE
LEV / 3 MOSE
NUM / 4 MOSE
DTN / 5 MOSE
JOSUA
RICHTER
RUT
1 SAMUEL
2 SAMUEL
1 KÖNIGE
2 KÖNIGE
1 CHRONIK
2 CHRONIK
ESRA
NEHEMIA
ESTER
IJOB
PSALMEN
SPRÜCHE
KOHELET
HOHELIED
JESAJA
JEREMIA
KLAGELIEDER
EZECHIEL
DANIEL
HOSEA
JOËL
AMOS
OBADJA
JONA
MICHA
NAHUM
HABAKUK
ZEFANJA
HAGGAI
SACHARJA
MALEACHI
MATTHÄUS
MARKUS
LUKAS
JOHANNES
APG
RÖMER
1 KORINTHER
2 KORINTHER
GALATER
EPHESER
PHILIPPER
KOLOSSER
1 THESS
2 THESS
1 TIMOTHEUS
2 TIMOTHEUS
TITUS
PHILEMON
HEBRÄER
JAKOBUS
1 PETRUS
2 PETRUS
1 JOHANNES
2 JOHANNES
3 JOHANNES
JUDAS
OFFB

Jesus: Seine Gegner

»WIR SPIELEN NACH UNSEREN REGELN«

2000 v.Chr. 1900 v.Chr. 1800 v.Chr. 1700 v.Chr. 1600 v.Chr. 1500 v.Chr. 1400 v.Chr. 1300 v.Chr. 1200 v.Chr. 1100 v.Chr. 1000 v.Chr. 900 v.Chr. 800 v.Chr. 700 v.Chr. 600 v.Chr. 500 v.Chr. 400 v.Chr. 300 v.Chr. 200 v.Chr. 100 v.Chr. 1 n.Chr. 100 n.Chr.

Nach drei Jahren öffentlichen Wirkens hatte Jesus viele führende Persönlichkeiten vor den Kopf gestoßen. Das hatte sicher mehrere Ursachen. Zum einen provozierte sein Anspruch, dass in ihm Gott selbst gegenwärtig sei, viele jüdische Gläubige. Außerdem geriet er bei der Interpretation der Heiligen Schrift und in seiner freien Haltung gegenüber jüdischen Bräuchen häufig mit Gelehrten in Streit. Auch seine wiederholte Tempelkritik dürfte vielen nicht gefallen haben. Er traf damit nämlich das ideelle Zentrum des Judentums.

Die Pharisäer

Die Pharisäer, eine streng religiöse Sekte, zählten ungefähr 6000 Mitglieder. Pharisäer zu sein war kein Beruf, sondern eine Lebenseinstellung. Die meisten waren Kaufleute aus der Mittelklasse und hielten sich getreu an Gottes Wort, und zwar nicht nur die an Gebote, die Mose gegeben worden waren, sondern darüber hinaus an eine Menge strikter Reinheitsvorschriften, die die Rabbiner (Lehrer) erlassen hatten, um Gottes Gesetze an die Bedürfnisse des Alltags anzupassen. Das führte in der Praxis allerdings leicht zu einem Legalismus, der sich an reinen Äußerlichkeiten orientierte. Den Pharisäern widersprach Jesus ausdrücklich mit seiner Betonung des Herzens. Er stellte ihre Praktiken und Traditionen in Frage und bezeichnete sie als »Heuchler«, »blinde Führer« oder »weiß angestrichene Gräber«. Aber natürlich waren nicht alle Pharisäer gleicher Meinung. Einige wie Nikodemus standen seiner Lehre offen gegenüber und wurden seine Jünger. Auch Paulus war anfänglich ein äußerst frommer Pharisäer.

Ein jüdischer Gebetsschal mit seinen auffälligen blauen Streifen und den so genannten »Schaufäden« an jeder seiner vier Ecken. In seiner Rede an Mose hatte Gott das Volk Israel dazu aufgefordert, diese Schaufäden (*Zizijot*) zu tragen, damit sie sich immer an ihn und seine Gebote erinnern (Numeri 15,37). Auch Jesus trug solche Schaufäden (Lukas 8,44). Den Pharisäern wird in Matthäus 23,5 unterstellt, dass sie durch besonders lange Fäden als eifrige Befolger des Gesetzes gelten wollten.

Die Sadduzäer

Obgleich sie weniger Mitglieder hatten, verfügten die Sadduzäer über mehr Einfluss als die Pharisäer. Sie sind aus Kreisen der aristokratisch-priesterlichen Familien Jerusalems hervorgegangen. Aus dieser Szene schalten sich mit der Zeit vier Familien heraus, aus denen der Hohepriester gewählt wurde. Sie kontrollierten die Aktivitäten des Tempels und dominierten den Sanhedrin, den jüdischen Hohen Rat, der Jesus den Prozess machte (Matthäus 26,59-68). Die Sadduzäer waren konservativer als die Pharisäer, akzeptierten nur Moses Schriften (die ersten fünf Bücher der Bibel) und lehnten die mündlichen Überlieferungen und Bräuche der Pharisäer ab. Dennoch teilten sie deren Gegnerschaft zu Jesus.

»Die Sadduzäer sprechen nur die Wohlhabenden an und haben keine Anhänger im Volke. Die Pharisäer hingegen haben die Massen als Verbündete« (Flavius Josephus, Antiquitates).

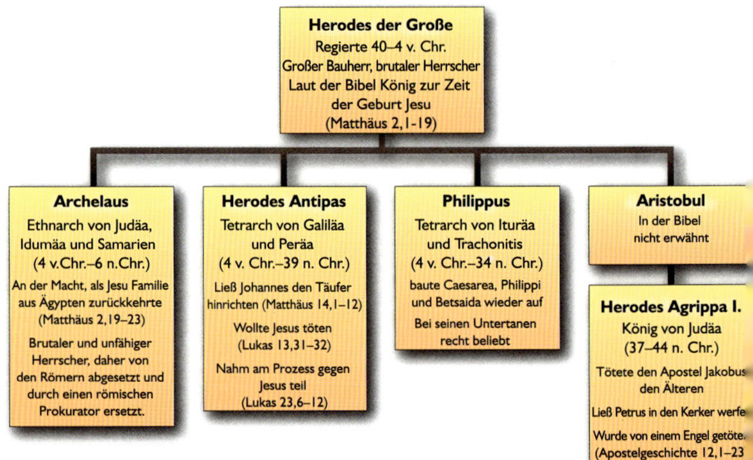

Die Herodes-Familie

Rom hatte 40 v. Chr. das Land der Bibel in die Hände der Herodes-Familie gegeben. Sie stammte aus Idumäa (Edom, der von Esau gegründeten Nation im Süden des Toten Meeres). Sie war nicht jüdisch, weswegen ihre Herrschaft verhasst war. Verschiedene Mitglieder dieser Familie spielen in der Geschichte Jesu und der Kirche immer wieder eine Rolle.

Gesetzeslehrer

Gesetzeslehrer (»Schriftgelehrte« oder »Rabbiner«) waren anerkannte Experten, wenn es darum ging, das Alte Testament abzuschreiben, zu interpretieren und es auf das Alltagsleben anzuwenden. Während sie den Leuten helfen wollten, Gottes Gesetze korrekt zu befolgen, tadelte sie Jesus wegen ihrer Konzentration auf Nebensächlichkeiten, wodurch sie die wirklich wichtigen Dinge vernachlässigten.

Die Herodianer

Matthäus und Markus erwähnen beide in ihren Evangelien die »Herodianer« / »Die Anhänger des Herodes« (Markus 3,6; 12,13; Matthäus 22,16), eine Gruppe von einflussreichen Anhängern der Dynastie des Herodes, die den Römern freundlich gegenüberstanden, da die Dynastie von ihrer Unterstützung abhing. Während ihre Glaubensvorstellungen eher denen der Sadduzäer ähnelten, teilten sie die extreme Abneigung der Pharisäer gegen Jesus.

Von diesem Tag an waren sie entschlossen, ihn zu töten (Johannes 11,53).

SIEHE AUCH
QUMRAN S. 81
SCHRIFTGELEHRTE S. 69
SALOMONISCHER TEMPEL S. 48–49

Der Tempel des Herodes

Herodes' größte Leistung war der völlige Um- und Neubau des Tempels von Jerusalem in unerhörter Pracht. Begonnen 20 v.Chr. und erst 64 n.Chr. (lange nach seinem Tod) beendet, sollte er seine Untertanen für ihn einnehmen und Rom beeindrucken. Beide Ansinnen hatten keinen Erfolg: Seine Untertanen hassten Herodes trotzdem, und Rom zerstörte den Tempel 70 n. Chr. am Ende des jüdischen Aufstands.

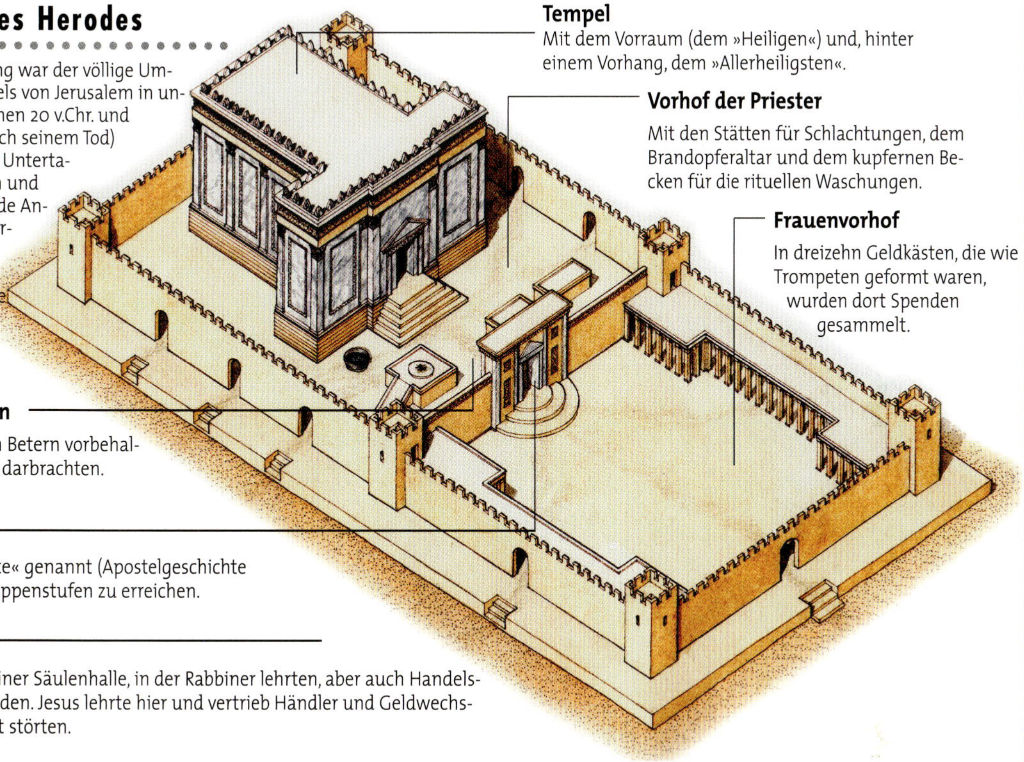

Tempel
Mit dem Vorraum (dem »Heiligen«) und, hinter einem Vorhang, dem »Allerheiligsten«.

Vorhof der Priester
Mit den Stätten für Schlachtungen, dem Brandopferaltar und dem kupfernen Becken für die rituellen Waschungen.

Frauenvorhof
In dreizehn Geldkästen, die wie Trompeten geformt waren, wurden dort Spenden gesammelt.

Vorhof der Israeliten
Er war nur männlichen Betern vorbehalten, die hier ihre Opfer darbrachten.

Nikanortor
Auch die »Schöne Pforte« genannt (Apostelgeschichte 3,10). Es war über 15 Treppenstufen zu erreichen.

Hof der Heiden
Er war umgeben von einer Säulenhalle, in der Rabbiner lehrten, aber auch Handelsgeschäfte getätigt wurden. Jesus lehrte hier und vertrieb Händler und Geldwechsler, weil sie die Andacht störten.

Rom

Schuldig an Jesu Tod sind letzten Endes die Römer, denn sie schlugen ihn ans Kreuz. Allerdings sprechen die Quellen auch von einem Prozess gegen Jesus vor dem höchsten jüdischen Gericht, dem Sanhedrin. Vermutlich hat es eine Beteiligung einzelner jüdischer Religionsführer an der Anklage Jesu als Aufrührer gegen die römische Staatsmacht gegeben. Über Pilatus heißt es sogar, er habe Jesus freilassen wollen. Jesus wandte sich nie ausdrücklich gegen Rom, ermunterte im Gegenteil »dem Kaiser zu geben, was dem Kaiser gehört, und Gott, was Gott gehört«. Allerdings ist die pauschale Aussage, »die Juden« hätten Jesus gekreuzigt, falsch und hat eine verheerende Wirkungsgeschichte gehabt.

Diese auf Griechisch geschriebene Inschrift, die am Eingang des Vorhofs der Frauen angebracht war, verbietet Nicht-Juden bei Todesstrafe den Zugang zum Tempel.

Die Westmauer (Klagemauer), der einzige heute noch erhaltene Teil des Tempels, ist bis heute eine der wichtigsten Gebetsstätten der Juden.

Schlüsselbegriff: Antijudaismus

Aussagen des Neuen Testaments über *die* Juden oder *die* Pharisäer haben in der Geschichte zu antijüdischen Vorurteilen oder schlimmen Pogromen geführt. Sie dürfen keinesfalls pauschal übernommen werden. Meist richtet sich die Kritik Jesu (als innerjüdische Kritik!) nicht an alle Juden, sondern nur an bestimmte Führungsgruppen, die auf das jüdische Volk damals großen Einfluss hatten.

GEN / 1 MOSE
EX / 2 MOSE
LEV / 3 MOSE
NUM / 4 MOSE
DTN / 5 MOSE
JOSUA
RICHTER
RUT
1 SAMUEL
2 SAMUEL
1 KÖNIGE
2 KÖNIGE
1 CHRONIK
2 CHRONIK
ESRA
NEHEMIA
ESTER
IJOB
PSALMEN
SPRÜCHE
KOHELET
HOHELIED
JESAJA
JEREMIA
KLAGELIEDER
EZECHIEL
DANIEL
HOSEA
JOËL
AMOS
OBADJA
JONA
MICHA
NAHUM
HABAKUK
ZEFANJA
HAGGAI
SACHARJA
MALEACHI
MATTHÄUS
MARKUS
LUKAS
JOHANNES
APG
RÖMER
1 KORINTHER
2 KORINTHER
GALATER
EPHESER
PHILIPPER
KOLOSSER
1 THESS
2 THESS
1 TIMOTHEUS
2 TIMOTHEUS
TITUS
PHILEMON
HEBRÄER
JAKOBUS
1 PETRUS
2 PETRUS
1 JOHANNES
2 JOHANNES
3 JOHANNES
JUDAS
OFFB

Jesus: Seine letzten Tage

DIE PASSION

Vom Leiden und Sterben Jesu erzählen alle Evangelisten sehr ausführlich. Jeder stellt dasselbe Ereignisse etwas anders da, erzählt einen Aspekt ausführlicher oder lässt etwas anderes weg. Die Passionsgeschichten der Evangelien sind gedeutete Geschichte: sie berichten nicht primär die historischen Fakten des Prozesses, sondern verkünden den Heilsplan Gottes, der sich in der Leidensgeschichte Jesu verwirklicht hat. Das Leiden Jesu wird als dem Plan Gottes entsprechend dargestellt, der die Menschheit mit sich versöhnen und ihre Schuld vergeben wollte.

Die Karwoche (Zusammenfassung der in den vier Evangelien geschilderten Ereignisse)

1. Freitag: Ankunft in Betanien

In diesem Dorf am Ostabhang des Ölberges, drei Kilometer von Jerusalem entfernt, salbte Maria Jesu Füße mit wertvollem »wohlriechendem Öl«, eine Handlung, die Jesus als Vorbereitung seiner Grablegung deutete.

2. Samstag: Ruhetag

Es gibt keine näheren Hinweise, aber es ist anzunehmen, dass Jesus den Tag mit seinen Freunden Maria, Marta und Lazarus verbrachte, die in Betanien lebten.

3. Sonntag: Der triumphale Einzug

Jesus ritt auf einem Esel nach Jerusalem ein und erfüllte damit Sacharjas Prophezeiung (Sacharja 9,9). Die Leute schwenkten Palmwedel und hießen ihn mit »Hosanna«-Rufen als ihren König willkommen (Matthäus 21,1-11: Markus 11,1; Lukas 19,28-44; Johannes 12,12-16).

4. Montag: Die Tempelreinigung

Wütend darüber, dass der Vorhof des Tempels, der einzige Ort, an dem auch Nicht-Juden beten durften, voller Händler und Wechsler war, vertrieb Jesus sie und warf ihre Tische um (Matthäus 21,12-17; Markus 13,1-37; Lukas 19,45-46).

5. und 6. Dienstag und Mittwoch: Letzte Verkündigung

Jesus verkündete allen, die ihm zuhören wollten, seine Rückkehr am Ende der Zeiten (Matthäus 21,23-25; Markus 13,1-37; Lukas 21,5-38).

7. Donnerstag: Abendmahl und Getsemani

Nachdem Jesus seinen Aposteln die Füße gewaschen hatte, aß er das Festmahl mit ihnen. Dann stahl sich Judas davon, um Jesus zu verraten, während alle anderen nach Getsemani aufbrachen. Dort sagte Jesus voraus, dass Petrus ihn verleugnen werde (Matthäus 26,31-35; Markus 14,27-32; Lukas 22,31-34). In Getsemani betete Jesus und erwartete jene, die ausgeschickt worden waren, um ihn gefangen zu nehmen (Matthäus 26,36-56; Markus 14,32-52; Lukas 22,39-53; Johannes 18,1-14).

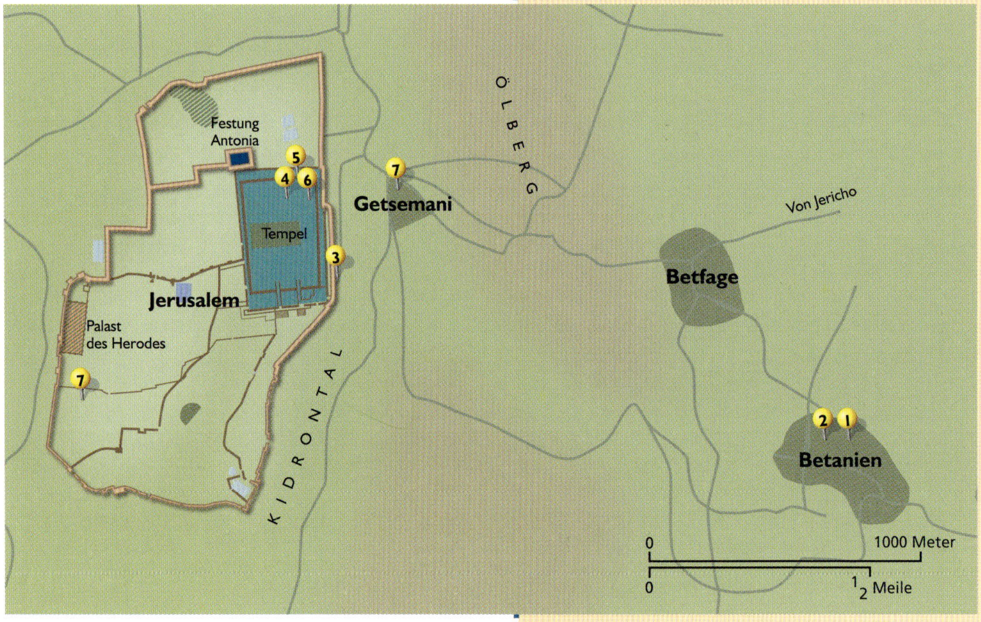

»Gesegnet sei er, der kommt im Namen des Herrn« (Johannes 12,13).

SIEHE AUCH
TEMPEL DES HERODES S. 95
JESUS: TOD UND AUFERSTEHUNG S. 98-99
PASCHAFEST S. 27

Palmsonntag

Als Jesus auf einem Esel in Jerusalem einritt, dachten die Leute an die Prophezeiung des Sacharja (Sacharja 9,9) und kamen zu der Überzeugung, dass die endzeitlichen Hoffnungen, die sich an David und sein Reich knüpften, nun wahr werden sollten. Die Menschen bildeten eine Art Ehrengarde, wedelten mit Palmzweigen, die als Siegeszeichen galten, und »breiteten« vor ihm sogar »ihre Kleider aus«. Sie erkannten ihn als denjenigen an, »der kommt im Namen des Herrn«, riefen »Hosanna! « und empfingen ihn als ihren König. Jesus zog nach Jerusalem hinein, sah den Tempelbetrieb und ging am Abend mit den Zwölf Betanien zurück (Markus 11,11).

Jerusalem vom Ölberg aus gesehen. Jesus weinte über die Stadt, die die Ankunft des Herrn nicht erkennen wollte (Lukas 19,41-44).

Getsemani

Getsemani, was »Olivenpresse« bedeutet, lag auf dem Ölberg auf der anderen Seite des Kidrontals, Jerusalem genau gegenüber. Von hier hätte Jesus die weithin sichtbaren Fackeln der Männer leicht sehen können, die ihn gefangen nehmen wollten. Aber er lief nicht weg, sondern betete und suchte für das, was vor ihm lag, Kraft zu schöpfen. Dabei legte er sein Schicksal erneut in Gottes Hände (Matthäus 26,36-46; Markus 14,32-42; Lukas 22,39-46).

Das letzte Abendmahl

Jesu letztes Essen mit seinen Jüngern fand im Rahmen des Pessachfestes statt, bei dem die Befreiung des Gottesvolks aus Ägypten gefeiert wurde (Exodus 12,1-42). Jesus verlieh dem gemeinsamen Mahl – es ist umstritten, ob es sich dabei um ein Pessachmahl handelte – dabei eine neue Bedeutung: Das Brot symbolisierte seinen Leib, und der Wein symbolisierte sein Blut, das bald am Kreuz geopfert werden würde (Matthäus 26,17-30; Markus 14,12-26; Lukas 22,7-23; Johannes 13,1-30). Er versprach, dass sein Tod den Menschen die Vergebung ihrer Schuld bringen werde.
Er forderte auch seine Apostel auf, »dies zu seinem Gedächtnis zu tun« (Lukas 22,19). Das Mahl wurde bald ein wichtiger Teil der christlichen Glaubenspraxis, allerdings zunächst in Form eines gemeinsamen Essen und noch nicht im Rahmen einer Gottesdienstfeier. Heute teilen Christen überall auf der Welt im Gedenken an Jesu Tod immer noch Brot und Wein miteinander. Die Bezeichnungen können wechseln: »Abendmahl«, »Brotbrechen«, »Heilige Kommunion« und »Heilige Messe«.

Warum hat Judas Jesus verraten?

Während viele die Meinung vertreten haben, Judas habe versucht, Jesus zum Aufstand gegen die Römer aufzuhetzen, berichtet die Bibel, dass er es aus Habgier und des Geldes wegen getan habe (Matthäus 26,14-16). Allerdings gewann er dadurch nicht sehr viel, denn die dreißig Silberstücke, die er bekam, entsprachen nur etwa vier Monatsgehältern. Als ihn dann das Gewissen plagte, versuchte er, das Geld zurückzugeben. Als aber die religiösen Führer mit ihm nichts mehr zu tun haben wollten, beging er Selbstmord (Matthäus 27,1-5)

Schlüsselbegriff: Wachsamkeit

Die Passionsgeschichten enthalten einige mahnende Züge für die Leserinnen und Leser. Sie rufen zu Wachsamkeit und Treue der Glaubenden auf. Mit dem Versagen der Jünger (sie wachen nicht mit Jesus in Getsemani, verlassen ihn bei der Gefangennahme und Petrus verleugnet Jesus sogar) stellen die Erzählungen den Glaubenden die eigene Schuld bzw. ihre Gefährdung vor Augen.

Jesus: Sein Tod und seine Auferstehung

ENDE UND ANFANG

2000 v.Chr.
1900 v.Chr.
1800 v.Chr.
1700 v.Chr.
1600 v.Chr.
1500 v.Chr.
1400 v.Chr.
1300 v.Chr.
1200 v.Chr.
1100 v.Chr.
1000 v.Chr.
900 v.Chr.
800 v.Chr.
700 v.Chr.
600 v.Chr.
500 v.Chr.
400 v.Chr.
300 v.Chr.
200 v.Chr.
100 v.Chr.
1 n.Chr.
100 n.Chr.

Jesu Tod wird im Neuen Testament als unvermeidlich dargestellt, und zwar nicht, weil er eine Gefahr für die Stabilität des damaligen Judäa darstellte, sondern weil er laut Zeugnis der Evangelien (Markus 8,31; 9,31; 10,33f) dem Plan Gottes entsprach, der die Menschheit mit sich versöhnen und ihre Schuld vergeben wollte (Matthäus 26,28). Die Passionsgeschichten der Evangelien verkünden den Heilsplan Gottes in der Leidensgeschichte Jesu. Die Überwindung von Sünde und Tod ist in der Auferweckung Jesu wirklich und wirksam geworden.

Ein römisches *Flagrum*, mit dem zur Zeit Jesu Gefangene gegeißelt wurden. Es hatte in der Regel zwei oder drei Lederriemen, an deren Ende Metall- oder Knochenstücke angebracht waren, um dem Delinquenten größtmögliche Schmerzen zuzufügen.

JESU LETZTE STUNDEN

1. Jesu Gefangennahme (Matthäus 26,47-56; Markus 14,43-52; Lukas 22,47-53; Johannes 18,1-11).
2. Vorverhör durch den ehemaligen Hohenpriester Hannas (Johannes 18,12-13; 19-24).
3. Jesus muss vor dem Hohenpriester Kajaphas erscheinen (Lukas 22,54-65).
4. Das Verhör vor dem Hohen Rat (Matthäus 26,57-27,1; Markus 14,53-15,1; Lukas 22,66-71).
5. Verhandlung vor Pilatus (Matthäus 27,2.11-14; Markus 15,1-5; Lukas 23,1-5; Johannes 18,28-40).
6. Verhandlung vor Herodes Antipas (Lukas 23,6-12).
7. Jesus steht erneut vor Pilatus. Die Menge fordert die Todesstrafe (Matthäus 27,15-26; Markus 15,6-15; Lukas 23,13-25; Johannes 18,33–19,16).
8. Verspottung und Geißelung durch römische Soldaten (Matthäus 27,27-31; Markus 15,16-20).
9. Jesus muss sein Kreuz tragen, bricht aber zusammen; Simon von Zyrene wird gezwungen, es für ihn zu tragen (Matthäus 27,32; Markus 15,21; Lukas 23,26).
10. Jesus wird zwischen zwei Räubern gekreuzigt (Matthäus 27,33-56; Markus 15,22-41; Lukas 23,32-49; Johannes 19,17-37).

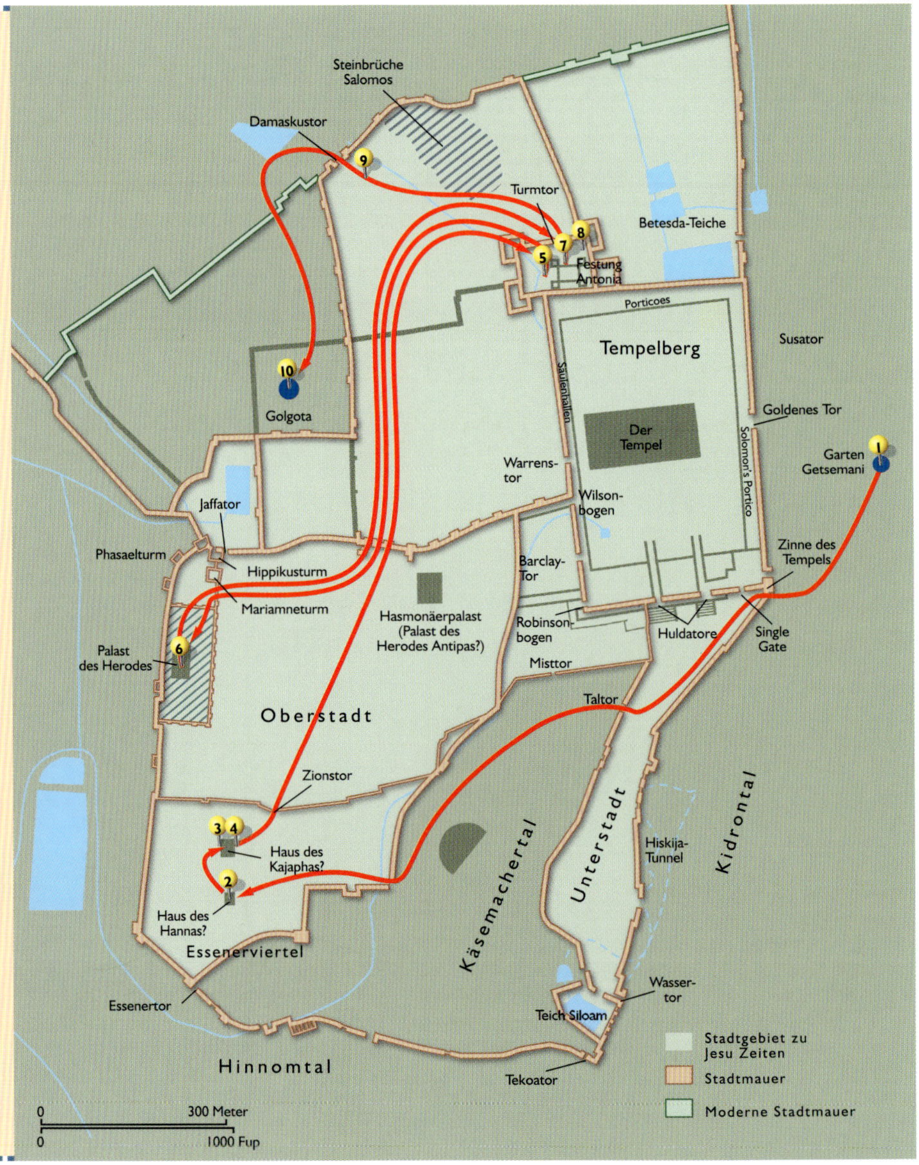

Der Menschensohn muss den Sündern ausgeliefert und gekreuzigt werden und am dritten Tag auferstehen
(Lukas 24,7).

SIEHE AUCH
HERODES ANTIPAS S. 94
DAS KREUZ S. 114
DER HOHE RAT S. 94

Die Kreuzigung

Die Kreuzigung war eine brutale Hinrichtungsart, die die Römer als Abschreckungsmittel benutzten. Der Verurteilte wurde ausgepeitscht, dann musste er den Querbalken (nicht das ganze Kreuz) zum Ort der Hinrichtung tragen. Dort wurden seine Handgelenke an den Querbalken genagelt, der auf einen im Boden verankerten Pfahl gehoben wurde, an den dann die Knöchel des Verurteilten genagelt wurden. Über seinem Kopf wurde eine Tafel mit seinen Verbrechen angebracht. Der Tod erfolgte langsam, denn der hängende Körper übte gewaltigen Druck auf das Zwerchfell aus, so dass das Atmen fast unmöglich wurde. Manche Verurteilten blieben über Tage bei Bewusstsein, und manchmal verkürzten Soldaten ihr Leiden, indem sie ihnen die Beine brachen. Die jüdischen Führer wollten, dass dies auch mit Jesus geschieht, damit sein Körper nicht während des Sabbats am Kreuz blieb. Zu ihrer Überraschung entdeckten die Soldaten aber, dass er schon tot war. Vorsichtshalber stießen sie ihm aber noch mit einer Lanze in die Seite (Johannes 19,31-37).

Teile des Skeletts eines Verurteilten, der im 1. Jh. gekreuzigt wurde; der einzige physische Beweis einer Kreuzigung, der jemals gefunden wurde.

Das Gartengrab in Jerusalem ist zwar nicht das Original, aber ähnelt demjenigen, in dem Joseph von Arimathäa Jesus zu Grabe legte. Ein großer, in einen Laufkanal gesetzter Mühlstein wurde dann vor den Eingang gerollt (Matthäus 27,57-61; Markus 15,42-47; Lukas 23,50-55; Johannes 19,38-42).

Die Auferstehung

Alle vier Evangelisten berichten übereinstimmend, dass die Frauen, nachdem sie am Sabbat geruht hatten, am Sonntag frühmorgens, als es noch dunkel war, Jesu Grab aufsuchten und es leer vorfanden (Matthäus 28,1-10; Lukas 24,1-12; Johannes 20,1-9). Eine Auferstehung konnten sie sich überhaupt nicht vorstellen und vermuteten deshalb zunächst, jemand habe den Leichnam »weggenommen« (Johannes 20,2-15), während die Apostel sie erst einmal nur für hysterisch hielten (Lukas 24,11). Die Wahrheit setzte sich nur langsam durch, als Jesus im Laufe des Tages an unterschiedlichen Stellen Jüngern erschien. Am Abend erschien er allen gemeinsam (Johannes 20,19-20). Als Thomas, der nicht dabei war, ihn eine Woche später sah, berührte er Jesus und seine Wundmale und bekannte: »Mein Herr und mein Gott!« (Johannes 20,28).

Der »dritte« Tag?

Die Bibel sagt, dass Jesus »am dritten Tag« auferstanden sei, aber viele Leute fragen sich, ob es nicht tatsächlich der zweite Tag war (Freitag bis Sonntag). In biblischen Zeiten zählte man aber den Tag, an dem man zu zählen anfing, mit – also war es tatsächlich der dritte Tag: Freitag, Samstag, Sonntag.

Erklärungen des leeren Grabes

Die Auferstehung ist oft eines der größten Hindernisse für Menschen, die sich mit dem Christentum auseinandersetzen, denn wir wissen doch eigentlich, dass tote Menschen nicht ins Leben zurückkehren. Jede rationale Erklärung, die das leere Grab begründen will, wirft aber ihre eigenen Probleme auf, wie die nebenstehende Tabelle zeigt.

Erklärungen	Probleme
Grabräuber stahlen den Leichnam.	Die anwesenden römischen Wächter hätten dies verhindert (Matthäus 27,62-66).
Apostel stahlen den Leichnam (um das Gerücht von Jesu Auferstehung in Umlauf zu bringen).	Auch dies hätten die römischen Wächter verhindert. Außerdem dachten die Apostel überhaupt nicht an eine Auferstehung ihres toten Herrn.
Die Behörden entfernten den Leichnam (um dem Gerücht, Jesus sei auferstanden, ein Ende zu bereiten).	Sie hätten den Leichnam ja vorzeigen können, als sich dieses Gerücht immer weiter verbreitete. Sie hatten ihn aber nicht!
Die verstörten Frauen gingen zum falschen Grab.	Warum gingen dann die Behörden nicht zum richtigen Grab und zeigten den Menschen den Leichnam?
Jesus starb nicht, sondern war nur ohnmächtig und kam in der kühlen Grabkammer wieder zu sich.	Die Soldaten versicherten sich, dass er tot war (Johannes 19,33-34), denn nach römischem Recht hätten sie sonst selbst ihr Leben eingebüßt. Somit müsste man glauben, dass es Jesus nach unfassbaren Qualen geschafft habe, den riesigen Stein von der Grabstätte wegzurollen, die römischen Wachen zu überwältigen, nach Jerusalem zurückzulaufen und in seinem blutigen und zerschundenen Zustand seine Apostel von seiner Auferstehung zu überzeugen.

Schlüsselbegriff: Glaube

Der Glaube ist grundlegend für das Christentum. Dies trifft vor allem auf die Auferstehung zu. Die ersten christlichen Verkündiger stellten sie als sichere Tatsache dar (zum Beispiel Apostelgeschichte 2,23-24) und machten auch klar, dass das Christentum ohne sie bedeutungslos wäre (1 Korinther 15,14-17). Die Christen glauben an die Auferstehung nicht wegen irgendwelcher historischer Berichten, sondern vor allem aus ihrer persönlichen Erfahrung mit dem auferstandenen Jesus heraus.

GEN / 1 MOSE
EX / 2 MOSE
LEV / 3 MOSE
NUM / 4 MOSE
DTN / 5 MOSE
JOSUA
RICHTER
RUT
1 SAMUEL
2 SAMUEL
1 KÖNIGE
2 KÖNIGE
1 CHRONIK
2 CHRONIK
ESRA
NEHEMIA
ESTER
IJOB
PSALMEN
SPRÜCHE
KOHELET
HOHELIED
JESAJA
JEREMIA
KLAGELIEDER
EZECHIEL
DANIEL
HOSEA
JOËL
AMOS
OBADJA
JONA
MICHA
NAHUM
HABAKUK
ZEFANJA
HAGGAI
SACHARJA
MALEACHI
MATTHÄUS
MARKUS
LUKAS
JOHANNES
APG
RÖMER
1 KORINTHER
2 KORINTHER
GALATER
EPHESER
PHILIPPER
KOLOSSER
1 THESS
2 THESS
1 TIMOTHEUS
2 TIMOTHEUS
TITUS
PHILEMON
HEBRÄER
JAKOBUS
1 PETRUS
2 PETRUS
1 JOHANNES
2 JOHANNES
3 JOHANNES
JUDAS
OFFB

Pfingsten

ALLES BLICKT ZUM HIMMEL

2000 v.Chr.
1900 v.Chr.
1800 v.Chr.
1700 v.Chr.
1600 v.Chr.
1500 v.Chr.
1400 v.Chr.
1300 v.Chr.
1200 v.Chr.
1100 v.Chr.
1000 v.Chr.
900 v.Chr.
800 v.Chr.
700 v.Chr.
600 v.Chr.
500 v.Chr.
400 v.Chr.
300 v.Chr.
200 v.Chr.
100 v.Chr.
1 n.Chr.
100 n.Chr.

Nach seiner Auferstehung hat Jesus seinen Jüngern vierzig Tage lang »durch viele Beweise gezeigt, dass er lebt« (Apostelgeschichte 1,3) und ihnen Gottes Reich verkündigt. In der Apostelgeschichte geht es nun um die Grundlegung der Kirche durch das Wirken des Geistes. Deshalb betont sie in ihrer Darstellung, dass die Erscheinungen des Auferstanden sich über einen längeren Zeitraum erstreckten. Die Zahl Vierzig entspricht im übrigen biblischen Vorbildern (Sintflut, Wüstenwanderung, Elijas Weg zum Horeb) und symbolisiert eine besondere Zeit der Gotteserfahrung.

Die Himmelfahrt

Die Erhöhung Jesu in seine Machtstellung bei Gott wird im Neuen Testament durchweg mit seiner Auferstehung zusammen als ein zusammenhängendes Geschehen aufgefasst (vgl. Römer 1,4; 8,34; Phil 2,9-11). Nur Lukas, der auch die Apostelgeschichte verfasst hat, berichtet von einem besonderen Vorgang, der sich vor den Augen der Jünger vollzog: Vierzig Tage nach der Auferstehung versammelte Jesus seine Jünger auf dem Ölberg und stieg von dort zu seinem himmlischen Vater auf (Lukas 24,51; Apostelgeschichte 1,9) – ein Ereignis, das von da an »Himmelfahrt« genannt wurde. Mit dieser Erzählung nimmt Lukas Bezug sowohl auf Entrückungsgeschichten des Alten Testaments (Henoch, Elija) als auch auf Himmelfahrtsgeschichten, die über berühmte Männer der hellenistischen Antike in Umlauf waren. Jesu Himmelfahrt schlägt einen Bogen zum Anfang: Bei seiner Ankunft auf dieser Welt hatte er menschliche Gestalt angenommen (Inkarnation), und nun nahm er diese Menschengestalt mit zurück in den Himmel – ein Zeichen, dass der Himmel tatsächlich den Menschen offen steht.

Die Ausgießung des Heiligen Geistes

Lukas hat in der Apostelgeschichte das Pfingstereignis beschrieben: Die Jünger wollten zusammen Schawuot, das jüdische Wochenfest, feiern. Plötzlich kam ein Wind auf und »alle wurden mit dem Heiligen Geist erfüllt« (Apostelgeschichte 2,4). Es war eine mächtige und überwältigende Erfahrung, und einige Zuschauer hielten die Männer und Frauen zuerst für trunken. Aber Petrus erklärte ihnen in seiner Predigt, was geschehen sei, und wie damit Joëls Prophezeiung erfüllt werde, dass eines Tages Gottes Geist jedermann zugänglich sein werde. Danach begann er, über Jesus zu reden (Apostelgeschichte 2,14-39). Es muss eine mächtige Predigt gewesen sein: Über 3000 Menschen ließen sich anschließend taufen! Der Heilige Geist – Gottes persönliche Anwesenheit – war über sie gekommen. Das explosive Wachstum der Gemeinde sollte sich im weiteren Verlauf der Geschichte fortsetzen (Apostelgeschichte 2,47; 4,4; 5,14; 6,7).

Jesus fuhr laut Apostelgeschichte vom Ölberg in den Himmel auf, als sein Werk vollendet war.

Alle wurden mit dem Heiligen Geist erfüllt ...
(Apostelgeschichte 2,4).

SIEHE AUCH
APOSTELGESCHICHTE S. 102-103
TURM ZU BABEL S. 14-15
DAS REICH GOTTES S. 90

Pfingstpilger

Die Zuhörer der Pfingstpredigt von Petrus (Apostelgeschichte 2,7-11) waren von nah und fern gekommen, wie man auf dieser Karte sieht, die die weite Verbreitung der Juden zu jener Zeit zeigt.

Ein ähnliches Ritualbad dürften die Jünger zur Taufe der ersten Bekehrten benutzt haben. Im Umfeld des Tempels gab es mehrere solcher Bäder zur Reinigung vor dem Gebet.

Das Versprechen des Geistes

Die Ankunft des Heiligen Geistes kam nicht ohne Ankündigung, denn Petrus erinnerte die Anwesenden daran, dass Propheten wie Joël vorausgesagt hatten, dass Gott seinen Geist über alle ausgießen werde (Apostelgeschichte 2,17-18 zitiert Joël 2, 28-29). Auch Jesus hatte oft über den Geist gesprochen (zum Beispiel Johannes 14,15-27; 15,26; 16,5-15) und versprochen, dass er machtvoll über seine Anhänger kommen werde. Er hatte auch gesagt, dass er ihnen »einen anderen Beistand« senden werde (Johannes 14,16). Jesus wollte damit sagen, dass der Heilige Geist nach seiner Rückkehr zum Vater sein Stellvertreter bei ihnen sein würde.

Das Reden in Zungen

Als äußeres Zeichen für die Ankunft des Heiligen Geistes begannen die Versammelten, »in fremden Sprachen zu reden« (Apostelgeschichte 2,4). Damit ist kein ekstatisches Gestammel gemeint, sondern Sprachen (»Zungen«), die andere über normale Sprachbarrieren hinweg verstanden (Apostelgeschichte 2,11). Es war, als sei die Sprachverwirrung am Turm zu Babel (Genesis 11,1-9) zurückgenommen worden, denn dank des Heiligen Geistes konnten die Menschen einander jetzt verstehen. Das Ziel war aber nicht vornehmlich die Bekehrung anderer, sondern die »großen Taten Gottes zu verkünden« (Apostelgeschichte 2,11). Dies war ein Lobpreis, keine Predigt.
Diese Gabe war aber nicht auf Pfingsten beschränkt. Unter den Gaben des Geistes wird in 1 Kor 12,10 die Zungenrede erwähnt, hier aber verstanden als ein Reden oder Beten in Lauten, die ohne Auslegung nicht verständlich sind (Apostelgeschichte 10,46; 19,6). Paulus geht in 1 Kor 14 auf diese Gabe ausführlich ein, weil sie in der Gemeinde von Korinth anscheinend überbewertet wurde. Er wünscht allen diese Gabe, da sie als eine besondere Form des Gebets wertvoll sei. Doch warnt der Apostel vor einer Überschätzung dieser Gabe im Gottesdienst.

Der Cardo in Jerusalem: eine große Kolonnadenstraße, die von Geschäften gesäumt war und sich durch ganz Jerusalem zog. Von Jerusalem aus nimmt die junge Kirche ihren Anfang.

Wo fand das Pfingstereignis statt?

Der Tradition nach fand das Pfingstereignis in dem »großen Raum im Obergeschoss« statt, in dem die Jünger gebetet und das letzte Abendmahl mit Jesus eingenommen hatten; die Apostelgeschichte erwähnt dies aber nicht ausdrücklich, sondern spricht von einem »Haus«. Vielleicht waren die Jünger aber auch in den Tempel gegangen, um das Wochenfest zu feiern. Dafür sprechen die folgenden Hinweise:

- Es waren mindestens 120 Personen zusammengekommen (Apostelgeschichte 1,15), zu viele für ein Haus, im Tempel aber durchaus vorstellbar.
- Innerhalb kurzer Zeit zogen sie eine große Menschenmenge an (Apostelgeschichte 2,6), was auch eher im Tempel möglich war.
- Die Konvertiten wurden sogleich getauft (Apostelgeschichte 2,40-41), was in den Becken für die rituellen Bäder im Tempel gut möglich gewesen wäre.
- »Ein Brausen erfüllte das ganze Haus, in dem sie waren« (Apostelgeschichte 2,2). Der Tempel wurde oft »das Haus« oder »das Haus des Herrn« genannt. Außerdem saßen die Jünger (statt wie beim Gebet zu stehen), was darauf hindeutet, dass sie auf den Beginn einer Versammlung warteten.

Der Tempel als ein öffentlicher Ort würde unterstreichen, dass die Gabe des Heiligen Geistes nicht zur persönlichen Erbauung von Einzelnen gedacht war, sondern mit anderen geteilt werden sollte.

Warum Pfingsten?

Warum wurde der Heilige Geist an Pfingsten und nicht an irgendeinem anderen Tag ausgegossen? Das lag wohl daran, dass die Juden an diesem Tag, dem Wochenfest, zwei Dinge feierten: die Verkündigung der Mose-Tora auf dem Sinai und die Haupternte. Die christliche Kirche feiert an ihrem Pfingstfest, dass Gott ihr durch die Gabe des Heiligen Geistes ein erneuertes Gesetz und eine neue Ernte geschenkt habe: ein Gesetz, das nicht mehr auf Stein, sondern »auf ihr Herz« geschrieben war (Jeremia 31,33; Ezechiel 36,26-27), und eine neue Ernte, die nicht aus Getreide, sondern aus Menschen bestand.

Schlüsselbegriff: Geistesgabe

Mit dem Geist getauft werden, den Geist empfangen, vom Geist erfüllt werden – das Kommen des Heiligen Geistes wird im Neuen Testament ganz unterschiedlich beschrieben. Seine Einwohnung ist Zeichen und Gewähr dafür, dass die Glaubenden an der neuen Welt Gottes teilhaben (Epheser 1,13f.). Der Geist ist das Lebensprinzip, das schon der Erschaffung der Welt zugrunde liegt (Genesis 1,2).

Die Apostelgeschichte

GUTE NACHRICHTEN VERBREITEN SICH SCHNELL

Wie ein Stein, den man in einen Teich wirft, so erzeugte auch das Wirken des Heiligen Geistes immer größer werdende Wellenringe. Was als unbedeutende Sekte in Jerusalem begonnen hatte, wurde rasch eine Bewegung, die sowohl unter Juden als auch Nichtjuden über die Grenzen Palästinas hinaus immer mehr Anhänger fand. In der Bibel schildert die Apostelgeschichte dieses dynamische Wachstum vom Pfingstwunder in Jerusalem an bis zum Wirken des Apostels Paulus in Rom im Jahre 63 n. Chr. Im Jahr darauf sollte dann eine fürchterliche Christenverfolgung ausbrechen, die aber wie spätere Bedrängnisse, denen die junge Kirche ausgesetzt war, der Verbreitung der Botschaft in der gesamten antiken Welt kein Ende setzen konnte. Die Verheißung Gottes an Abraham, dass er Stammvater vieler Völker sein werde, wurde aus der Sicht der ersten Christen wahr.

Immer größer werdende Wellenringe

In den dreißig Jahren nach Jesu Auferstehung wuchs die Kirche schnell über ihre jüdischen Wurzeln hinaus. Die Apostelgeschichte überliefert uns die wichtigsten Etappen auf diesem Weg:

- Die Bekehrung zahlreicher Samaritaner, die von den Juden als Abtrünnige angesehen wurden, weil sie nur den Pentateuch (Genesis bis Deuteronomium/ 1.-5. Mose) als Heilige Schrift ansahen (Apostelgeschichte 8,4-25).
- Die Bekehrung eines äthiopischen Eunuchen, dessen Verstümmelung es ihm nicht erlaubt hätte, Jude zu werden (Dtn/ 5. Mose 23,1), der aber an Gott und Christus glaubte und getauft wurde (Apostelgeschichte 8,26-39).
- Die Bekehrung eines römischen Hauptmanns samt Familie und Freunden (Apostelgeschichte 10,1-48). Gott ließ den Heiligen Geist über sie kommen, noch bevor Petrus sie beschneiden konnte.
- Zahlreiche Bekehrungen in Antiochia, zu dessen Einwohnerschaft Nichtjuden aus aller Welt gehörten (Apostelgeschichte 11,19-21).
- Bekehrungen in ganz Asia Minor (heutige Türkei), Griechenland und Rom, als Paulus mit seinen Missionsreisen begann (Apostelgeschichte 13,1–28,31).

Lukas wollte seinen Lesern klar machen, dass die christliche Botschaft allen galt, welchen Hintergrund sie auch immer haben mochten, und dass ihre Verbreitung nicht aufzuhalten war. Die heutigen Leser der Apostelgeschichte sollten aber immer bedenken, dass es sich dabei um eine Zusammenfassung der entscheidenden Ereignisse innerhalb eines äußerst komprimierten Zeitrahmens handelt und dass sich nicht alles so schnell und geradlinig entwickelte, wie man vielleicht meinen könnte.

Wer schrieb die Apostelgeschichte?

Der Adressat der Apostelgeschichte ist genau wie beim Lukasevangelium Theophilus, von dem wir leider nichts Näheres wissen. Da sich auch der Stil der beiden Bücher ähnelt, dürfte feststehen, dass der Verfasser des Lukasevangeliums auch die Apostelgeschichte verfasst hat. Im Lukasevangelium wurde berichtet, »was Jesus getan und gelehrt hat«. Die Apostelgeschichte handelt nun davon, wie sich das Evangelium von Jesus ausbreitet.

Die altkirchliche Überlieferung nennt als Verfasser »Lukas, den geliebten Arzt« (Kolosser 4,14), der Heidenchrist war und mit Paulus in Verbindung stand. Selbst wenn wir nicht genau sagen können, wer dieser Lukas war, so wollte er doch offenbar ein Schriftwerk für gebildete Heiden und Heidenchristen schaffen. Er verkündet, dass mit der Auferstehung Jesu die Zeit der Sammlung aller Menschen zu dem *einen* Volk Gottes angebrochen ist.

ERSTE SCHRITTE ÜBER JERUSALEM HINAUS

1. Philippus predigte in Samaria.
2. Petrus und Johannes predigten in den samaritanischen Dörfern.
3. Philippus taufte einen äthiopischen Eunuchen, der danach nach Afrika zurückkehrte.
4. Philippus predigte in den Städten zwischen Aschdod und Cäsarea.
5. Petrus heilte den Äneas, der acht Jahre gelähmt gewesen war.
6. Petrus erweckte Tabita von den Toten. Er hatte eine Vision, durch die er begriff, dass Gott die Nichtjuden genauso wie die Juden in seiner Kirche willkommen hieß.
7. Petrus nahm die Einladung des Kornelius, eines römischen Offiziers, an, in seinem Haus in Cäsarea zu predigen. Während seiner Predigt »kam der Heilige Geist auf alle herab, die das Wort hörten«.

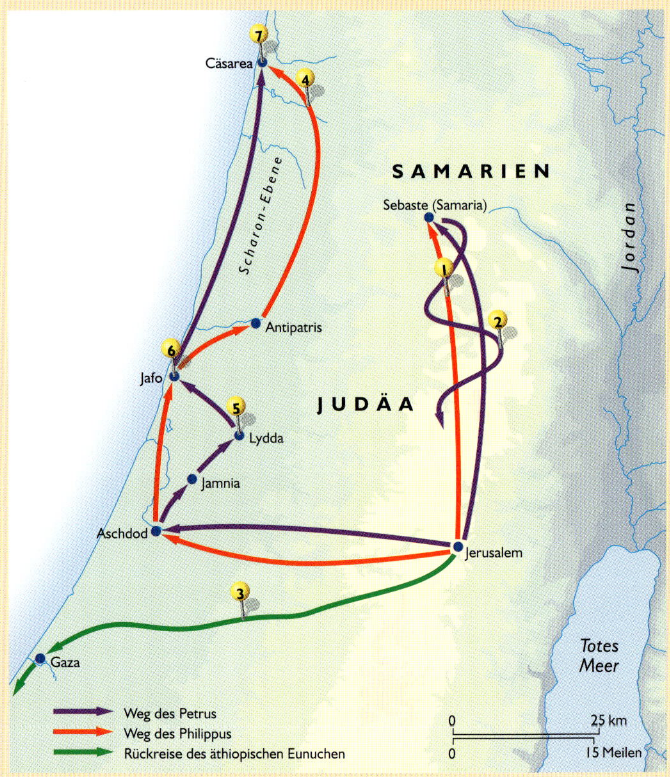

Aber ihr werdet die Kraft des Heiligen Geistes empfangen, der auf euch herabkommen wird; und ihr werdet meine Zeugen sein in Jerusalem und in ganz Judäa und Samarien und bis an die Grenzen der Erde (Apostelgeschichte 1,8).

SIEHE AUCH
ABRAHAM S. 18-21
LUKAS S. 79
PAULUS S. 108-117
PETRUS S. 104-105

DIE VERBREITUNG DES EVANGELIUMS LAUT DER APOSTELGESCHICHTE

1. bis 35 n. Chr. (Judäa, Samarien, Galiläa)
2. bis 40 n. Chr. (Syrien)
3. bis 48 n. Chr. (Kleinasien)
4. bis 52 n. Chr. (Griechenland)
5. bis 60 n. Chr. (Rom)

Die Apostelgeschichte konzentriert sich zwar auf die Verbreitung des Evangeliums in der römischen Welt, aber tatsächlich verbreitete es sich auch in andere Richtungen. So berichten zum Beispiel frühe christliche Überlieferungen, dass sich der Apostel Thomas nach Indien und der Apostel Matthäus nach Äthiopien und Arabien begeben haben.

Feindschaft und Verfolgung

Jesus hatte seine Jünger darauf vorbereitet, dass sie wie er verfolgt werden würden. Diese Ankündigung sollte bereits nach kurzer Zeit wahr werden:

- **Petrus und Johannes** wurden verhaftet, weil sie jemanden geheilt hatten (3,1-4,21).
- **Die Apostel** wurden verhaftet und man verbot ihnen, »im Namen Jesu zu lehren« (5,17-42).
- **Stephanus** wurde wegen Gotteslästerung verhaftet und zu Tode gesteinigt (6,8–7,60).
- **Die Gemeinde von Jerusalem** wurde schwer verfolgt (8,1-3).
- **Jakobus** wurde von Herodes Agrippa hingerichtet (12,2).
- **Petrus** wurde von Herodes gefangen genommen, kam dann aber auf wunderbare Weise wieder frei (12,2-19).
- **Paulus und Silas** wurden eingekerkert, weil sie eine »Magd«, eine junge Sklavin, von einem bösen Geist befreit hatten (16,16-39).
- **Die Begleiter des Paulus** wurden wegen dessen Predigten misshandelt (19,23–20,1).
- **Paulus** wurde verhaftet, verurteilt und nach Rom geschickt, als er beim Kaiser Berufung einlegte (21,27–26,32).

Lukas wollte seinen Leserinnen und Lesern zeigen, dass das Wirken der Christen bei vielen Menschen Widerstand hervorrief.

Einige Hauptmerkmale der Kirche in der Apostelgeschichte

- Der Gemeinschaftssinn der Gläubigen (2,42-47; 4,32-36)
- Das Wirken des Heiligen Geistes (4,31; 19,1-7)
- Das Haus als Ort der Gemeinschaft (2,46; 5,42)
- Wunder (5,12-16; 8,6-8)
- Verschiedene Evangelisierungsmethoden (2,14-41; 5,12-16; 9,20-22; 13,13-52; 17,16-34)
- Mission (13,1-3; 16,6-10)

Aber nicht alles ging ohne Widerstände. Episoden wie der Versuch von Hananias und Saphira, die Gemeinde zu betrügen (5,1-11) oder das Zerwürfnis zwischen Paulus und Barnabas (15,36-41) zeigen, dass die Apostelgeschichte eine realistische Darstellung und keine idealisierte Heldengeschichte der Anfänge der christlichen Kirche ist.

Antiochia: Das Sprungbrett für die Missionsarbeit

Das 500 km nördlich von Jerusalem gelegene Antiochia war die Hauptstadt der römischen Provinz Syrien. Sie wurde von Josephus als »dritte Stadt des Reichs« bezeichnet. Sie lag zwar nicht am Meer, aber am schiffbaren Fluss Orontes und an einer wichtigen Fernhandelsstraße. Sie war deshalb eine wirklich kosmopolitische Metropole, in der sich viele Völker begegneten – Juden, Griechen, Römer, Perser, Zentralasiaten und Inder. Aus all diesen Gründen war sie eine ideale Basis für eine missionarische Kirche. Während Jerusalem weiterhin stark von seinen jüdischen Wurzeln bestimmt war, wurde Antiochia wegen seiner kosmopolitischen Atmosphäre für die christliche Missionsarbeit unverzichtbar.

Schlüsselbegriff: Christen

»In Antiochia nannte man die Jünger zum ersten Mal Christen« (Apostelgeschichte 11,26). Ursprünglich war »Christ« also ein Spitzname, den Außenstehende in Antiochia den Jüngern Jesu gaben. Später bezeichneten sie sich selbst als »Christen« (»Anhänger Christi«). Dieser Name betont auch, dass Christen nicht zu einem bestimmten Volk, einer bestimmten Familie oder Gemeinde gehören, sondern Menschen sind, die sich persönlich entschieden haben, Jesus Christus nachzufolgen.

GEN / 1 MOSE
EX / 2 MOSE
LEV / 3 MOSE
NUM / 4 MOSE
DTN / 5 MOSE
JOSUA
RICHTER
RUT
1 SAMUEL
2 SAMUEL
1 KÖNIGE
2 KÖNIGE
1 CHRONIK
2 CHRONIK
ESRA
NEHEMIA
ESTER
IJOB
PSALMEN
SPRÜCHE
KOHELET
HOHELIED
JESAJA
JEREMIA
KLAGELIEDER
EZECHIEL
DANIEL
HOSEA
JOËL
AMOS
OBADJA
JONA
MICHA
NAHUM
HABAKUK
ZEFANJA
HAGGAI
SACHARJA
MALEACHI
MATTHÄUS
MARKUS
LUKAS
JOHANNES
APG
RÖMER
1 KORINTHER
2 KORINTHER
GALATER
EPHESER
PHILIPPER
KOLOSSER
1 THESS
2 THESS
1 TIMOTHEUS
2 TIMOTHEUS
TITUS
PHILEMON
HEBRÄER
JAKOBUS
1 PETRUS
2 PETRUS
1 JOHANNES
2 JOHANNES
3 JOHANNES
JUDAS
OFFB

Petrus

DER MENSCHENFISCHER

Nach dem Zeugnis der Bibel bedient sich Gott für seine Zwecke oft ganz einfacher Menschen. Einer von ihnen war Petrus. Dieser musste die Tiefen seines Versagens ebenso erfahren wie die Höhen des Glaubens. Jesus hatte ihn berufen, sein Leben gewandelt und ihm eine bedeutende Rolle übertragen. An Pfingsten wurde aus seinem ungestümen Temperament von Gott beseelte Kühnheit, die bewies, dass er tatsächlich der Fels war, auf dem Jesus seine Kirche bauen würde.

Petrus, der Fischer

Als Berufsfischer auf dem See Gennesaret arbeitete Petrus sehr hart. Die Besatzung eines Fischerboots bestand aus sechs Mann, die wie Petrus und Andreas oft als Partner zusammen wirtschafteten. Es gab drei Methoden des Fischens: Mit *Leine und Haken*, mit dem *Wurfnetz* (einem kleinen runden Netz, das vom Ufer aus ins Wasser geworfen wurde) oder dem *Schleppnetz* (einem langen Netz, das zwischen zwei Booten durch den See gezogen wurde). Danach wurde der gefangene Fisch gereinigt und sortiert und entweder vor Ort verkauft oder eingesalzen und nach Jerusalem gebracht. Jesus forderte Petrus auf, dieses Leben hinter sich zu lassen und stattdessen zum Menschenfischer zu werden (Markus 1,17).

Überreste eines Fischerboots aus dem 1. Jh. n. Chr., das aus dem Schlamm am Ufer des Sees Gennesaret geborgen wurde.

Petrus, der Jünger

Petrus wurde zum Anführer der Jünger Jesu, der bei jeder Aufzählung immer an erster Stelle genannt wird. Zusammen mit Jakobus und Johannes war er einer der engsten Freunde Jesu. Oft begleitete er Jesus ganz allein. Trotzdem malt die Bibel von Petrus ein realistisches Bild. Sie zeigt, dass es ihm manchmal an Verständnis fehlte (Markus 9,5-6), dass es ihm oft schwer fiel zu vergeben (Matthäus 16,18-21), dass er sich selbst oft falsch einschätzte (Matthäus 26,33-35), dass er schon einmal von Jesus getadelt wurde (Matthäus 16,22-23) und dass er am Ende sogar seinen Herrn und Meister verleugnete (Markus 14,66-72). Andererseits bewies Petrus auch großen Glauben und erkannte, dass Jesus der Messias war (Matthäus 16,16), hatte nach Jesu Versicherung auch das Vertrauen, selbst »über das Wasser gehen« zu können (Matthäus 14,25-29) und eilte dem auferstandenen Jesus entgegen, um ihn zu begrüßen (Johannes 21,7). Kurz gesagt, war Petrus genauso wie wir eine Mischung aus Glauben und Zweifel, Mut und Angst.

Die angeblichen Überreste vom Haus des Petrus in Kafarnaum.

Die Grotte des Pan in Cäsarea Philippi. Aus dieser Höhle entströmte einer der Hauptquellflüsse des Jordan. Sie wurde zu einem Zentrum der heidnischen Götterverehrung, vor allem der des Pan, des griechischen Gottes, der halb Mensch und halb Tier war. Hier in Cäsarea Philippi fragte Jesus seine Jünger, für wen sie ihn hielten (Matthäus 16,13-15). Petrus erwiderte darauf: *»Du bist der Messias, der Sohn des lebendigen Gottes!«* Jesus segnete ihn und sagte zu ihm, indem er ein Wortspiel benutzte: *»Du bist Petrus und auf diesen Felsen* (griechisch: *Petra) werde ich meine Kirche bauen.«*

2000 v.Chr.
1900 v.Chr.
1800 v.Chr.
1700 v.Chr.
1600 v.Chr.
1500 v.Chr.
1400 v.Chr.
1300 v.Chr.
1200 v.Chr.
1100 v.Chr.
1000 v.Chr.
900 v.Chr.
800 v.Chr.
700 v.Chr.
600 v.Chr.
500 v.Chr.
400 v.Chr.
300 v.Chr.
200 v.Chr.
100 v.Chr.
1 n.Chr.
100 n.Chr.

Du bist Petrus und auf diesen Felsen werde ich meine Kirche bauen …« (Matthäus 16,18).

SIEHE AUCH
APOSTELGESCHICHTE S. 102-103
APOSTELKONZIL IN JERUSALEM S. 117
JÜNGER S. 88
GALILÄA S. 89

Das römische Aquädukt von Cäsarea Maritima, dem Hauptquartier der römischen Besatzungsarmee, wo Petrus dem Hauptmann Kornelius predigte und wo sich zum ersten Mal eine größere Zahl von Nichtjuden zum Evangelium bekehrte. Herodes der Große baute die Stadt und vor allem den Hafen aus, der danach 300 Schiffe aufnehmen konnte. Der Mangel an Trinkwasser machte allerdings den Bau eines Aquädukts erforderlich, das Wasser von den Quellen am Fuße des 15 km entfernten Karmelgebirges in die Stadt leitete.

Petrus, der Apostel

An Pfingsten verwandelte der Heilige Geist den unsteten Jünger Petrus in einen fest im Glauben verwurzelten Apostel – so berichtet es die Apostelgeschichte. In ihrer ersten Hälfte überliefert sie uns zahlreiche Ereignisse, in denen Petrus eine wichtige Rolle spielte:

- Seine kühne Verkündigung führte zur Bekehrung von 3000 Menschen (Apostelgeschichte 2,14-41).
- Er heilte einen gelähmten Bettler und predigte auf dem Tempelplatz (Apostelgeschichte 3,1-26).
- Er belehrte den Hohen Rat über Jesus (4,1-22; 5,17-42).
- Er tadelte Hananias und Saphira wegen ihres Betrugs an Gott (5,1-11).
- Er predigte in Samarien das Wort Gottes (8,14-25).
- Er heilte den gelähmten Äneas in Lydda (9,32-35).
- Er erweckte Tabita in Joppe von den Toten (9,35-42).
- Er machte Nichtjuden in Cäsarea mit dem Evangelium bekannt (10,1-48).
- Er erklärte, warum er auch »Heiden«, also Nichtjuden, taufte (11,1-18).
- Er wurde ins Gefängnis geworfen, aber auf wunderbare Weise daraus befreit (12,3-19).
- Er spielte eine wichtige Rolle auf dem Apostelkonzil in Jerusalem (15,5-11).

Auch in anderen Teilen des Neuen Testaments gibt es Hinweise auf Petrus. Er begann, Reisen in ferne Gegenden zu unternehmen, wobei ihn wahrscheinlich auch Frauen begleiteten (1 Korinther 9,5) und er als »Apostel unter den Beschnittenen« wirkte (Galater 2,8). Er besuchte Antiochia, wo er von Paulus getadelt wurde, weil er »von der Wahrheit des Evangeliums abgewichen« sei (Galater 2,11-14). Er hatte Verbindungen zu den Christen in »Pontus, Galatien, Kappadozien, der Provinz Asien und Bithynien« und gelangte der Überlieferung nach schließlich nach Rom. Obgleich er die dortige Gemeinde nicht gründete – dies geschah höchstwahrscheinlich durch römische Konvertiten, die nach dem Pfingstfest zurückgekehrt waren – nahm er in dieser Gemeinde bald eine wichtige Rolle ein. Entweder 67 oder 68 n. Chr. erlitt er in Rom den Märtyrertod.

Die Grottenkirche St. Peter in Antiochia. Der Überlieferung nach hielten die Christen in dieser Höhle geheime Versammlungen ab. Petrus soll dort angeblich zwischen 47 und 54 n. Chr. gelehrt haben. Viele Christen waren nach Antiochia geflohen, als nach dem Tod des Stefanus in Jerusalem Christenverfolgungen ausgebrochen waren (Apostelgeschichte 11,19-21).

Die Petrusbriefe

Zwei Briefe, die Petrus als ihren Absender nennen, sind erhalten und wurden ins Neue Testament aufgenommen (1 und 2 Petrus). Ob Petrus diese Briefe tatsächlich geschrieben hat, ist nicht eindeutig zu entscheiden. In ihnen werden die Christen als Erben der Verheißungen beschrieben, die den Israeliten im Alten Testament gemacht wurden. Darüber hinaus gibt es viele praktische Ratschläge, wie die Christen in schwierigen Zeiten leben sollten.

Ein Mann mit vielen Namen

Der Fels, auf dem Jesus seine Kirche baute, war unter mehreren Namen bekannt:

- Simon (Markus 1,16)
- Petrus (Matthäus 16,17-18)
- Kefas (die aramäische Übersetzung von Petrus / »Fels«) (Johannes 1,42)

Schlüsselbegriff: Märtyrer

Wie viele Gläubige zu Zeiten des Neuen Testaments starb auch Petrus als »Märtyrer«, also als »Zeuge« (so die eigentliche Bedeutung des griechischen Wortes »Martys«), der Christus und das Wort Gottes sogar bis in den Tod hinein bezeugte. Das Martyrium ist in der christlichen Tradition nichts, was angestrebt wird, denn der Verzicht auf das eigene Leben ist kein Wert an sich. Aus den Berichten über die Märtyrer spricht aber der feste Glaube, dass Jesus immer bei seinen Jüngern ist und sie zu sich aufnimmt, wenn sie den Märtyrertod erleiden müssen.

Jakobus

SEINEN GLAUBEN ZEIGEN

2000 v.Chr.
1900 v.Chr.
1800 v.Chr.
1700 v.Chr.
1600 v.Chr.
1500 v.Chr.
1400 v.Chr.
1300 v.Chr.
1200 v.Chr.
1100 v.Chr.
1000 v.Chr.
900 v.Chr.
800 v.Chr.
700 v.Chr.
600 v.Chr.
500 v.Chr.
400 v.Chr.
300 v.Chr.
200 v.Chr.
100 v.Chr.
1 n.Chr.
100 n.Chr.

Jesus war kein Einzelkind, sondern hatte mehrere Geschwister. Einer von ihnen war Jakobus und er spielte in der Geschichte der frühen Christen eine wichtige Rolle. Anfangs allerdings, zu Jesu Lebzeiten, dürfte er zusammen mit dem Rest der Familie Jesus als religiösen Fanatiker abgelehnt haben (Markus 3,20-21). Das änderte sich wohl erst, als Jesus ihm nach seiner Auferstehung erschien (1 Korinther 15,7). Jakobus kam zum Glauben (Apostelgeschichte 1,14) und wurde schließlich zum Anführer der Gemeinde in Jerusalem.

Es gibt nicht nur einen wahren Jakob

Im Neuen Testament tragen drei Männer den Namen Jakobus:

(1) Jakobus, der Bruder des Johannes, einer der zwölf Jünger Jesu (Matthäus 4,21-22), den Herodes 44 n. Chr. hinrichten ließ (Apostelgeschichte 12,1-2).

(2) Jakobus, der Sohn des Alphäus (Matthäus 10,3), ebenfalls einer der zwölf Jünger.

(3) Jakobus, ein Verwandter (wahrscheinlich der Bruder) von Jesus, der Gegenstand dieses Kapitels ist. Er wird traditionell »Jakobus der Gerechte« genannt und war Anführer der Jerusalemer Gemeinde, bis er 62 n. Chr. den Märtyrertod erlitt. Er gilt traditionell als Verfasser des im Neuen Testament enthaltenen Jakobusbriefes.

Jakobus und die Gemeinde von Jerusalem

Jakobus wurde bald der Führer der Jerusalemer Gemeinde. Als Petrus durch ein Wunder aus dem Gefängnis befreit wurde, trug er der Magd auf: »Berichtet das dem Jakobus und den Brüdern!« (Apostelgeschichte 12,17). Später besuchte Paulus »Jakobus; auch alle Ältesten fanden sich ein« (Apostelgeschichte 21,18). Die Wortwahl zeigt, dass Jakobus der Anführer der Ältesten war. Jakobus führte den Vorsitz beim entscheidenden Apostelkonzil in Jerusalem. Nachdem er den Aposteln und Ältesten zugehört hatte, traf er mit unzweideutiger Autorität die endgültige Entscheidung mit den Worten »Darum halte ich es für richtig ...« (Apostelgeschichte 15,19). Deshalb ist es auch nicht weiter überraschend, dass Paulus ihn eine »Säule der Gemeinde« nannte (Galater 2,9).
Die Jerusalemer Gemeinde machte jedoch schwierige Zeiten durch, erlebte Verfolgungen und verarmte, was sich an den Spenden zeigte, die andere Gemeinden »ihren Brüdern in Judäa zur Unterstützung« sandten. Allmählich verlor sie auch ihre Vorrangstellung, da sie es nicht schaffte, über ihre jüdischen Wurzeln hinauszugelangen, sodass Antiochia für die Missionsbewegung weit bedeutsamer wurde.

Figuren des Alten Testaments im Jakobusbrief

- Abraham und Isaak (Jakobus 2,20-24; Genesis 22,1-9)
- Rahab (Jakobus 2,25; Josua 2,1-24; 6,22-25)
- Ijob (Jakobus 5,10-11; Ijob 1,6–2,10)
- Elija (Jakobus 5,17-18; 1 Könige 17,1–18,46)

Die Altstadt von Jerusalem

So ist auch der Glaube für sich allein tot, wenn er nicht Werke vorzuweisen hat (Jakobus 2,17).

SIEHE AUCH
MÄRTYRER S. 105
APOSTELKONZIL IN JERUSALEM S. 117
BERGPREDIGT S. 90

Der Jakobusbrief

Wir wissen zwar nicht, wann genau der Jakobusbrief geschrieben wurde, er könnte aber zu den ältesten Schriften des Neuen Testaments gehören (die beiden anderen Möglichkeiten sind der Galaterbrief und – wahrscheinlicher – der erste Brief an die Thessalonicher). Er wurde vielleicht vor dem Apostelkonzil von Jerusalem 50 v. Chr. verfasst. Die darin behandelten Themen waren sicherlich für die ersten Jahre einer sich dynamisch entwickelnden Kirche besonders wichtig. Nach Meinung vieler Bibelforscher ist der Brief allerdings erst gegen Ende des 1. Jh. entstanden, und zwar von einem Verfasser, der sich auf Jakobus berief.
Als erster der sieben »Katholischen Briefe« des Neuen Testaments, also der Schreiben, die nicht an eine bestimmte Gemeinde oder Person gerichtet waren, wendet sich der Jakobusbrief ausdrücklich an »die zwölf Stämme, die in der Zerstreuung leben« (Jakobus 1,1). Dieses aus dem Alten Testament stammende Bild deutet darauf hin, dass der Brief für Christen in aller Welt bestimmt war, vielleicht besonders für Judenchristen, die nach dem Martyrium des Stefanus aus Jerusalem geflohen waren (Apostelgeschichte 8,1; 11,19).

Sorge um die Armen

In der damaligen Gesellschaft gab es große Unterschiede zwischen Arm und Reich, die auch in den christlichen Gemeinden spürbar waren (Jakobus 2,1-7; 5,1-6). Indem der Jakobusbrief eines der Hauptthemen des Alten und Neuen Testaments aufgreift, besteht er darauf, dass die Gemeinde und die ganze Kirche sich um die Armen und Bedürftigen kümmern müsse.
Christen gehörten tatsächlich immer wieder zu den Vorreitern sozialer Bewegungen, ob es dabei nun wie hier bei der Arbeit von Mutter Teresa um die Linderung unmittelbarer Not ging oder um Strukturänderungen innerhalb der Gesellschaft wie die Abschaffung der Sklaverei oder die Einführung der allgemeinen Schulbildung.

Jakobus gegen Paulus?

Jakobus setzt sich in seinem Brief auch mit den Lehren des Apostels Paulus auseinander. Dieser lehrte, dass der Mensch von Gott allein aufgrund seines Glaubens an Jesus Christus gerettet würde. Jakobus macht demgegenüber geltend, dass ein Glaube ohne Werke tot sei (Jakobus 2,17). Er trifft aber damit nicht die Auffassung des Paulus, der sich selbst schon gegen ein solches Missverständnis seiner Lehre wehren musste (Römer 6,1.15) und für den echter Glaube sich immer in der Liebe auswirkt (Galater 5,6). Die Christen, denen Jakobus schreibt, verstehen unter »Glauben« offenbar bloße »Glaubenswahrheiten«, die sich in Sätzen formulieren lassen und die zu Lippenbekenntnissen werden können. Dass ein Glaube in diesem Sinne nicht retten kann, würde wohl auch Paulus nicht bestreiten.

Martin Luther (1483-1546), einer der großen Führer der Reformation, hat den Jakobusbrief heftig kritisiert. Seiner Meinung nach hatte er nicht genug Substanz, da er sich genau gegen das zu wenden schien, was Luther in der Kirche seiner Zeit wiederherstellen wollte: den Glauben, dass der Mensch bei Gott allein durch den Glauben gerechtfertigt werde, und nicht durch gute Werke. Diese Erkenntnis hatte die Kirche in Luthers Tagen aus dem Auge verloren.
Aus diesem Grund nannte Luther den Jakobusbrief »eine stroherne Epistel«.

Wichtige Punkte im Jakobusbrief

Der äußerst praxisbezogene Brief des Jakobus betont zahlreiche Punkte, die auch Jesus in seiner Bergpredigt anschnitt. Ein rein intellektueller Glaube an Gott ist demnach nicht genug. Der Glaube müsse sich vielmehr im Alltagsleben bewähren. Zu den wichtigsten Themen gehören:

- Sich nicht im Glauben beirren lassen, auch wenn das Leben einen prüft (1,2-18)
- Das Wort nicht nur hören, sondern auch danach handeln (1,19-26)
- Seinen Glauben zeigen durch das, was man tut (2,14-26)
- Die eigene Zunge hüten (3,1-12)
- Warnung vor Zwietracht und Stolz (4,1-17)
- Das Geld recht gebrauchen (5,1-6)
- Die Wichtigkeit von Ausdauer und Geduld (5,7-11)
- Die Wirksamkeit des Gebets für die Kranken (5,12-20)

Schlüsselbegriff: Glaube und Werke

Die Bibel spricht davon, dass die Menschen nicht *durch* ihre guten Taten gerettet werden, sondern gerettet werden, *um* gute Taten *zu tun*. Der Glaube muss sich also auch im Handeln bewähren. Er ist persönlich, also Angelegenheit jedes einzelnen Menschen, aber niemals privat oder auf das eigene Glück beschränkt.

GEN / 1 MOSE
EX / 2 MOSE
LEV / 3 MOSE
NUM / 4 MOSE
DTN / 5 MOSE
JOSUA
RICHTER
RUT
1 SAMUEL
2 SAMUEL
1 KÖNIGE
2 KÖNIGE
1 CHRONIK
2 CHRONIK
ESRA
NEHEMIA
ESTER
IJOB
PSALMEN
SPRÜCHE
KOHELET
HOHELIED
JESAJA
JEREMIA
KLAGELIEDER
EZECHIEL
DANIEL
HOSEA
JOËL
AMOS
OBADJA
JONA
MICHA
NAHUM
HABAKUK
ZEFANJA
HAGGAI
SACHARJA
MALEACHI
MATTHÄUS
MARKUS
LUKAS
JOHANNES
APG
RÖMER
1 KORINTHER
2 KORINTHER
GALATER
EPHESER
PHILIPPER
KOLOSSER
1 THESS
2 THESS
1 TIMOTHEUS
2 TIMOTHEUS
TITUS
PHILEMON
HEBRÄER
JAKOBUS
1 PETRUS
2 PETRUS
1 JOHANNES
2 JOHANNES
3 JOHANNES
JUDAS
OFFB

Paulus: Seine Bekehrung

DIE STRASSE NACH DAMASKUS

Saulus war auf dem Weg nach Damaskus, um dort die Anhänger Jesu festzunehmen und nach Jerusalem zu bringen, als ihm plötzlich Jesus in einem blendenden Licht begegnete und zu ihm sprach. Saulus, der ja Christus für tot gehalten hatte, stürzte zu Boden und erblindete. Als dann drei Tage später ein Jünger namens Hananias für ihn betete, »fiel es wie Schuppen von seinen Augen« (Apostelgeschichte 9,18) und er konnte nicht nur körperlich, sondern endlich auch geistig sehen. So wurde aus ihm Paulus, der Apostel der Völker. Den Rest seines Lebens verbrachte er damit, anderen zu helfen, ebenfalls in diesem Sinne »sehen zu lernen«.

Paulus' frühes Leben

Paulus wurde etwa im Jahre 5 n. Chr. in Tarsus als Sohn strenggläubiger jüdischer Eltern geboren (Philipper 3,5). Diese sandten ihn wahrscheinlich in seinen Teenagerjahren nach Jerusalem, um ihn dort von einem führenden Rabbiner dieser Zeit namens Gamaliël zum Rabbi (Gesetzeslehrer) ausbilden zu lassen (Apostelgeschichte 22,3). Gamaliël war ein Enkel des Hillel (60 v. Chr.-20 n. Chr.), eines der größten Rabbiner der damaligen Zeit. Er gilt als ein vergleichsweise liberaler und weitherziger Gesetzeslehrer.
Paulus war ein guter und eifriger Schüler der heiligen Schriften. Dies erwies sich später als nützlich, da es ihm erlaubte, schlüssig darzulegen, inwiefern das Christentum den Aussagen des Alten Testaments entspreche. Er selbst schrieb später über diese Zeit: »In der Treue zum jüdischen Gesetz übertraf ich die meisten Altersgenossen in meinem Volk und mit dem größten Eifer setzte ich mich für die Überlieferungen meiner Väter ein« (Galater 1,11). Dieser Eifer führte zu einem großen Hass auf die Christen, deren Glaube an Jesus als den Sohn Gottes in den Augen von Paulus blasphemisch war. Er begann, sie erbarmungslos zu verfolgen. Paulus erwähnt diese Tatsache später so oft, dass klar wird, wie tief sich dies alles in sein Gedächtnis eingebrannt hatte.

Überreste einer gepflasterten Straße in Tarsus. Die Hauptstadt der römischen Provinz Kilikien war ein wichtiges Handels-, Kultur- und Bildungszentrum. Hier wurde Paulus von seinem Vater zum Zeltmacher ausgebildet, eine Fertigkeit, die er später zur Finanzierung seiner Missionstätigkeit nutzen konnte.

Paulus' Begegnung mit Christus

Die Bekehrungsgeschichte des Paulus wird in der Apostelgeschichte drei Mal erzählt, was die Bedeutung dieses Ereignisses unterstreicht. Der eigentliche Bericht steht in der Apostelgeschichte 9,1-19; im weiteren Verlauf berichtet Paulus selbst noch zweimal von seiner Bekehrung (Apostelgeschichte 22,1-21 und 26,1-23). Seine Begegnung mit Jesus, die etwa 35 n. Chr. stattfand, war keine bloße Vision. Paulus selbst bestand darauf, dass ihm tatsächlich der auferstandene Herr erschienen sei (1 Korinther 9,1; 15,8). Diese Begegnung änderte nicht nur sein inneres Wesen (»Bekehrung«), sondern auch auf dramatische Weise seinen Lebensweg. Der Herr selbst hatte Hananias mitgeteilt: »Dieser Mann ist mein auserwähltes Werkzeug: Er soll meinen Namen vor Völker und Könige und die Söhne Israels tragen« (Apostelgeschichte 9,15). Für den Rest seines Lebens tat Paulus genau dies. Als Zeichen hierfür änderte er seinen jüdischen Namen Saulus in den griechischen Namen Paulus.

Paulus war bei seiner Begegnung mit Christus auf dem Weg nach Damaskus erblindet, ein Symbol für die geistige Blindheit, in der er als Christenverfolger bisher gelebt hatte. Erst als Hananias, ein Jünger Jesu, den Mut fand, für ihn zu beten, wurde Paulus wieder sehend. Gleichzeitig kam der Heilige Geist über ihn.

»Wer bist du, Herr?« Dieser sagte: »Ich bin Jesus, den du verfolgst« (Apostelgeschichte 9,5).

SIEHE AUCH
APOSTELGESCHICHTE S. 102-103
DAS FASTEN S. 73
PAULUS: SEINE REISEN S. 110-111
PHARISÄER S. 94

Paulus und das Judentum

Einerseits erlebte Paulus eine Bekehrung zu etwas gänzlich Neuem, andererseits stand dieses Neue in einer direkten Beziehung zu alten Glaubenseinsichten. Der Glaube, dass Jesus der versprochene Messias sei, war aus christlicher Sicht eine Vollendung all dessen, worauf die Schriften Israels hingewiesen und vorbereitet hatten. Er war nur auf eine Weise erschienen, die die Juden so nicht erwartet hatten, wie Paulus nach seiner Begegnung mit Jesus klar wurde. Die große Umwandlung, die man erst am Ende der Geschichte erwartet hatte, begann bereits in der Gegenwart: Jesus war auferstanden und das ewige Leben war deshalb für alle erreichbar, die an ihn glaubten. Paulus erkannte, dass dies alles änderte und er auch seine jüdischen Wurzeln auf ganz neue Weise betrachten musste.
Aber er gab weder das Judentum noch die Juden auf. Immer predigte er zuerst zu ihnen und seine Verkündigung wurzelte fest in den jüdischen Schriften des Alten Testaments.

EREIGNISSE NACH PAULUS' BEKEHRUNG

1. Jesus erscheint Paulus auf dem Weg nach Damaskus (Apostelgeschichte 9,1-9).

2. Paulus wird mit Wasser und dem Heiligen Geist getauft (Apostelgeschichte 9,10-19). Er predigt in Synagogen und verblüfft dabei seine Zuhörer (Apostelgeschichte 9,20-22).

3. Er nimmt sich Zeit, um in Arabien über das Geschehene nachzudenken (Galater 1,17).

4. Die Juden planen, ihn zu töten. Er flieht aus Damaskus (Apostelgeschichte 9,23-25; 2 Korinther 11,32-33).

5. Barnabas stellt ihn in Jerusalem den Aposteln vor (Apostelgeschichte 9,26-29).

6. Er wird nach Tarsus geschickt, um dem geplanten Anschlag zu entkommen (Apostelgeschichte 9,30).

7. Er wird von Barnabas nach Antiochia gebracht (Apostelgeschichte 11,25-26), wo er zu einem Führer der Gemeinde wird und von wo er zu seiner »Heidenmission« aufbricht (Apostelgeschichte 13,1-3).

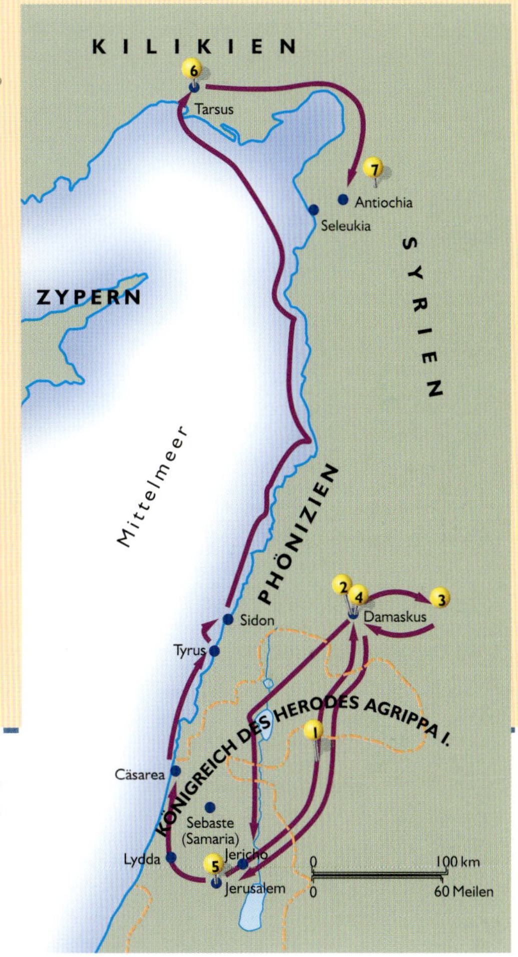

Damaskus, die Hauptstadt Syriens, lag an den Haupthandelswegen nach Mesopotamien, Persien und Arabien. Saulus wusste, dass das Christentum sich schnell ausbreiten würde, wenn es dort Fuß fassen könnte. Dies galt es zu verhindern. Deshalb erbat er sich vom Jerusalemer Hohen Rat die entsprechenden Autorisierungsschreiben und reiste nach Damaskus, um die dortigen Anhänger Jesu zu finden, festzunehmen und nach Jerusalem zurückzubringen (Apostelgeschichte 9,1-2).

Händler bieten in der Geraden Straße in Damaskus ihre Waren an. In dieser Straße trafen Hananias und Paulus zusammen.

Schlüsselbegriff: Bekehrung

Unter Bekehrung versteht man die Hinwendung eines Menschen zu Gott und die entsprechende Änderung seiner Lebensweise. Jesus selbst hat die Menschen aufgerufen, umzukehren und ihm auf seinem Weg nachzufolgen (Matthäus 4,17.19). Allerdings erlebt nicht jeder ein einschneidendes Bekehrungserlebnis wie der Apostel Paulus. Der Weg zu Gott kann auch aus vielen kleinen Schritten bestehen.

GEN / 1 MOSE
EX / 2 MOSE
LEV / 3 MOSE
NUM / 4 MOSE
DTN / 5 MOSE
JOSUA
RICHTER
RUT
1 SAMUEL
2 SAMUEL
1 KÖNIGE
2 KÖNIGE
1 CHRONIK
2 CHRONIK
ESRA
NEHEMIA
ESTER
IJOB
PSALMEN
SPRÜCHE
KOHELET
HOHELIED
JESAJA
JEREMIA
KLAGELIEDER
EZECHIEL
DANIEL
HOSEA
JOËL
AMOS
OBADJA
JONA
MICHA
NAHUM
HABAKUK
ZEFANJA
HAGGAI
SACHARJA
MALEACHI
MATTHÄUS
MARKUS
LUKAS
JOHANNES
APG
RÖMER
1 KORINTHER
2 KORINTHER
GALATER
EPHESER
PHILIPPER
KOLOSSER
1 THESS
2 THESS
1 TIMOTHEUS
2 TIMOTHEUS
TITUS
PHILEMON
HEBRÄER
JAKOBUS
1 PETRUS
2 PETRUS
1 JOHANNES
2 JOHANNES
3 JOHANNES
JUDAS
OFFB

Paulus: Seine Reisen

DER JUDE, DER SICH AN DIE NICHTJUDEN WANDTE

2000 v.Chr. 1900 v.Chr. 1800 v.Chr. 1700 v.Chr. 1600 v.Chr. 1500 v.Chr. 1400 v.Chr. 1300 v.Chr. 1200 v.Chr. 1100 v.Chr. 1000 v.Chr. 900 v.Chr. 800 v.Chr. 700 v.Chr. 600 v.Chr. 500 v.Chr. 400 v.Chr. 300 v.Chr. 200 v.Chr. 100 v.Chr. 1 n.Chr. 100 n.Chr.

Obwohl Paulus selbst Jude war und den Juden zutiefst verbunden blieb, sandte Gott ihn zu den Nichtjuden, den »Heiden«, um diesen die frohe Botschaft von Jesus Christus zu bringen. Zwar predigte Paulus immer zuerst in den Synagogen der jeweiligen Städte, aber seine größte Wirkung hatte er doch als »Apostel der Heiden«, der das Christentum in ganz Kleinasien und den Ländern des östlichen Mittelmeers verbreitete. Es ist eine Ironie der Geschichte, dass ausgerechnet er als ein ehemaliger Christenverfolger am meisten zur Verbreitung eben dieses Christentums beitrug.

Ein Tagebuch der Paulus-Reisen

Die zweite Hälfte der Apostelgeschichte beschreibt drei größere Reisen, die Paulus unternahm, um in weiteren Städten neue Gemeinden zu gründen. Eine vierte Reise, die Rom zum Ziele hatte, wurde nötig, weil Paulus, der in Jerusalem wegen der Christusverkündigung vor Gericht gestellt wurde, sein Recht als römischer Bürger in Anspruch nahm, direkt an den Kaiser zu appellieren (Apostelgeschichte 25,10-11). Am Ende der Apostelgeschichte steht Paulus in Rom unter Hausarrest, verkündet aber weiterhin das Evangelium (Apostelgeschichte 28,30-31). Über sein weiteres Schicksal ist nichts Verlässliches bekannt. Möglicherweise fand er bei der Christenverfolgung durch Nero im Jahr 64 in Rom den Tod.

Das Theater von Ephesus. Hier zettelten die Silberschmiede als Reaktion auf die Predigten des Paulus und seiner Begleiter einen Aufruhr an, da sie um ihre Geschäfte fürchteten.

DIE REISEN DES PAULUS

ANTIOCHIA

Die Stadt war Ausgangspunkt der Reisen von Paulus.

ZYPERN

Zypern, die Heimat von Barnabas, war Paulus' erster Halt auf seiner ersten Reise. Er predigte auf der ganzen Insel in jüdischen Synagogen und bewies die Macht Gottes (Apostelgeschichte 13,4-12).

ANTIOCHIA IN PISIDIEN

Paulus und Barnabas wurden von den Juden nicht gerade freundlich empfangen, weswegen sie sich entschlossen, den »Heiden« zu predigen (Apostelgeschichte 13,14-52). Paulus besuchte Antiochia und seine Nachbarstädte auch auf seiner zweiten und seiner dritten Reise (Apostelgeschichte 15,40-16,5; 18,23).

LYSTRA

Auf ihrer ersten Reise wurden Paulus und Barnabas nach einer dramatischen Krankenheilung für Götter gehalten. Daraufhin wurden sie von der Volksmenge, die von aus Antiochia gekommenen Juden aufgestachelt worden war, gesteinigt und liegen gelassen, weil man sie für tot hielt (Apostelgeschichte 14,8-20). Auf seiner zweiten Reise traf Paulus hier auf Timotheus, der damals wohl noch ein junger Mann von nicht einmal zwanzig Jahren war, und nahm ihn als Begleiter mit (Apostelgeschichte 16,1-3).

JERUSALEM

Am Ende ihrer ersten Reise kamen Paulus und Barnabas hierher und erfuhren dort den Widerstand von Judenchristen, die der Meinung waren, alle Neubekehrten müssten sich beschneiden lassen und das jüdische Gesetz befolgen. Paulus wandte sich strikt gegen diese Vorstellungen und erzählte, welche »Zeichen und Wunder Gott durch ihn und seine Begleiter unter den Heiden getan hatte« (Apostelgeschichte 15,1-35). Er kam erneut am Ende seiner dritten Reise in diese Stadt, um Bericht zu erstatten und die Spenden zu überbringen, die er gesammelt hatte (Apostelgeschichte 21,15-26). Juden aus der Provinz Asien zettelten dann einen Aufruhr gegen ihn an (Apostelgeschichte 21,27-33), der zu seiner Verhaftung, seinem Prozess und seiner Reise nach Rom führte (Apostelgeschichte 22-28).

TROAS

Auf seiner zweiten Reise hatte hier Paulus nachts eine Vision, in der ihn ein Mann aufforderte, nach Makedonien zu reisen. Er und seine Begleiter brachen dann auch sofort auf (Apostelgeschichte 16,6-10) und brachten das Evangelium nach Europa. Auf seiner dritten Reise erweckte Paulus Eutychus von den Toten, der während einer langen Predigt des Paulus eingeschlafen und aus dem Fenster gefallen war (Apostelgeschichte 20,7-12).

PHILIPPI

Der erfolgreichen Verkündigung auf ihrer zweiten Reise folgte eine Nacht im Gefängnis, weil sie ein Sklavenmädchen von einem bösen Geist befreit hatten, was zu einem Aufruhr geführt hatte. Aber ein Erdbeben brachte Paulus und Silas die Freiheit und den Gefängniswärter und seine Familie zum Glauben (Apostelgeschichte 16,11-40).

THESSALONICH

Auf der zweiten Reise führten drei Wochen erfolgreichen Predigens unter Juden und Griechen zu einem weiteren Aufruhr, sodass Paulus und Silas die Stadt bei Nacht und Nebel verlassen mussten (Apostelgeschichte 17,1-10).

> *Der Herr aber sprach zu ihm: »Geh nur! Denn dieser Mann ist mein auserwähltes Werkzeug: Er soll meinen Namen vor Völker und Könige und die Söhne Israels tragen«* (Apostelgeschichte 9,15).

SIEHE AUCH
ANTIOCHIA S. 103
JUDAISTEN S. 116
MÄRTYRER S. 105
PAULUS: SEINE BRIEFE S. 112-113

ATHEN

Auf der zweiten Reise predigte Paulus dort in der Synagoge zu den Juden und »gottesfürchtigen« Griechen und auf dem Marktplatz zu jedem, der zuhören wollte. In den Säulenhallen *(Stoa)* auf dem Areopag diskutierte er mit epikureischen und stoischen Philosophen (Apostelgeschichte 17,16-34).

KORINTH

Paulus blieb dort auf seiner zweiten Reise achtzehn Monate und gründete eine Gemeinde, die ihm in der Zukunft noch zahlreiche Probleme bereiten würde (Apostelgeschichte 18,1-17). Angelegenheiten, die sich nicht schriftlich regeln ließen, führten auf seiner dritten Reise zu einem kurzen Besuch in dieser Stadt, auf den in seinen Briefen Bezug genommen wird.

EPHESUS

Auf seiner zweiten und seiner dritten Reise besuchte Paulus Ephesus, die führende Handelsstadt in Kleinasien, in der der Tempel der Artemis (Diana) stand, der als eines der sieben Weltwunder galt. Seine Predigten betrachteten einige als Bedrohung der mit diesem Tempel verbundenen Geschäftsmöglichkeiten und zettelten einen Aufruhr an, wobei seine Reisegenossen in ein Theater geschleppt wurden, in dem 24 000 Zuschauer Platz hatten (Apostelgeschichte 19,23-40). Paulus Liebe für die Gemeinde dieser Stadt zeigt sich in seiner Abschiedsrede an deren Älteste (Apostelgeschichte 20,17-38).

CÄSAREA

Als der römische Oberst von der Verschwörung gegen Paulus hörte, ließ er ihn nach Cäsarea bringen, wo er die nächsten beiden Jahre in »Gewahrsam gehalten« wurde (Apostelgeschichte 23,12-24,27). Schließlich appellierte Paulus an den Kaiser in Rom (Apostelgeschichte 25,1-26,32).

NACH ROM

Das Schiff, das Paulus nach Rom bringen sollte, erlitt vor Malta Schiffbruch (nur eines der vielen Missgeschicke, die er insgesamt erdulden musste, siehe 2 Korinther 11,23-28), was Paulus als eine Gelegenheit zum Predigen nutzte (Apostelgeschichte 27,13-28,10).
Am Ende der Apostelgeschichte stand Paulus in Rom unter Hausarrest, »verkündete das Reich Gottes und trug ungehindert und mit allem Freimut die Lehre über Jesus Christus, den Herrn, vor« (Apostelgeschichte 28,31).

Paulus' Missionsstrategien

Obwohl er der Apostel der Heiden war, predigte er immer zuerst zu den Juden.

- Er arbeitete immer in einem Team (Menschen wie Barnabas, Markus, Silas, Lukas, Timotheus, Priscilla und Aquila).
- Er ging in die wichtigsten Städte einer Provinz, die an Haupthandelsstraßen lagen und deshalb eine ganze Region beeinflussen konnten.
- Er benutzte ganz unterschiedliche Methoden (Predigten, Schriftauslegungen, philosophische Debatten), um das Evangelium unter die Menschen zu bringen.
- Er versuchte, das Evangelium den einzelnen Kulturen anzupassen, ohne allerdings seine Kernbotschaft zu verändern.

Schlüsselbegriff: Apostel

Apostel bedeutet wörtlich »Gesandter«. Die Apostel sind die wichtigsten Traditionsträger in den Anfängen der Kirche. Wenn man von den »zwölf Aposteln« spricht, meint man damit den Kreis von zwölf Jüngern, den Jesus in seine Nachfolge gerufen hat. Doch auch Paulus versteht sich selbst als Apostel. Er ist dazu durch seine Begegnung mit dem auferstandenen Jesus geworden, der ihn dazu »ausgesandt« hat, das Evangelium zu den nichtjüdischen Völkern zu bringen.

Paulus: Seine Briefe

WIR BLEIBEN IN KONTAKT

Als Paulus seine Briefe schrieb, wusste er nicht, dass er damit einen großen Teil dessen verfasste, was einmal als »Das Neue Testament« bekannt werden würde. Er wollte eigentlich nur mit den von ihm gegründeten Gemeinden in Verbindung bleiben, er wollte lehren, ermutigen und warnen. Aber ohne dass es ihm bewusst gewesen wäre, ereignete sich etwas weit Tieferes: Die Heilige Schrift wurde von ihm weitergeführt. Schon der Verfasser des zweiten Petrusbriefs erwähnt die Paulusbriefe als besondere Lektüre der Gemeinden (2 Petrus 3,15-16).

»Zum Diktat, Tertius ...«

In der Zeit des Neuen Testaments war es üblich, einen professionellen Schreiber zu benutzen, wenn man Briefe oder Dokumente zu schreiben hatte. Dieser schrieb nicht nur nach Diktat, sondern half auch bei der Formulierung. Tertius, der Schreiber des Römerbriefs, fügte am Ende noch einen eigenen Satz ein, in dem er seinen Namen nennt und die Leser grüßt (Römer 16,22). Paulus als der eigentliche Autor fügte oft noch kurze Notizen eigenhändig am Ende seiner Briefe hinzu, um sie als authentisch auszuweisen (1 Korinther 16,21; 2 Galater 6,11; Kolosser 4,18; 2 Thessalonicher 3,17; Philemon 1,9).

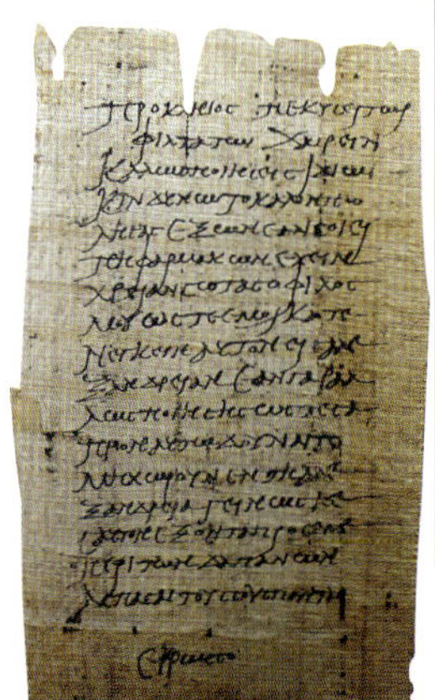

Briefe zu Zeiten des Neuen Testaments

Ein Papyrusbrief aus dem 1. Jh. n. Chr. Briefe begannen meistens mit dem Namen des Schreibers und dem des Empfängers, einer Grußformel und Versicherungen des Dankes für die Empfänger. Die meisten Briefe im Neuen Testament folgen diesem Muster.

Das Forum in Rom, ein von öffentlichen Gebäuden und Säulenhallen umgebener Platz, war das Zentrum des sozialen und geschäftlichen Lebens und der Schauplatz vieler öffentlicher Versammlungen.

Römerbrief

Der Brief an die Römer wurde im Jahre 57 n.Chr. auf Paulus' dritter Reise vermutlich in Korinth geschrieben und stellt die ausführlichste Darlegung der Verkündigung und Theologie des Apostels dar. Paulus bereitete damit seinen Besuch in Rom vor. In seinen Argumentationslinien zeigt er auf, wie Gottes Versprechen an Abraham erfüllt wurden und wie die Nichtjuden Teil dieser Versprechen geworden waren – nicht indem sie das jüdische Gesetz befolgten, sondern allein durch den Glauben, d.h. das Vertrauen, dass Gott die Menschen trotz aller Verfehlungen liebt und annimmt.

Der erste Brief an die Korinther

Der Tempel des Apollo in Korinth mit dem Burgberg Akrokorinth im Hintergrund, der vom Tempel der Aphrodite, der Liebesgöttin, beherrscht wurde. Korinth war bekannt für lose Sitten, und »Mädchen aus Korinth« war die Bezeichnung für eine Prostituierte. Das ist der Hintergrund mancher Probleme, die in den Korintherbriefen behandelt werden.

Paulus schrieb ihn auf seiner dritten Reise zwischen 53 und 55 n. Chr. in Ephesus und reagierte damit auf beunruhigende Nachrichten: Die Gemeinde in Korinth befand sich im Chaos. Sie war untereinander zerstritten, Mitglieder zerrten sich gegenseitig vor Gericht, es gab Fälle krass unmoralischen Verhaltens; das Abendmahl diente als Vorwand für Trunkenheit und Gier, und die besondere Gabe des Heiligen Geistes, die Kirche aufzubauen, wurde missbraucht. Paulus wies die Korinther eindringlich auf Jesu Kreuzestod hin, der Ausdruck der Liebe Gottes ist und die Christen zu einem liebevollen, demütigen Umgang miteinander befähigt.

Der zweite Brief an die Korinther

Paulus' erster Brief hatte die Probleme nicht gelöst und sein Besuch hatte die Zustände sogar noch verschlimmert. Ein weiterer, leider nicht erhaltener Zwischenbrief hatte aber doch zu einer Sinnesänderung der Korinther geführt, wie ihm Titus berichtete, und dieser weitere Brief, der später im Jahr 55 n. Chr. geschrieben wurde, war Paulus' erfreute Antwort auf diese Nachricht – der Brief eines sehr erleichterten geistlichen Vaters!

Um euch aber einiges in Erinnerung zu rufen, habe ich euch einen teilweise sehr deutlichen Brief geschrieben. Ich tat es kraft der Gnade, die mir von Gott gegeben ist, damit ich als Diener Christi Jesu für die Heiden wirke (Römer 15,15-16).

SIEHE AUCH
APOSTELGESCHICHTE S. 102-103
PAULUS: SEINE REISEN S. 110-111
PAULUS: SEINE LEHRE S. 114-115

Empfänger der Paulus-Briefe

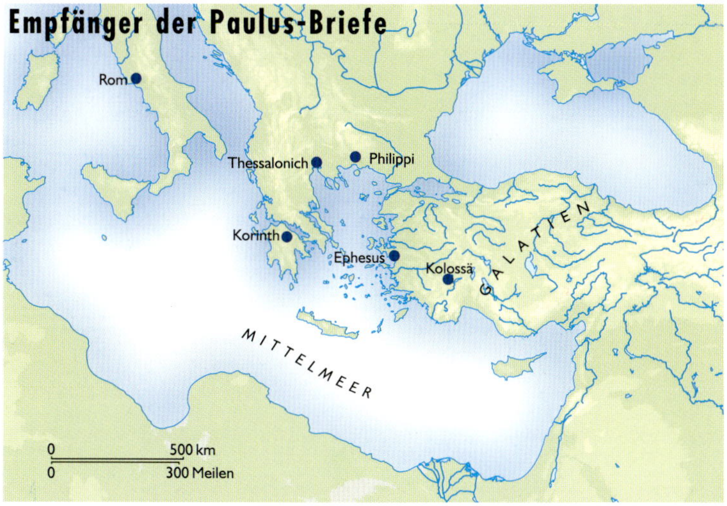

Der Brief an die Galater

In diesem Brief weist Paulus die Irrlehre zurück, dass die Menschen sich zuerst beschneiden lassen und dadurch Juden werden müssten, bevor sie Christen werden können. Gottes Ziel sei die Freiheit mündiger Kinder Gottes, die sich mit einem Rückfall in Gesetzlichkeit nicht vertrage. Paulus erinnert in seinem Brief an die Anerkennung seiner gesetzesfreien Mission unter den Heiden beim Apostelkonzil von Jerusalem. Er schreibt diesen Brief vermutlich zwischen 53 und 55 n. Chr. von Ephesus aus.

Der Brief an die Epheser

Beim Epheserbrief handelt es sich wohl um einen Rundbrief, denn in den meisten alten Manuskripten fehlt die Erwähnung von »Ephesus« (Epheser 1,1) und der Brief enthält keine persönlichen Bezüge, obwohl Paulus die dortige Gemeinde gut kannte. Der Epheserbrief enthält die bedeutendsten theologischen Aussagen im Neuen Testament über die Kirche. Manche Forscher nehmen an, dass dieses Schreiben von einem Paulusschüler verfasst wurde, der im Namen des Apostels schrieb.

Der Brief an die Philipper

Paulus schrieb den Brief im Gefängnis, wahrscheinlich in Ephesus, um 55 n. Chr. Den Anlass des Briefs bildete der Wunsch der Christen in Philippi, von ihrem Apostel, der im Gefängnis saß, Näheres über sein Schicksal zu erfahren. Außerdem hatte die Gemeinde Paulus durch Epaphroditus eine Geldspende überbringen lassen, für die er sich jetzt bedankt. Paulus hatte diese Gemeinde als erste auf europäischem Boden um das Jahr 50 gegründet. Der Brief enthält einen Hymnus, der besingt, wie Gottes Sohn zum Menschen wurde (Phil 2,5-11).

Der Brief an die Kolosser

Wahrscheinlich ist der Brief spät – entweder in der Gefangenschaft des Apostels in Cäsarea um 57-59 n. Chr. oder in Rom nach 59-60 n. Chr. – abgefasst worden. Manche Ausleger meinen gar, das Schreiben sei von einem Schüler von Paulus verfasst worden. Dieser Brief wendet sich gegen Irrlehren in der Gemeinde von Kolossä: So glaubten die Kolosser, die Schicksalsmächte durch Befolgung gesetzlicher Vorschriften günstig zu stimmen und an menschenfeindliche »Engel«, die von den Gläubigen bestimmte asketische Übungen forderten.

Die Via Egnatia, Roms Hauptverkehrsader in den Osten des Reichs, führte durch Philippi und war wohl die Straße, die Paulus auf seiner zweiten und dritten Reise genommen hat.

Der erste und der zweite Thessalonicherbrief

Paulus war während seiner zweiten Reise aus Thessalonich vertrieben worden, hatte also keine Zeit gehabt, die dortige Gemeinde endgültig aufzubauen. Ermuntert durch Timotheus' positive Berichte, schrieb er den ersten Brief (ca. 50/51 n.Chr.), um der Gemeinde Mut zu machen. Ein wichtiges Thema beider Thessalonicherbriefe ist Jesu Wiederkunft, denn die Thessalonicher waren über das Schicksal der vor Jesu Rückkehr verstorbenen Gläubigen besorgt.

Der erste und zweite Brief an Timotheus

Diese persönlichen Briefe wurden an einen Gemeindevorsteher geschrieben, den Paulus für sich gewonnen hatte. Sie enthalten praktische Anweisungen für die Führung einer Gemeinde. Timotheus führte die Gemeinde in Ephesus viele Jahre. Die Briefe, die gemeinsam mit dem Titusbrief als »Pastoralbriefe« bezeichnet werden, stammen wahrscheinlich nicht unmittelbar von Paulus. Ihr Verfasser ist jedoch überzeugt, im Sinn und in der Autorität des Paulus zu schreiben.

Der Brief an Titus

Nach Titus 1,5 hat Paulus den Titus auf einer Reise in Kreta zurückgelassen, damit er die dortige Gemeinde führe. Titus gehörte neben Timotheus zu den engsten Mitarbeitern des Paulus. Der Brief enthält praktische Ratschläge zur klugen Führung einer Kirchengemeinde.

Der Brief an Philemon

In diesem kurzen Brief fordert Paulus Philemon auf, seinen entlaufenen Sklaven Onesimus wieder aufzunehmen, der durch die Begegnung mit Paulus zum Christen geworden war. Paulus bat ihn, ihn als christlichen Bruder aufzunehmen und ihm einen Neuanfang zu ermöglichen. Paulus konnte die Strukturen der Sklaverei nicht abschaffen, stellte mit diesem Brief aber implizit ihre Grundlage in Frage.

Eine römische Sklavenmarke, die ihren potenziellen Finder bittet, den entlaufenen Sklaven zu seinem Eigentümer zurückzuschicken.

Schlüsselbegriff: Ermutigung

Paulus ermutigt die Gläubigen, auch in schwierigen Zeiten unbeirrt am Glauben festzuhalten. Einander zu ermutigen und zu trösten ist die Aufgabe aller Christen.

GEN / 1 MOSE
EX / 2 MOSE
LEV / 3 MOSE
NUM / 4 MOSE
DTN / 5 MOSE
JOSUA
RICHTER
RUT
1 SAMUEL
2 SAMUEL
1 KÖNIGE
2 KÖNIGE
1 CHRONIK
2 CHRONIK
ESRA
NEHEMIA
ESTER
IJOB
PSALMEN
SPRÜCHE
KOHELET
HOHELIED
JESAJA
JEREMIA
KLAGELIEDER
EZECHIEL
DANIEL
HOSEA
JOËL
AMOS
OBADJA
JONA
MICHA
NAHUM
HABAKUK
ZEFANJA
HAGGAI
SACHARJA
MALEACHI
MATTHÄUS
MARKUS
LUKAS
JOHANNES
APG
RÖMER
1 KORINTHER
2 KORINTHER
GALATER
EPHESER
PHILIPPER
KOLOSSER
1 THESS
2 THESS
1 TIMOTHEUS
2 TIMOTHEUS
TITUS
PHILEMON
HEBRÄER
JAKOBUS
1 PETRUS
2 PETRUS
1 JOHANNES
2 JOHANNES
3 JOHANNES
JUDAS
OFFB

Paulus: Seine Lehre

GLAUBEN AN JESUS CHRISTUS

Durch Paulus' Begegnung mit dem auferstandenen Christus auf der Straße nach Damaskus änderte sich alles für ihn. Plötzlich wurde der, den er bekämpft hatte, zum Mittelpunkt seines Lebens. Paulus erkannte, dass Jesus den Gott verkündigte, den er schon im Alte Testament studiert hatte. Durch seine Briefe wurde er zum ersten großen Theologen der Kirche. Aber er war kein reiner Gelehrter, denn sein seelsorgerisches Herz und sein Mitgefühl für die Benachteiligten ließen seine Lehre nie den Praxisbezug verlieren.

Jesus

Obwohl Paulus vermutlich manches über Jesu Biographie wusste, schreibt er doch wenig darüber. Das mag daran liegen, dass seine Briefe besonders seelsorgerischen Angelegenheiten galten. Im Mittelpunkt seines Interesses stand die Bedeutung des Todes und der Auferstehung Jesu. Paulus interpretiert sie als Ausdruck der vorbehaltlosen Liebe Gottes zum Menschen. In ihnen vollzieht sich die Versöhnung zwischen dem gerechten Gott und dem in der Sünde verstrickten Mensch. »*Denn in ihm allein wohnt wirklich die ganze Fülle Gottes*« (Kolosser 2,9, siehe auch Philipper 2,5-11; Kolosser 1,15-20; Titus 2,13).

Die Auferstehung

Da er Jesus selbst auf der Straße nach Damaskus gesehen hatte, war Paulus von dessen Auferstehung unerschütterlich überzeugt. Er betrachtete sie als Gottes Besiegelung von Jesu Opfer. Für Paulus war die Auferstehung nicht nur ein Sinnbild dafür, dass der Tod nicht das Ende war, sondern ein reales Ereignis, ohne das es die christliche Botschaft nicht geben würde.

»*Ist aber Christus nicht auferweckt worden, dann ist unsere Verkündigung leer und euer Glaube sinnlos, ... Wenn aber Christus nicht auferweckt worden ist, dann ist euer Glaube nutzlos und ihr seid immer noch in euren Sünden*« (1 Korinther 15,14.17).

Besonders populär unter den Symbolen des christlichen Glaubens sind das Kruzifix und das Kreuz. Einige Traditionen bevorzugen das Kruzifix (das Kreuz mit dem angenagelten Jesus), um dadurch an seine Leiden und seinen Tod zu erinnern, andere benutzen das Kreuz, das für die anschließende Auferstehung steht.

Das Kreuz

Nach seinem jahrelangen Studium des Alten Testaments vermochte Paulus besser als jeder andere zu erklären, inwiefern der Opferkult des Alten Testaments von Jesus erfüllt wurde. Vor dem Hintergrund der Schriften Israels versuchte er den Kreuzestod Jesu zu deuten. Die untenstehende Tabelle zeigt vier Hauptdeutungsmöglichkeiten.

JESU TOD WAR	Textstellen	Die Menschen sind
Ein Opfer – sein Tod an unserer Stelle war die Erfüllung aller Opfer des Alten Testaments.	Römer 3,25; 5,6-7	**GEREINIGT**
Ein Freikauf – er zahlte den Preis, um uns aus der Knechtschaft der Sünde zu befreien, zu »erlösen«, so wie Israel aus der Knechtschaft in Ägypten befreit wurde.	Römer 3,24; Epheser 1,7-8	**FREIGEKAUFT ERLÖST**
Ein Urteil – Gott erklärte uns für »nicht schuldig« und dies nicht wegen unserer Taten, sondern weil Jesus für unsere Sünden bezahlt hat.	Römer 3,21-26; 5,1-2; 8,1-2	**GERECHTFERTIGT GERECHT GEMACHT**
Eine Versöhnung – die Schranken, die uns von Gott und voneinander trennten, wurden niedergerissen.	2 Korinther 5,11-21; Epheser 2,14-22	**VERSÖHNT**

Denn ich hatte mich entschlossen, bei euch nichts zu wissen außer Jesus Christus, und zwar als den Gekreuzigten
(1 Korinther 2,2).

SIEHE AUCH
INKARNATION S. 85
JESUS: TOD UND AUFERSTEHUNG S. 98-99
PAULUS: SEINE BRIEFE S. 112-113
JESU WIEDERKEHR S. 122

Die jüdische Tora

Paulus' Beharren darauf, dass Heiden Christen werden können, ohne die jüdische Tora zu befolgen, brachte ihn immer wieder in Schwierigkeiten, vor allem mit Judenchristen, die eine solche Befolgung für unumgänglich hielten. Paulus lehrte in teils polemischer Weise gegenüber den Judenchristen, dass ein Heide, der als Christ von der Knechtschaft der Sünde befreit ist, durch Beschneidung und das Befolgen der jüdischen Gebote seine christliche Freiheit gegen eine neue Knechtschaft eintauschen würde. Für die Heiden bestehe die Heilsmöglichkeit im Glauben an Christus und nicht im Befolgen der Tora.

Dieses Mosaik eines gefangenen Vogels symbolisiert die im Körper gefangene Seele, eine Vorstellung griechischer Philosophie, die Paulus ablehnte. Der Körper sei kein Gefängnis, aus dem man sich befreien müsse, sondern »ein Tempel des Heiligen Geistes«. Deshalb ruft uns Paulus auf: »Verherrlicht also Gott in eurem Leib!« (1 Korinther 6,20). Die Tatsache, dass der menschliche Leib, nicht nur der Geist und die Seele, Gott wichtig ist, zeigt sich in der Lehre der Bibel, dass er bei Jesu Wiederkunft auferstehen und herrlich verwandelt werden wird (1 Korinther 15,35-57). Deshalb ist es auch für Christen wichtig, wie die Menschen mit ihrem Körper umgehen.

Der Heilige Geist

Seit Paulus vom Heiligen Geist erfüllt wurde (Apostelgeschichte 9,17-19), war er überzeugt, dass weder Glaube noch ein christliches Leben ohne die Hilfe des Heiligen Geistes möglich seien. Das Leben im Geiste *war* das Christentum und alles andere war unchristlich. Er glaubte an die Gaben des Heiligen Geistes (Römer 12,3-8; 1 Korinther 12,7-11. 27-31), und selbst als die Gemeinde in Korinth sie missverstand und missbrauchte, gab Paulus die Gemeinde nicht auf, sondern zeigte ihr deren richtigen Gebrauch (1 Korinther 12,7-14,40).

Die Kirche

Für Paulus waren »Kirche« und »Gemeinde« wesentliche Bestandteile des christlichen Lebens. Sie sind ein lebendiges Zeichen für Gottes Reich und Gottes neues Volk (Epheser 2,11-22), wo es keine Unterschiede zwischen den Menschen mehr gibt (Galater 3,28).

Er gebrauchte eine Reihe von Bildern, um zu zeigen, dass die Kirche kein »Verein« wie jeder andere sei. Er beschrieb sie als

- Leib
- Familie
- Tempel
- Armee

Zu Zeiten des Neuen Testaments bedeutete »Kirche« niemals eine Konfession oder ein Gebäude, sondern »Gottes Volk«. Das griechische Wort für Kirche, *ekklesia* (wörtlich: »die Herausgerufenen«), war ursprünglich die Bezeichnung für eine politische Versammlung, wurde dann aber als Beschreibung für diejenigen gebräuchlich, die Jesus »aufgerufen« hatte, Teil seines neuen Volks und Reiches zu werden.

Frühe christliche Glaubensbekenntnisse

Die Schriften von Paulus enthalten nach theologischer Auffassung die ersten christlichen Glaubensbekenntnisse, deren wichtigstes »Jesus ist der Herr« (Römer 10,9; 1 Korinther 12,3) lautet. Andere befassen sich mit Jesu Kommen, Leben, Sterben und Auferstehung (Philipper 2,6-1; Kolosser 1,15-20; 1 Timotheus 3,16).

Schlüsselbegriff: Freiheit

Christen glauben, dass wir bei dem Versuch, Gottes Gunst durch religiöse Regeln oder Rituale zu gewinnen, die Freiheit aufgeben, die Jesus am Kreuz für die Menschheit errungen hat, und zur Knechtschaft zurückkehren (Galater 5,1). Die Bibel sagt, dass wahre Freiheit bedeutet, vom Heiligen Geist geleitet zu werden, anstatt sich von Pflichten oder dem Druck anderer zu etwas zwingen zu lassen. Wir sollen das Richtige tun, weil wir es können, nicht weil wir es müssen.

Konflikte in der jungen Kirche

PROBLEME ZWISCHEN JUDENCHRISTEN UND HEIDENCHRISTEN

Die christliche Botschaft zog die unterschiedlichsten Menschen an, was zu Konflikten führen musste. Diese widersprüchlichen Gruppen fanden nur schwer zueinander, vor allem Judenchristen und Heidenchristen. Judenchristen sahen nicht ein, warum sie ihre traditionellen Praktiken aufgeben sollten, und Nichtjuden sahen keinen Anlass, diese Praktiken zu übernehmen. Kein Wunder also, dass immer wieder Spannungen auftraten.

Erste Spannungen

Die Kirche hatte immer schon Wohltätigkeitsprogramme organisiert, wie in der Apostelgeschichte 6 anschaulich beschrieben wird. Die tägliche Essensverteilung an Witwen führte dann aber zu Spannungen, als die Hellenisten (die außerhalb Palästinas geborenen und griechisch sprechenden Judenchristen) die Bevorzugung der Hebräer (die in Palästina geborenen und hebräisch sprechenden Christen) beanstandeten. Die Apostel lösten das Problem, indem sie die Griechen sieben griechische Helfer auswählen ließen. Es kehrte wieder Ruhe ein, und die Gemeinde wuchs noch weiter an (Apostelgeschichte 6,7).

Dies war das erste Zeichen, dass es nicht immer einfach sein würde, Menschen von ganz unterschiedlicher Herkunft zu einem harmonischen Miteinander zu bewegen.

Die »Judaisten«

Der die Grenzen des Judentums überschreitende Missionsauftrag »Macht alle Menschen zu meinen Jüngern« (Matthäus 28,19) war anfangs keine Selbstverständlichkeit. Zunächst war die christliche Botschaft nur an Juden gerichtet gewesen, aber dank Petrus glaubten auch Nichtjuden bald an Jesus (Apostelgeschichte 10,1-48). Leider war nicht jedermann damit einverstanden, und es dauerte nicht lange, bis etliche Judenchristen Petrus herausforderten (Apostelgeschichte 11,1-3). Der Streit eskalierte, als sich Paulus programmatisch Nichtjuden zuwandte. Man berief daraufhin ein Konzil ein, um das Problem zu lösen (Apostelgeschichte 15,1-35).

Die Christen in Jerusalem waren weit von den nichtjüdischen Völkern entfernt, und so konnte eine Gruppe von »Judaisten« (von einem griechischen Wort mit der Bedeutung »jüdische Sitten annehmen«) an die Gemeinden herantreten, die Paulus gegründet hatte, und behaupten, er habe ihnen nicht das *ganze* Evangelium erklärt, vor allem nicht die Notwendigkeit, sich beschneiden zu lassen und dem jüdischen Gesetz zu folgen.

Obwohl selber Jude, widerstand Paulus ihren Versuchen, Heiden jüdischen Sitten zu unterwerfen, weil er dies als einen Angriff auf die Freiheit und Gnade des Evangeliums ansah. Er beschuldigte Petrus sogar der Heuchelei (Galater 2,11-21) und schrieb den Galatern, dass sie unvernünftig seien, sich von den »Judaisten« derartig in die Irre führen zu lassen (Galater 3,1-3). Für Paulus war die Forderung, dass Nichtjuden das Gesetz zu beachten hätten, ganz einfach »ein anderes Evangelium« (2 Korinther 11,4).

Der Brief an die Hebräer

Allerdings begegneten auch die Judenchristen größerem Widerstand. Einige waren großem Druck, zum Teil sogar Verfolgungen, durch Familienmitglieder oder Freunde ausgesetzt, wenn sie Christen werden wollten. An eine solche Gruppe ist der Hebräerbrief gerichtet. Wir wissen allerdings nicht, von wem und wann er geschrieben wurde. Angesichts des Drucks, zum jüdischen Glauben zurückzukehren, fragt der Verfasser: »Warum solltet ihr das tun? Ihr habt das Judentum verlassen, weil es euch nicht genügte! Ihr habt gesehen, dass Jesus alles, was das Judentum zu bieten hat, bei weitem übertrifft. Warum solltet ihr also jetzt Jesus verlassen und zu all dem zurückkehren? «

Der Hebräerbrief enthält einige starke Worte über die Gefahren des Abfalls vom Glauben, die etliche Christen seitdem immer wieder beunruhigt haben. Aber der Leser sollte sich klar machen, dass es dabei nicht um Christen ging, die ihre Erlösung verlieren, wenn sie sündigen (dafür darf ja auf Vergebung gehofft werden), sondern um den Verlust der Hoffnung für diejenigen Judenchristen, die zum Judentum zurückkehrten.

»Lasst uns mit Ausdauer in dem Wettkampf laufen, der uns aufgetragen ist« (Hebräer 12,1). Das Neue Testament verwendete zur Erläuterung seiner Ideen oft Bilder aus der Welt der sportlichen Wettkämpfe, die in Griechenland sehr populär waren. Hier zu sehen ist das Stadion von Aphrodisias.

Der Hebräerbrief sagt, dass an die Stelle der regelmäßig zu wiederholenden Opfer, welche die Sünde nicht endgültig wegnehmen und die Sünder in keine dauerhafte Gemeinschaft mit Gott bringen können, das einmalige Opfer Jesu Christi getreten sei.

Darum halte ich es für richtig, den Heiden, die sich zu Gott bekehren, keine Lasten aufzubürden
(Apostelgeschichte 15,19).

SIEHE AUCH
APOSTELGESCHICHTE S. 102-103
BESCHNEIDUNG S. 19
JAKOBUS S. 106-107
PAULUS: SEINE LEHRE S. 114-115

Das Apostelkonzil von Jerusalem

Das Konzil von Jerusalem (um 49 n.Chr.), ein Treffen von Aposteln und Ältesten, kann als Vorbild der späteren Kirchenkonzile betrachtet werden. Dabei wurden beide Seiten des Streites zwischen Judenchristen und den Beauftragten für die Heidenmission angehört (Apostelgeschichte 15), bevor Jakobus eine Lösung fand, die von allen Seiten akzeptiert wurde: Heidenchristen mussten sich weder beschneiden lassen noch die jüdische Tora, das Gesetz des Mose, befolgen. Allerdings wurden vier Richtlinien festgelegt, die die Reinheit der Heidenchristen gewährleisten und so die Gemeinschaft von Juden- und Heidenchristen ermöglichen sollten: Heidenchristen sollten kein Opferfleisch aus heidnischen Tempeln und kein Fleisch von Tieren essen, die nicht nach der Vorschrift des Mose-Gesetzes geschlachtet worden waren und noch Blut enthielten. Außerdem sollten sie kein Blut trinken und »jede Unzucht« vermeiden, also auf Eheschließungen innerhalb der vom Mose-Gesetz verbotenen Verwandschaftsgrade verzichten. Wenn Heidenchristen diese jüdischen Gesetze befolgten, durften sie auch mit Judenchristen essen, was der höchste Ausdruck ihrer Gemeinschaft war. Diese Entscheidung wurde mit Freude und Erleichterung aufgenommen, hielt die »Judaisten« aber immer noch nicht davon ab, der Missionsarbeit des Paulus Steine in den Weg zu legen.

Eine Darstellung des Konzils von Nizäa im Jahre 325 n.Chr. Nach dem Vorbild des Jerusalemer Konzils riefen Kirchenführer Konferenzen ein, um schwierige Themen zu debattieren und wichtige Entscheidungen zu treffen. Das wichtigste Ergebnis von Nizäa war die Bestätigung des Glaubens der Kirche, dass Jesus sowohl Gott als auch Mensch sei.

Das Problem des Götzenopferfleischs

Die Heidenchristen standen vor der Frage, ob sie auch so genanntes Götzenopferfleisch essen durften. Fleisch, das von heidnischen Opfern stammte, wurde oft von den Kultteilnehmern und ihren Freunden gegessen (einem heutigen Geschäftsessen oder einer Party vergleichbar) oder auf dem Markt verkauft. Wie sollten sich die Christen dazu verhalten? Sollten sie überhaupt kein Fleisch mehr kaufen (da sie ja nicht wussten, woher es stammte)? Sollten sie Einladungen zu nicht-christlichen Essen oder Feiern grundsätzlich ablehnen? Einige bejahten, andere verneinten diese Fragen (weil die Götzen für sie ja ohnehin keine Realität mehr hatten). Dies führte zu starken Spannungen innerhalb der Gemeinden und Paulus verwandte drei Kapitel seines ersten Briefes an die Korinther (Kapitel 8-10) auf dieses Thema, wobei er betonte, dass man als Christ immer eher an den »Schwachen«, d.h. den im Glauben Verunsicherten, als an die eigenen Rechte denken sollte – ein Prinzip, das auch heute noch gelten sollte.

Schlüsselbegriff: Gesetzlichkeit

Gesetzlichkeit bezeichnet die Vorstellung, wenn Menschen bestimmte Dinge tun, um Gottes Zuwendung zu gewinnen. Sowohl in jüdischer wie auch christlicher religiöser Praxis besteht immer wieder die Gefahr, dass man meint, sich durch Werke Gottes Gnade zu erwerben. Jedoch ist der Mensch nach christlicher Überzeugung immer schon gnadenhaft von Gott angenommen. Doch auch das Judentum ist nicht einfach eine Religion der Werkgerechtigkeit. Die Tora dient als Mittel, die von Gott geschenkte Freiheit zu bewahren.

Dunkle Zeiten

ROMS EISERNER GRIFF

Zuerst als eine jüdische Sekte von vielen betrachtet und daher *religio licita* (staatlich erlaubte Religion), legte Rom dem Christentum zunächst keine Steine in den Weg. Aber mehr und mehr wurden die Christen den römischen Kaisern suspekt und sie rutschten als eher unbeliebte Minderheit schnell in die Rolle des Sündenbocks, so dass beispielsweise Nero sie für den Brand Roms verantwortlich machte. Auch die Juden spürten die römische Gewalt und ein großer jüdischer Aufstand wurde brutal niedergeschlagen, was zur Plünderung von Jerusalem und der Zerstörung des Tempels führte. Zunehmend bekam man nun den eisernen Griff Roms spüren.

Wahnsinn und Verfolgung

Die Dinge begannen sich unter Kaiser Nero (54-68 n. Chr.) zum Schlimmeren zu wenden. Er verfiel zunehmend dem Wahnsinn und zündete 64 n. Chr. Rom an, damit er an dessen Stelle eine neue Musterstadt errichten konnte. Danach gab er den Christen die Schuld an diesem Brand. Dies löste eine kurze, aber heftige Verfolgung aus, bei der Christen den Löwen in der Arena vorgeworfen wurden oder als menschliche Fackeln bei Neros Gartenfesten dienten. Sowohl Petrus als auch Paulus erlitten damals wahrscheinlich den Märtyrertod. Der Überlieferung nach wurde Petrus kopfüber im Circus des Nero gekreuzigt, während Paulus als römischer Bürger an der Via Ostia enthauptet wurde. Einige Jahre später wurde ein Christ namens Johannes nach Patmos verbannt, wo er wahrscheinlich als Sklave in den Steinbrüchen der Insel arbeiten musste. In seiner Offenbarung erwähnt er, dass Christen getötet oder eingekerkert wurden (Offenbarung 2,10.13), wahrscheinlich weil sie sich weigerten, am Kaiserkult teilzunehmen.

Der römische Kaiserkult

Der Kaiserkult wurzelte in der Dankbarkeit der Menschen, dass Rom ihnen den Frieden (die Pax Romana) gebracht hatte. 29 n.Chr. bat die Stadt Pergamon in Kleinasien Oktavian (später bekannt als Kaiser Augustus) um die Erlaubnis, ihn als Gott anbeten zu dürfen, und der Herrscher gewährte die Bitte. Johannes nannte diese Stadt später »den Ort, wo der Thron des Satans steht« (Offenbarung 2,13) und beschrieb Rom als das große »Tier«, das Gott lästere (Offenbarung 13,1-10). Die gottähnliche Verehrung des Kaisers verbreitete sich rasch, die Städte konnten gar nicht schnell genug Tempel für ihn errichten. Der Kaiser ließ sich »Gott« nennen, »Sohn Gottes«, »Retter der Welt« – alles Titel, die Christen allein für Jesus verwenden konnten, genauso wie sie sich weigerten, den Treueid »Cäsar ist der Herr« zu schwören. Dies kostete allerdings vielen Christen das Leben.

Das Kolosseum (das Flavische Amphitheater) in Rom, begonnen von Kaiser Vespasian und fertiggestellt von Domitian, fasste 50 000 Menschen. Hier wurden viele Christen getötet, indem man sie wilden Tieren vorwarf oder zwang, gegen Gladiatoren zu kämpfen – und das alles zur »Unterhaltung«.

Links: Antike Katakomben (Grabkammern) in Rom. Jahrhundertelang hatte man den Boden unter der Stadt durch unterirdische Steinbrüche und das Ausheben von Abwassergräben mit Tunneln unterhöhlt. Um die römische Tradition der Einäscherung zu umgehen, hatten die Juden begonnen, ihre Toten in diesen unterirdischen Höhlen zu beerdigen, eine Praxis, die die Christen (die ja an die leibliche Auferstehung glaubten) übernahmen. Als Rom anfing, das Christentum als Bedrohung anzusehen, wurden die Christen in den Untergrund getrieben – im wörtlichen Sinne. Die Katakomben waren der ideale Ort für geheime Treffen.

> *»Dann wird man euch in große Not bringen und euch töten und ihr werdet von allen Völkern um meines Namens willen gehasst«*
> (Matthäus 24,9).

SIEHE AUCH
FEINDSCHAFT UND VERFOLGUNG S. 103
PAX ROMANA S. 86
OFFENBARUNG S. 120-121

Der erste jüdische Aufstand (66–73 n.Chr.)

Als in Cäsarea direkt vor einer Synagoge ein heidnisches Opfer dargebracht wurde, verboten die jüdischen Behörden in Jerusalem im Gegenzug sämtliche fremden Opfer, selbst die an den Kaiser. Die Reaktion der Römer war brutal. Soldaten stürmten den Tempel, konfiszierten das Gold und töteten über 3500 Juden, die sich ihnen entgegenstellten. Aber eine aufgebrachte Menge konnte sie überwältigen und die Festung Antonia stürmen. Der Aufstand verbreitete sich rasch über das ganze Land.
Überall im Römischen Reich übten Nichtjuden Vergeltung und töteten Tausende von Juden (allein in Alexandria wurden 50 000 umgebracht). Solche Unruhen waren für Rom inakzeptabel und Vespasian wurde losgeschickt, um die Ordnung wiederherzustellen. Er eroberte Galiläa zurück, legte dessen Städte in Trümmer, tötete viele Männer und versklavte die Frauen und Kinder. Als er 68 n.Chr. nach Rom zurückkehrte, um an Neros Statt den Kaiserthron zu besteigen, setzte sein Sohn Titus den Feldzug fort und belagerte Jerusalem. Im Jahre 70 fielen dessen Mauern. Tausende wurden getötet, die Stadt wurde geplündert, der Tempel zerstört und nie wieder aufgebaut. Im Judentum traten die Synagogen und das Studium der Tora an die Stelle des Tempels als Orte der Gottesbegegnung.

Die Belagerung von Massada

Nach dem Fall von Jerusalem flohen einige Zeloten nach Massada, einem Felsplateau in der judäischen Wüste, das sich 470 m über dem Spiegel des Toten Meers erhob. Hier hatte Herodes einen Palast gebaut, dessen Ruinen im Vordergrund sichtbar sind. Die Verteidiger hielten bis 73 n.Chr. stand, aber die Römer bauten eine riesige Belagerungsrampe, die bis an die Mauern der Festung reichte. Als die Juden einsahen, dass weiterer Widerstand zwecklos war, nahmen sie sich das Leben; jeder Mann brachte seine eigene Familie um. Als die Römer schließlich die Mauern überwanden, fanden sie nur noch leblose Körper vor.

Die Haltung zum Staat

Trotz dieser Verfolgung plädierten sowohl Petrus als auch Paulus dafür, dass Christen gute Staatsbürger sein sollten (1 Petrus 2,13-17; Römer 13,1-7), sich den Trägern der Staatsgewalt unterwerfen und für sie beten sollten. Paulus lässt in seinem Abschnitt im Römerbrief jedoch einige Fragen offen: Was geschieht, wenn ein Staat die ihm hier zugedachte Funktion, das Gute zu fördern und dem Bösen zu wehren, nicht mehr erfüllt und zum Unrechtsstaat wird? Wann tritt der Fall ein, dass man Gott mehr gehorchen muss als den Menschen? Wie sieht die Aufgabe der Christen in einem Staat aus, der nicht mehr Unterordnung, sondern Mitverantwortung fordert? Verbindlich aber bleibt das grundsätzliche Anliegen des Paulus: Die Verpflichtung der Christen zum Dienst gilt auch im gesellschaftlichen und im politischen Bereich.

Geheimzeichen

Als Erkennungszeichen für Menschen und Orte benutzten die Christen Geheimzeichen, darunter oft den Fisch, griechisch *»ichthus«*. Es handelt sich um ein Akrostichon, d.h. jeder Buchstabe steht für ein Wort: Iesous Christos Theou Uios Soter – Jesus Christus, Gottes Sohn, Retter.

Die Kirche wächst unter den Heiden

Nach einem zweiten jüdischen Aufstand (131-135 n.Chr.) wurde Jerusalem eine römische Stadt. Die jüdische Religion wurde verboten und Judäa hinfort Palästina genannt. In dieser Zeit flohen viele Juden und Christen aus dem Heiligen Land. Dadurch verloren die Christen die jüdischen Wurzeln ihres Glaubens. Von nun an wurde das Christentum eine weitgehend nichtjüdische Religion. Auch das Judentum führte von nun an eine Diasporaexistenz und hatte zu lernen, was es bedeutet, außerhalb des Gelobten Landes als Gottes Volk zu leben.

Schlüsselbegriff: Verfolgung

»Der Sklave ist nicht größer als sein Herr. Wenn sie mich verfolgt haben, werden sie auch euch verfolgen« (Johannes 15,20). Jesus versprach nie, dass es leicht sein würde, ihm zu folgen, und im Laufe der Geschichte wurden viele seiner Anhänger verfolgt. Sie mussten dieselbe Agressivität erleiden, die auch Jesus erlebte. Aber Jesus hat auch versprochen, dass er besonders auf Seiten derjenigen sein werde, die seinetwegen Verfolgungen erleiden müssen.

Die Offenbarung des Johannes

GOTT BEREITET DER GEWALT EIN ENDE

2000 v.Chr.
1900 v.Chr.
1800 v.Chr.
1700 v.Chr.
1600 v.Chr.
1500 v.Chr.
1400 v.Chr.
1300 v.Chr.
1200 v.Chr.
1100 v.Chr.
1000 v.Chr.
900 v.Chr.
800 v.Chr.
700 v.Chr.
600 v.Chr.
500 v.Chr.
400 v.Chr.
300 v.Chr.
200 v.Chr.
100 v.Chr.
1 n.Chr.
100 n.Chr.

Als die Verfolgungen zunahmen, waren die Christen verständlicherweise verwirrt: Warum triumphierte die Bosheit? Waren die Märtyrer wirklich gerettet? Wie lange konnte es dauern, bis Gott eingreifen würde? Die gegen Ende der Regierungszeit des römischen Kaisers Domitian (81 – 96 n. Chr.) geschriebene Offenbarung beantwortete diese Fragen.

Die Christen glaubten, dass Gott Johannes einen »Blick hinter die Bühne« gewährt und ihm Einsichten in das Schicksal der Kirche und der ungläubigen Menschheit eröffnet habe, um in den Christen die Bereitschaft zum Martyrium zu stärken. Als Zeugnis des Glaubens an den Sieg Christi ist die Offenbarung ein Trost- und Mahnbuch.

Die Offenbarung verstehen

Das Buch der Offenbarung ist schwer zu verstehen, aber drei grundsätzliche Bemerkungen über seinen Stil werden den Lesenden das Verständnis erleichtern:

1. **Die Offenbarung ist *apokalyptisch*:** Ihre bildhafte Sprache nutzt Symbole und Zahlen, um ihre Botschaft zu verkünden. Während die heutigen Leser dies schwierig finden, wurde ein solcher Stil zu Zeiten des Johannes gut verstanden. Man sollte dem Text also keine modernen Ideen überstülpen, sondern sich immer fragen: »Wie hätte ein Leser des Johannes dies gesehen?«

2. **Sie ist ein *Brief*,** der von Johannes im Exil auf Patmos geschrieben und an sieben wichtige Gemeinden in Kleinasien gesandt wurde (Offenbarung 1,4), um sie angesichts der damals herrschenden Verfolgung zu ermutigen. Was auch immer sie über die Zukunft aussagen mag, so war doch ihr Hauptzweck, ihren Empfängern in ihrer konkreten Situation neue Hoffnung zu geben.

3. **Sie ist eine *Offenbarung*.** Ihr Titel zeigt, dass Gott Dinge *offenbaren* und nicht *verbergen* wollte. Sie ist also kein kodiertes Rätselbuch, um damit das Datum von Jesu Wiederkunft zu errechnen (wofür sie heute häufig missbraucht wird). Ihre Botschaft ist einfach: Wir stehen mitten in einer Schlacht, in der die Christen mitunter leiden müssen, aber Satan ist bereits besiegt und sein endgültiger Untergang steht bereits fest.

Die Sieben Gemeinden der Offenbarung

Ephesus
Wird für sein Ausharren gelobt, aber für den Verlust seiner ersten Liebe gerügt (2,1-7).

Smyrna
Wird gewarnt, dass eine Verfolgung bevorstehe. Jesus werde ihnen aber schließlich den Sieg schenken (2,8-11).

Pergamon
Ist bisher treu geblieben, gibt sich nun aber schlimmen Irrlehrern hin (2,12-17).

Thyatira
Wird für seine Werke und Treue gelobt, hat sich aber zur »Unzucht« verführen lassen (2,18-29).

Sardes
Gilt als stark und lebendig, ist aber in Wirklichkeit »tot« und braucht einen Weckruf (3,1-6).

Philadelphia
Wird ermutigt, trotz allen Widerstands jede Gelegenheit wahrzunehmen, die Gott verschafft (3,7-13).

Laodizea
In einer für ihr Geldwesen, ihre Kleidung und Augensalben berühmten Stadt ist die christliche Gemeinde arm, nackt und blind, aber Jesus hat sie trotzdem nicht aufgegeben (3,14-22).

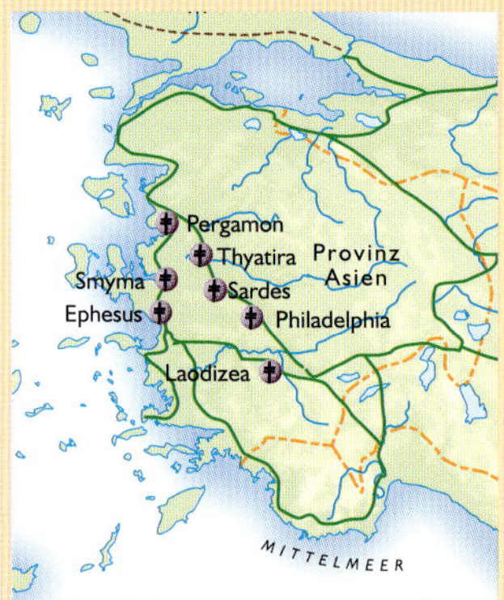

»Ich stehe vor der Tür und klopfe an. Wer meine Stimme hört und die Tür öffnet, bei dem werde ich eintreten und wir werden Mahl halten, ich mit ihm und er mit mir« (Offenbarung 3,20). Christen glauben, dass dieses Versprechen Jesu heute noch gilt.

Nach »Johannes« benannte Schriften

Mehrere Schriften des Neuen Testaments beziehen sich auf einen Johannes als Verfasser, allerdings handelt es sich vermutlich um verschiedene Autoren. Das Johannesevangelium hat am Ausgang des 1. Jahrhunderts seine jetzige Gestalt gefunden. Träger und Gewährsmann der in ihm bezeugten Überlieferung ist der »Jünger, den Jesus liebte« (Johannes 13,23). Der erste Johannesbrief ist gegen Ende des 1. Jahrhunderts abgefasst, nach Stil und Gedankengut ist er mit dem Johannesevangelium verwandt. Der Verfasser des zweiten und dritten Johannesbriefs stellt sich als »der Alte« oder »der Älteste« vor und weist damit auf seine Autorität hin. Über seine Person wissen wir nichts Sicheres. Der uns ebenfalls nicht näher bekannte Verfasser der Offenbarung nennt sich schlicht »Knecht Johannes«, er muss aber eine Person von hoher Autorität gewesen sein.

Der Sohn Gottes aber ist erschienen, um die Werke des Teufels zu zerstören (1 Johannes 3,8).

SIEHE AUCH
DANIEL S. 74
DUNKLE ZEITEN S. 86
HOFFNUNG FÜR DIE ZUKUNFT S. 122-123

Um sie sicher und vor fremden Augen geschützt befördern zu können, wurden Briefe mit Wachs versiegelt. Johannes sieht in einer Vision die Schriftrolle, die »mit sieben Siegeln versiegelt« war, damit niemand anderer als Jesus selbst sie öffnen konnte (Offenbarung 5,1-8,1). Dieser allein kennt den Sinn der Geschichte und ihre Bestimmung.

Verschiedene Zugänge zur Offenbarung

Es gibt ganz unterschiedliche, oft widersprüchliche Ansätze bei der Interpretation der Offenbarung. Dabei unterscheidet man drei Haupttypen:

■ Alle Ereignisse, die beschrieben oder prophezeit wurden, wurden noch im ersten Jahrhundert n.Chr. erfüllt (Dies war die Ansicht der frühen Kirche.)

■ Während zwar einige Voraussagen im ersten Jahrhundert erfüllt wurden, werden die meisten erst am Ende der Zeiten eintreten, bevor Jesus wiederkehrt (eine Ansicht, die sich im späten 19. und frühen 20. Jahrhundert entwickelt hat).

■ Die Ereignisse symbolisieren die zeitlose Wahrheit des Triumphs des Guten über das Böse (Augustinus war dieser Ansicht).

Struktur

Die Offenbarung kann auf ganz unterschiedliche Weise gegliedert werden. Ein Ansatz basiert auf der für Johannes so wichtigen Zahl Sieben:

■ Sieben Briefe: Jesus lobt und tadelt seine Gemeinden (1,1-3,22).

■ Sieben Siegel: Jesus öffnet die Schriftrolle der Geschichte (4,1-8,1).

■ Sieben Trompeten: Gottes Warnungen an die Welt (8,2-11,19).

■ Sieben Kampfvisionen: Satan versucht, Jesu und Gottes Anhänger zu vernichten, aber Gott nimmt sie in Schutz (12,1-15,4).

■ Sieben Schalen: Gott hält über die Welt Gericht (15,5-16,21).

■ Sieben Visionen über den Fall Babylons (17,1-19,10; Babylon = Rom).

■ Sieben Visionen über Jesu Sieg: Satans Fall und das Jüngste Gericht (19,1-21,4).

■ Der Abschluss: Gottes neue Schöpfung und die baldige Wiederkehr Jesu (21,5-22,21).

Die Ebene von Megiddo, wo Johannes sieht, wie die »Könige« sich zum letzten Mal Gott entgegenstellten (Offenbarung 16,16). Viele Schlachten in der Geschichte Israels wurden hier ausgetragen, daher ist dies für Johannes eher ein symbolischer als ein realer Ort (Harmagedon).

Das Zahlenspiel

Apokalyptische Schriften benutzten Zahlen in einer Weise, die ihre Leser durchaus verstanden. Das sollten wir bedenken, wenn wir uns heute mit der Offenbarung beschäftigen.

■ 7 = *Perfektion und Vollendung* (vgl. den siebten Schöpfungstag, an dem Gott ruhte). Die sieben Kirchen symbolisieren also die gesamte Kirche Gottes.

■ 6 = *Der Vollendung nahe, aber gescheitert*. Die Zahl des ›Tieres‹ (Offenbarung 13,18) ist 666, aber es wird nie ›sieben‹ erreichen, nie wie Gott sein.

■ $3\,^{1}/_{2}$ = *Die Hälfte von sieben; unvollständig, schlecht*. Die $3\,^{1}/_{2}$ Jahre des Leidens (Offenbarung 11) sind zwar schlecht, aber begrenzt.

■ 4 = *Die Weltzahl*. Die »vier Ecken der Erde« (Offenbarung 20,8) oder die vier Lebewesen (Offenbarung 4,6-7)

■ 10 = *Vollkommenheit, Ganzheit*. Demnach 1000 = 10 x 10 x 10 = als absolute Ganzheit absolut vollkommen. Die 1000 Jahre (Offenbarung 20,4) bezeichnen also die gesamte von Gott festgesetzte Zeit.

■ 12 = *Das Volk Gottes* (vgl. die zwölf Stämme Israels). So repräsentieren die 24 Ältesten (Offenbarung 4,4) die 12 Führer Israels und die 12 Apostel der Kirche und sind deshalb ein Ausdruck für das ganze Volk Gottes im Verlauf der gesamten Geschichte.

Manchmal werden die Zahlen kombiniert. Die Zahl 144 000 in Offenbarung 7,4 bezeichnet also nicht die genaue Anzahl derer, die in den Himmel kommen, sondern ist das Ergebnis einer Verbindung mehrerer symbolischer Zahlen, das heißt 12 x 12 (das gesamte Volk Gottes) x 10 x 10 x 10 (absolut vollendet) = 144.000. Gemeint sind demnach alle zu Gott gehörenden Menschen. Keiner von ihnen wird fehlen.

Schlüsselbegriff: Sieg über das Böse

Selbst wenn der Ausgang noch ungewiss scheint, glauben die Christen doch, dass Gott die Macht des Bösen zerbricht. Jesus hat durch seinen Kreuzestod Satan aller Macht beraubt (Kolosser 2,15; Offenbarung 12,7-9; 20,1-3). In diesen Bildern spiegelt sich die uralte Hoffnung, dass der Gewalt des Bösen ein Ende gesetzt wird. Der Gläubige kann also auch in Krisenzeiten sein Vertrauen auf den Gott des Lebens setzen.

Hoffnung für die Zukunft

LEBEN IM LICHT DER EWIGKEIT

Die ersten Christen glaubten fest daran, dass Jesus bald wiederkehren würde, und die vielen Verfolgungen bestärkten sie sogar in dieser Erwartung. Aber allmählich begriffen sie, dass es länger dauern würde. Die Bibel spricht davon, dass Gott wolle, dass noch viele andere vor Jesu Wiederkunft zum Glauben finden (2 Petrus 3,9). Auch wenn diese Wiederkunft noch nicht stattgefunden hat, versichert uns die Bibel, dass es sie eines Tages geben wird und an die Stelle der alten Welt ein »ein neuer Himmel und eine neue Erde« treten werden.

Was geschieht, wenn wir sterben?

Der Tod ist nicht das Gegenteil des Lebens, er ist das Gegenteil der Geburt. Die Bibel lehrt uns, dass der Tod einfach eine »Abreise« darstelle, bei der die Menschen ihre Körper verlassen und vor Gott treten. Darum hat Jesus dem Mann, der neben ihm gekreuzigt wurde, versprochen: »*Heute* noch wirst du mit mir im Paradies sein« – ohne Verzögerung, ohne Fegefeuer, ohne Reinkarnation, ohne Seelenschlaf. Die Christen glauben, dass sie beim Sterben den Himmel betreten, um »bei Christus zu sein – um wie viel besser wäre das!« (Philipper 1,23).

»Nun aber ist Christus von den Toten auferweckt worden als der Erste der Entschlafenen« (1 Korinther 15,20). Die erste Garbe der Ernte wurde Gott gegeben (Levitikus/ 3. Mose 23,10-20) als Zeichen, dass ihm die gesamte Ernte zustehe. Auf dieselbe Weise ist Jesu Auferstehung Gottes Zeichen, dass die »Ernte der Auferstehung« (d.h. die Auferstehung aller, die an Jesus glauben) ganz sicher noch folgen wird.

Jesu Wiederkunft

Jesus lehrte, dass er eines Tages wiederkehren werde. Dann werde er das Böse endgültig zerstören, die Sünder richten, sein Werk für die Gläubigen vollenden und Gottes neue Welt werde anbrechen. In Markus 13,24-37 redet Jesus vor seinen Jüngern über die Endzeit und darüber, wie seine Wiederkunft sein werde:

- **Persönlich** (Vers 26). Jesus selbst wird genauso wiederkommen, wie er die Erde verlassen hat (Apostelgeschichte 1,11).
- **Öffentlich** (Verse 24-27). Seine Wiederkehr wird sich nicht im Geheimen, sondern in aller Öffentlichkeit vollziehen. Das griechische Wort im Neuen Testament für seine Wiederkehr – *parusia* – wurde bei Besuchen des Königs benutzt, wenn jeder Bürger aus dem Haus treten musste, um den König willkommen zu heißen.
- **Triumphal** (Vers 26). Seine Wiederkehr wird nicht bescheiden sein, sondern eine prächtige, siegreiche »Herabkunft« (1 Thessalonicher 4,13-18).
- **Unerwartet** (Verse 32-37). Nur Gott weiß, wann Jesus wiederkehren wird (Vers 32). Es ist also müßig, über das Datum Berechnungen anzustellen. Das Leben wird zuvor ganz normal verlaufen, dann wird er plötzlich erscheinen (Matthäus 24,36-44).

»Ich bin die Auferstehung und das Leben. Wer an mich glaubt, wird leben, auch wenn er stirbt, und jeder, der lebt und an mich glaubt, wird auf ewig nicht sterben« (Johannes 11,25-26). Christen glauben, dass dieses Versprechen Jesu nach wie vor für alle gilt, die ihm vertrauen.

»Denn der Herr selbst wird vom Himmel herabkommen, wenn der Befehl ergeht, der Erzengel ruft und die Posaune Gottes erschallt. Zuerst werden die in Christus Verstorbenen auferstehen; dann werden wir, die Lebenden, die noch übrig sind, zugleich mit ihnen auf den Wolken in die Luft entrückt, dem Herrn entgegen. Dann werden wir immer beim Herrn sein« (1 Thessalonicher 4,16-17).

Die neutestamentlichen Aussagen über die Wiederkunft knüpfen an die alttestamentlichen Aussagen über den Tag des Herrn an, wenn sie diesen auch nicht mehr ausschließlich als Tag des Gerichts begreifen, sondern als Zeit der Erlösung. Gott nimmt dann endgültig Wohnung unter den Menschen.

»*Seht, die Wohnung Gottes unter den Menschen! Er wird in ihrer Mitte wohnen*« (Offenbarung 21,3).

SIEHE AUCH
DANIEL S. 74
JESU AUFERSTEHUNG S. 99
DAS REICH GOTTES S. 90
DAS KREUZ S. 114

Die letzten Tage

Die Christen dachten in der Geschichte schon öfter, dass die »letzten Tagen der Menschheit« angebrochen seien. Aber das Neue Testament betrachtet den gesamten Zeitraum zwischen Jesu Himmelfahrt und seiner Wiederkehr als ›Endzeit‹. Bildlich gesprochen, läuft man nach Vorstellung der Bibel nicht auf ein Ende, eine Steilküste, *zu*, sondern an einer Steilküste *entlang*, über die man jederzeit gestoßen werden könnte. Deshalb mahnen die biblischen Schriftsteller, allzeit für die Begegnung mit Gott bereit zu sein.

Ein neuer Himmel und eine neue Erde

An die Stelle der alten, vergänglichen Welt wird Gott am Ende der Zeit einen neuen Himmel und eine neue Erde treten lassen (Offenbarung 21,1-22,5). In ihrer Mitte ist das »neue Jerusalem«, in dem es keinen Tod und kein Leid mehr geben wird. Seine Tore stehen weit offen, d.h. alle sind willkommen und Gott will bei allen wohnen.

Das Millenium

Die Offenbarung spricht von einem »tausendjährigen Reich« Christi vor dem endgültigen Anbruch der neuen Welt Gottes (Offenbarung 20,1-7). Es gibt unterschiedliche Vorstellungen darüber, was die 1000 Jahre besagen:

- Tatsächliche 1000 Jahre, an deren *Ende* als Höhepunkt Jesus wiederkehren wird (die ›Post-Millennium-Theorie‹),
- Tatsächliche 1000 Jahre, die *beginnen*, wenn Jesus nach seiner Wiederkehr die Herrschaft antritt, nachdem der Satan besiegt wurde. Das endgültige Jüngste Gericht wird dann erst später erfolgen (die ›Prä-Millennium-Theorie‹),
- eine symbolische Zeitspanne (da die Offenbarung auch alle anderen Zahlen symbolisch verwendet), die die Zeit zwischen Jesu erstem und zweitem Erscheinen meint.

Der Endzeit-Gegner

Während einige Dinge die gesamte Endzeit prägen werden (Abfall vom Glauben, falsche Religionen, Gottlosigkeit, Verfolgung, zunehmende Katastrophen), spricht die Bibel von einem einzigen großen Gegenspieler Gottes, der erst kurz vor Jesu Wiederkehr erscheinen wird. Er trägt unterschiedliche Namen: ›Antichrist‹ (1 Johannes 2,18-22; 4,3; 2 Johannes 1), ›der Mensch der Gesetzwidrigkeit‹ (2 Thessalonicher 2,3) und ›das Tier‹ (Offenbarung 13,1-10). Seine endgültige Niederlage steht allerdings bereits fest (Offenbarung 19,19-29).

Von dem Bild der Feuerhölle, griech. *gehenna* (der Name ist abgeleitet vom Jerusalemer Hinnom-Tal), spricht Jesus verschiedentlich als dem Strafort der Verdammten (Matthäus 5,22.29; 23,15-33). Dort wird Heulen und Zähneklappern sein (Matthäus 13,42.50), das unauslöschliche ewige Feuer (Matthäus 3,12; 18,8) und die ewige Strafe. Diese neutestamentlichen Bilder beschreiben vor allem die quälende Gottesferne als das Schicksal der Ungerechten.

Schlüsselbegriff: Wachsam sein

»*Seid also wachsam! Denn ihr wisst nicht, an welchem Tag euer Herr kommt*« (Matthäus 24,42). Die Bibel fordert alle auf, jederzeit bereit und wachsam zu sein. Für die Wachenden wird der kommende Gerichtstag die Begegnung mit ihrem Herrn bringen. Für die Sorglosen wird dieser Tag kommen wie ein Dieb (vgl. auch 1 Thessalonicher 5,2; Offenbarung 3,3; 16,15).

Index

R

S

T

W

Z

Bildnachweis

FOTOGRAPHIEN

Alamy Ltd.: Seite 25 (oben rechts), 26, 27 (oben), 51 (unten), 52 (unten), 67 (Mitte), 80 (unten), 105 (Mitte), 109 (unten), 116 (unten), 117 (unten), 121 (oben)

ASAP: Seite 37 (oben rechts)

Bridgeman Art Library: Seite 9 (oben), zwei Seiten aus der Gutenberg-Bibel, gedruckt in der Werkstatt von Johannes Gutenberg, 1455 (Pergament), Deutsche Schule (15. Jahrhundert), Universität Göttingen, Bildarchiv Steffens, 12 Sixtinische Kapelle: Die Schöpfung Adams, Detail aus der ausgestreckte Arm, 1510 (Freskomalerei) (nachrestauriert) von Buonarroti, Michelangelo (1475–1564) Galerie und Museum im Vatikan, 13 (Mitte) Hunter 229 f.8r Vertreibung aus dem Paradies ca. 1170 (Schreibpergament) aus der Englischen Schule (12. Jahrhundert) © Bücherei Universität Glasgow, Schottland, 14 Die Tiere betreten die Arche von Savery, Jakob II (1593–1627) Privatbesitz/© Christie`s Images, 17 (oben rechts) Prisma aus gebranntem Ton (Weld-Blundell Prism) führt alle sumerischen Könige auf, die vor und nach einer großen Flut regiert haben sollen, © Ashmolean Museum, Universität Oxford, England, 20 (links) Gott Vater mit Abraham (Glasfenster) Englische Schule (15. Jahrhundert) Great Malvern Priory, Worcestershire, England, 22 (links) Die Opferung Isaaks, 1765 (Öl auf Leinwand) von Losenko, Anton Pavlovich (1731–73), Staatl. Russisches Museum, St. Petersburg, Russland, 29 (rechts) Apis-Stier, späte Periode (Bronze), Ägypten, 26. Dynastie (664–525 v. Chr) Private Sammlung/© Heini Schneebeli, 73 (links) Trinkgefäß in Form eines Steinbocks, Iran (Gold), von Achaemenid, (550–330 v. Chr.), Nationalmuseum Iran, Teheran, 77 (unten rechts) Statue des Gottes Zeus, römische Kopie der griechischen Skulptur, späte hellenistische Periode, 1. Hälfte des 1. Jahrhunderts (Marmor), © Narodowe Museum, Warschau, Polen, 117 (Mitte) Das Konzil von Nizzäa (Tafelbild) der Melkite-Schule (17. Jahrhundert), Abou-Adal Icon Collection/© Held Collection.

British Museum: Seite 52 (unten links) (© The Trustees of the British Museum)

Corbis: Seite 10 NASA, 82 (unten links) Peter Turnley.

David Alexander: Seiten 11,13 (oben rechts), 15 (links), 21 (unten), 22 (unten) 28, 36 (Mitte), 40 , 41 (oben), 44 (unten), 51 (oben), 57 (oben und unten), 62 (oben Mitte), 66, 70, 75 (unten links), 80 (Mitte), 81 (unten), 83 (oben links), 84, 86 (Mitte) 88 (oben und unten), 94, 99 (oben rechts), 104 (unten), 110,112 (unten rechts), 115 (oben rechts).

freestockphotos.com: Seite 119 (rechts)

Getty Images: Seite 44 (links) (© Ahmad Khatleib), 65 Getty Images, 122 (links) (© Tim Ridley) und (oben) (© Peter Miller), 123 Jan Cobb Photograohy/Getty Images.

Hanan Isachar: Seite 22, 30 (oben und unten), 37 (Mitte), 49 (rechts), 53, 55 (Mitte links), 68 (unten), 97 (oben), 100, 104 (links) 106, 115 (Mitte), 119 (unten).

Jenny Walmsey: Seite 114

John Rylands: Seite 76 (Mitte links) © Universität Manchester, 99 (oben rechts) © Andre Brutmann/Rex Features), 107 © Bettmann/Corbis UK Ltd.

Jon Arnold: Seite 16 (unten) (© Alan Copson), 19 (oben) (© Peter Adams), 24 (links) (© Joe Malone), 25 (© Jon Arnold), 29 (© Jon Arnold), 30 (© Jon Arnold), 61 (© Jon Arnold), 77 (© Hanan Isachar), 86 (© Jon Arnold), 112 (© Demetrio Cassaco), 113 (© Jon Arnold), 115 (© Jon Arnold), 116 (© Jon Arnold), 118 (© Jon Arnold).

Jonathan Self: Seite 61

Lion Hudson Plc.: Seite 13 (oben links), 15 rechts –Strichzeichnung), 18 (links), 23 (oben rechts – Strichzeichnung), 24–25 (unten), 36 (Strichzeichnung), 38 (Strichzeichnung), 42–43, 46 (oben und unten), 47 (Mitte Strichzeichnung), 50 (Mitte), 56 (oben rechts und unten links einschl. Strichzeichnung), 57 (rechts Strichzeichnung), 65 (oben), 72 (unten), 76 (oben), 77 (unten links Strichzeichnung), 78, 81 (oben rechts), 87 (Mitte), 89 (rechts und links), 90 (rechts), 93 (Mitte), 95 (rechts und links), 101 (Mitte), 104 (oben), 105 (oben), 113 (rechts Strichzeichnung), 116 (unten), 118 (links Strichzeichnung), 121 (Mitte).

Punchstock: Seite 74, 108 (unten), 122 (unten), 123 (Mitte).

Scala, Florenz: Seite 44 (Guter Hirte, Vatikan, Museo Pio Christinao © 1990 Photo Scala, Florenz).

Todd Bolen/-Bible Places.com: Seite 33, 77 (oben), 97, 108.

Zev Radovan: Seite 9 (unten), 16 (oben), 19 (Mitte und links), 25 (oben links), 27 (Mitte), 29 (unten), 30, (Mitte oben), 32, 36 (unten), 39 (oben und unten), 41 (unten), 45, 47 (oben), 50 (unten), 54, 55 (oben, Mitte und unten), 56 (unten rechts), 58, 59 (oben), 60, 61 (oben rechts), 62 (oben rechts), 63, 64, 67 (unten rechts und oben), 75 (unten rechts), 81 (oben links), 82 (Mitte rechts und Mitte links), 83 (oben rechts), 90 (links), 101 (oben rechts), 112 (Mitte), 118 (unten), 120 (Mitte).

KARTEN

Alle Karten (**Simon Emery)** basierend auf Kartenmaterial von **Richard Watts (Total Media Services)**

ILLUSTRATIONEN

Jonathan Adams: Seite 30, 65.

Martin Sanders: Seite 31.

Nick Talbott: Seite 35.

Rex Nicholls: Seite 87 (unten), 90 (Mitte), 98 (oben), 112 (Mitte links).

Simon Emery (Aqua Design): Seite 8, 35, 43, 45, 87, 89, 94, 96, 98.

Stephen Conlin: Seite 95.

Steve Noon: Seite 49.